TO Teachers

书之书

《致教师》30万册纪念版

石中英 李镇西 吴正宪

等著

长江出版传媒　长江文艺出版社

图书在版编目（CIP）数据

书之书 / 石中英等著. -- 武汉：长江文艺出版社，2019.1
　ISBN 978-7-5702-0726-8

Ⅰ. ①书… Ⅱ. ①石… Ⅲ. ①教育工作－文集 Ⅳ. ①G4-53

中国版本图书馆 CIP 数据核字(2018)第 250633 号

责任编辑：秦文苑	责任校对：陈 琪
封面设计：壹 诺	责任印制：邱 莉　王光兴

出版： 长江出版传媒　长江文艺出版社

地址：武汉市雄楚大街268号　　邮编：430070
发行：长江文艺出版社
电话：027—87679360
http://www.cjlap.com
印刷：武汉中科兴业印务有限公司

开本：720毫米×970毫米　　1/16　　印张：21.25　　插页：1页
版次：2019年1月第1版　　2019年1月第1次印刷
字数：313千字

定价：49.80元

版权所有，盗版必究（举报电话：027—87679308　87679310）
（图书出现印装问题，本社负责调换）

书的生命由读者和作者共同赋予

——写在《致教师》30万册纪念版发行之际

我一直认为,书与人一样,都是有生命的。

有些书,一出版就死了,因为没有一个人读它。这样的书就是一堆废纸,最后只会化为纸浆。

有些书,因为不断被阅读而青春永驻。书被翻阅得越破烂,它的生命力就越旺盛。

书既然是有生命的,就是能够生长的。在不断被阅读的过程中,读者不仅让书籍所传播的思想理念在生活中复活,还通过结合自身的解读,赋予书新的智慧与情感,赋予书新的生命。所以不会成长的书只能慢慢走向死亡,有一些书却能够不断地长大,长成参天大树。

书既然是有生命的,就应该是有个性的。每本真正有生命的书,都有自己的特殊价值。一些堪称经典的伟大著作,可能感动过许多代人;一些广获好评的畅销图书,可能会打动当代无数人。再好的书,如果不能够让人感动,不能够让人愉快地读下去,那么对于这个读者来说,这本书就没有实现它的价值。所以我们既要学会根据自己的个性选择书,又要学会选择有个性的书,让自己在阅读中博采众长。

书的生命是作者和读者共同赋予的。日本学者外山滋比古说过:"作者生出作品,读者创造古典。阅读绝对具有创造力,凡是不能晋升为古典的东西,就会消失。"也就是说,作者一旦写出了作品,作品就不再属于他个人。作品会因为无人问津烟消云散,也会因为被反复阅读经久传诵。需要注意的是,这里指的阅读,并不仅仅指一年两年,而包括更长的一段岁月。

这本《致教师》自 2015 年 8 月出版，至今已经发行过 30 万册，精装纪念版首印 8000 册也在一周售罄，让我想起 15 年前《我的教育理想》一书畅销的情形。有人说，后者是传道，前者是解惑。这本书受欢迎的原因，也许正是它关注了一线教师当下最困惑的问题。我想，更准确地说，这本书是呈现出了我和一线教师对当下一线教育问题的共同探索。

感谢亲爱的读者朋友们，感谢喜爱这本书的老师们。我们不仅共同赋予了这本书以生命，更重要的是，我们的探索并没有终止，我们的行动还在继续。

朱永新

2016 年 9 月 24 日晨写于济南

2018 年 10 月修订

目 录

第一辑　最美书评 / 001

"教师"给我的比我给学生的更多 …………… 赵芸逸 / 003
把"不可能"变成"可能" …………………… 高进儒 / 004
教师从事的是让人幸福的事业 ………………… 曾维奋 / 005
在自由中找寻理想 ……………………………… 陈美荣 / 007
做优秀的教师没有想象中难 …………………… 刘习聪 / 009

第二辑　专家研读 / 011

做真正幸福的教师 ……………………………… 王定华 / 013
奉献给教师的心灵诗篇 ………………………… 石中英 / 015
理想·智慧·幸福 ……………………………… 叶水涛 / 018
探寻幸福完整的教育生活
　　——做更好的自己 ………………………… 吴正宪 / 027
为教育而生，为教育而奋斗，因教育而收获幸福 …… 刘彭芝 / 030
在《致教师》研讨会上的发言 ………………… 刘堂江 / 033

过幸福而完整的教育生活 …………………………… 杨树兵 / 035
让生命幸福完整 …………………………………………… 黄耀红 / 037
诲人不倦的"朱老师" …………………………………… 李镇西 / 042
为了教师的唤醒与改变 ………………………………… 汤　勇 / 044
做一个智慧的教师 ……………………………………… 常生龙 / 048
玫瑰心语
　　——从《致教师》谈起 ……………………………… 窦桂梅 / 053
中国的《歌德谈话录》…………………………………… 王开东 / 056
为教育唱歌吧 …………………………………………… 张　悦 / 060
为了灵魂的丰盈而阅读 ………………………………… 柳袁照 / 063
"新教育实验"学校的"总教头"——朱永新 …………… 徐　雁 / 067
一本教人如何做人的好书 ……………………………… 刘　坚 / 069
心灵深处亮盏灯 ………………………………………… 张贵勇 / 071
做最好的自己 …………………………………………… 樊青芳 / 074
因为懂得，所以慈悲 …………………………………… 苏　静 / 077

第三辑　一线心声 / 081

思考的行者 ……………………………………………… 李玉翠 / 083
遇见你,遇见了幸福 …………………………………… 任毓萍 / 086
你幸福,孩子才明亮 …………………………………… 高　培 / 093
只要你还相信,孩子就会自信 ………………………… 许丽滢 / 096
唤醒初心的心灵之作 …………………………………… 牟　琳 / 097
与大师对话——让心灵得以升华 ……………………… 宋继东 / 099
问渠那得清如许 ………………………………………… 杨玥瑛 / 101

感谢有你，相伴成长 …………………………… 程若曼 / 103
阅读是法宝 …………………………………… 冯楠楠 / 106
教师的《九阳真经》 …………………………… 李　秋 / 109
让阅读的花在浇灌下成长 …………………… 张丽静 / 113
读书——让生活更加充实 …………………… 王大力 / 116
守心、做事与成人 …………………………… 孟兴国 / 120
与卿聊聊教书事　育人请从小事起 ………… 陈桂兰 / 123
对待学生要一视同仁 ………………………… 杜瑞芳 / 126
推进家校合作　让父母成为助手 …………… 刘立果 / 128
教师如何用爱谱写教育篇章 ………………… 张力红 / 131
寻找幸福，实践幸福，享受幸福 ……………… 张海芹 / 133
做一个让学生瞧得起的老师 ………………… 孔继芹 / 136
以现在求证未来，让生命幸福完整 …………… 黄玉红 / 138
走下神坛 ……………………………………… 赵荣旺 / 142
书，我的知音 ………………………………… 袁胜菊 / 144
用爱谱写精彩人生 …………………………… 郑铁桥 / 147
我们都应是花儿 ……………………………… 赵为丽 / 149
起码做个大家瞧得起的校长
　　——从《致教师》到"致校长"的一些思考 …… 苗江辰 / 151
做新教育的行者 ……………………………… 赵兰波 / 155
愿与教育温暖相拥 …………………………… 李　扬 / 159
做一名幸福的教师 …………………………… 郭玉霞 / 162
用爱呵护每一位学生 ………………………… 胡晓芳 / 165
读《致教师》所思 ……………………………… 许瑞娟 / 168
带上激情进课堂 ……………………………… 甄二翠 / 170

穿越艰辛　收获美丽	王海卫 / 172
在教育中诗意栖居	李青山 / 175
不忘初心，方能守护理想	刘　欢 / 177
用审视孩子的目光审视自己	赵　芳 / 179
拿什么影响学生？	郭瑞霞 / 182
我是教师	赵丽鸽 / 184
我的教师生涯四部曲	霍海霞 / 186
有问必答的老师	杨志红 / 189
教育无他，唯爱与榜样	范伟霞 / 192
当老师，有瘾！	李　楠 / 194
我的读书日记	张伟英 / 197
做一名幸福的教师	陈　云 / 209
不忘初心，继续前行	郭爱英 / 212
享受教师生活的幸福	宋　丽 / 215
不忘初心，时刻追梦	何三敏 / 219
用理想点燃火种，用坚守呵护希望	冯笑梅 / 221
在时光中创造那个更好的自己	赵　娜 / 224
实践出真知，幸福你我他	薛　坤 / 226
教师就是教师，彩虹一样的教师	李慧燕 / 228
多问几个"为什么"	左晨芳 / 231
读书引领精神成长	姜锦泉 / 233
慧眼识英雄	施　静 / 235
让教室成为"温情"的幸福天地	张海英 / 237
听孩子的	俞润梅 / 241
做一个幸福的小教师	许二峰 / 244

第四辑　读者热议（节选）／ 247

跋 ／ 317

　　致教师永新的心 …………………………………… 童喜喜 ／ 317

编辑手记 ／ 323

　　出版是个圆圈：环环相扣，互为因果
　　　　——《致教师》编辑手记 ………………………… 秦文苑 ／ 323

第一辑　最美书评

　　中央电视台和光明日报社共同主办的"寻找最美乡村教师"大型公益活动，评选出了一批又一批教师的楷模。

　　当这群扎根田野的杰出教师遭遇了《致教师》之后，他们说——

　　"打开了我幸福的瓶盖，让我重拾丢在教室里的点滴幸福，更让我知道在教室里如何孕育幸福。"

　　"关于教育和教师的书很多，也看过无数本，但我始终觉得《致教师》一书是自己最喜欢的，毫不夸张地说《致教师》是教师最宝贵的精神食粮。"

　　……

"教师"给我的比我给学生的更多

"最美教师" 赵芸逸

2015年,作为一名乡村支教老师,我有幸在"寻找最美教师"活动中获评"特别关注教师",在支教的一年中,关于"我们能给学生什么"这个问题,我思考了很多,也找到了一些答案:除了知识,我们能给学生的还有爱、思想和视野,并且我同时体会到,原来教师这份职业给我的比我给学生的更多。

一份责任。我们有100个理由放弃教育理想,但我们只需要一个理由就能让自己坚持下来——责任。教师是吃良心饭的,我们要对得起学生,对得起他们的父母,我们要对得起自己的良心。

一份情怀。曾经一位老乡村教师说:"没有一位乡村教师的青春是容易的。"而让我们坚持下去的是我们那份视为信仰般的教育情怀。在学生对山外世界一遍遍的询问中,在老同学老朋友对支教的好奇中,在严复的"启民智,开阡陌"的启示中,在《桃花源记》"阡陌交通,鸡犬相闻"的理想中,我们开始了阡陌学堂在线支教项目,为自己心中的教育理想而努力,阡陌学堂也作为中国梦的典型代表登上了2015年CCTV网络春节联欢晚会的舞台。

一份价值。曾经的好友,不乏在国内外知名高校继续读博深造者,不乏身价百万、事业小成者。他们也问过我:作为一名乡村教师,能有什么价值?在《致教师》一书中,朱老师给出了答案:"教师是一个能把人的创造力、想象力等全部能量和智慧发挥到极致的、永远没有止境的职业。"教育需要一颗简单纯粹的心,而教育从来不是一件简单容易的事情。在我们教师的努力下,学生成长为社会、我们和他们都希望成为的样子,这不就是我们教师最大的价值吗?

(作者系湖北省恩施土家族苗族自治州摩峰小学支教教师)

把"不可能"变成"可能"

"最美教师" 高进儒

尽管在山里做一名乡村教师在很多人眼里很苦,我却时时能感受到生活的快乐。这种快乐来自于阅读。这几天,手捧一册《致教师》,临近的秋意也阻挡不了阅读带来的温暖的心灵之旅。特别是读到第二辑,我备感兴奋。因为,在内心深处,我也想当一名好老师。

书中写信的那些教师,在纷扰的都市或者乡村里为自己的未来拼搏,他们的问题可以折射出教师的工作和无尽的辛劳、烦忧形影相伴:疲于上课、工资不高、生活单调、闲暇稀少、前途渺茫……但这些都可以在书中找到答案,并且让教师们明白:生活的天平其实不需要那么多砝码,要维系心灵的平衡,只需沿着最初的梦想勇敢地走下去。

教师从事教育科研的目的不是为了发表文章或者出版著作,而是为了切实解决问题,帮助学生更好地成长;生活不如意事十之八九,安然迎接每一场征程赋予的阳光和风雪,然后更加热情有力地拥抱命运在下一路口的安排,认认真真把握今天,把握当下,才不会虚度光阴。

教育好学生,需要从了解学生开始。朱老师在给一个西部教师回信中写到:"孩子是可敬佩的,他常想到星月以上的境界,想到地面下的情形,想到花卉的用处,想到昆虫的语言,他想飞上天空,他想潜入蚁穴。"面对孩子,做教师的如果没有"上至宇宙之大,下至苍蝇之微"这样一些"切实的知识",是"绝难胜任的"。了解孩子说起来容易,做起来难!但是,生命之所以有意义,就是在挑战"不可能"中彰显生命的意义。当一个教师,把"不可能"变成"可能",幸福就会越来越多地降临,这种幸福伴随着成长。

(作者系陇南市武都区八一中学教师)

教师从事的是让人幸福的事业

"最美教师" 曾维奋

"教育是最强有力的武器,你能用它来改变世界。"《致教师》中引用曼德拉的一句话,点出了教育的功能,说明了老师的分量——老师能改变世界,创造价值,缔造幸福。这也是当老师一个引以为自豪的理由。但当老师幸福吗?如何做一个幸福的老师?这也是我常思考的问题。

教师的幸福从哪里来?这是《致教师》第一辑中与教师们亲切交谈的话题。"幸福应该是在创造中的,幸福应该是在服务中的,幸福应该是在研究中的,幸福应该是在与别人分享中的。"这不正是我们教师生涯中所做的吗?这就是教师的幸福,教师从事的是让人幸福的事业。但在日常教学中,老师往往被各种考核压得喘不过气来,为学生分数情绪大起大落,似乎感受不到幸福。走进新教育,幸福感就油然而生:幸福在师生共读里,在师生共写里,在师生合作精神里……

从问题中收获成长的幸福。这是《致教师》第二辑中与老师们商讨的话题。教育中常面临所谓的问题学生,广大教师为此很头疼。朱老师创导的新教育提出"从问题中收获成长的幸福"的理念,如春风般扫去老师们心中的烦恼!留下的是温暖和美好。面对所谓的问题生,老师要给予特别的爱,要相信孩子,要深度走进他们的心灵,要用教育的智慧来呵护孩子的心灵,在孩子的点滴成长中收获幸福。

教室就是幸福的源泉。这是《致教师》第三辑中与老师深入探讨的话题。教了十几年书,我每天进出教室,每天站在讲台上挥洒青春,教室已是我人生重要的舞台。但我并没有想到教室与幸福的关系,朱老师一句"教室就是幸福的源泉",打开了我幸福的瓶盖,让我重拾丢在教室里的点滴幸福,更让我知道在教室里如何孕育幸福。关注到每一个学生,让每一个学生享受班级里的快乐;关注每一个日子,珍惜每一个平凡日子,让每一天都值得孩子记住；关注每一个课程，让每个课程呈现出知识本身的魅力。

(作者系海南省澄迈县永发中心学校儒林小学教师)

在自由中找寻理想

"最美教师" 陈美荣

《致教师》分为四辑,第一辑"给我一个做教师的理由",第二辑"借我一双好教师的慧眼",第三辑"愿我书写一部教师的生命传奇",第四辑"让我们过一种幸福完整的教育生活"。为了深刻领悟书中的教育真谛,我反复研读了第一辑,该书是朱老师给老师们的回信,读起来让人备感亲切,书中分析的道理通俗易懂,谈论的问题都是很多教师普遍存在的,很接地气,读着每字每句都如同与朱老师当面交谈,每读一遍就会受到一次精神的洗礼、思想的启迪。

《致教师》犹如一把钥匙,引导我们卸下心灵自由的精神枷锁。我们都明白自由的可贵,可是多数人遇到困难的时候,很难以一颗豁达开朗的心去面对困难。我们要学会从痛苦中汲取积极的力量,从困境中学习超越的本领,这样强大的心灵就会无所障碍。在现代教育的现实中,特别是我们农村的教育,要想跟世界的发展接轨,面临着巨大的困难与挑战。但是,只要我们面对挑战,去探索,去实践,去改变,都是对现实的超越。

《致教师》犹如一枚指南针,指引我们找到教师职业的幸福方向。很多人抱怨现在学生难教,教师难做。我们每天面对个性迥异的孩子,拥有无限潜力的生命。他们当中存在着无限的可能,通过我们的精心教育,也许会爆发出不可限量的能量。

《致教师》犹如一座灯塔,指引我们打开理想的大门。当下,理想往往被认为是一些不切实际的想法。作为教师,我们责任重大,我们不仅自己应该有教育理想,还应该把理想的种子播在学生的心中。只有我们的孩子心怀理想,我们的民族才会有希望。

《致教师》犹如天平的砝码,调试着教育的平衡。新教育的教育理念要求我们平等对待每一个孩子,不要为孩子贴标签。帮助每个孩子认识自己,成为自己，因为只有自己才是命运的主人。

（作者系贵州省黔西南州普安县罐子窑镇兴中小学教师）

做优秀的教师没有想象中难

"最美教师" 刘习聪

关于教育和教师的书很多,也看过无数本,但我始终觉得《致教师》一书是自己最喜欢的,毫不夸张地说《致教师》是教师最宝贵的精神食粮。

《致教师》一书形式新颖,以书信问答的方式把教师和教育的真谛展现在读者面前,爱的理念贯穿其中,这正是教师最宝贵的品质。全书通俗易懂,把教育理念和教师思想蕴藏在小故事中,用大众的立场阐述大家的观点,唤醒了教育理想,点燃了教育热情,激发教师用激情投入教育,用感情对待学生。无论是对刚入职的新教师,还是对从教多年的老教师,以及立志做教师的人都有很强的指导意义。书中的教育理念和教育思维有很强的可操作性,对从幼儿园到大学各个阶段的教师都适用。

教师是一个职业,更是一个志业,书中倡导生活即教育、教育即生活的理念,引导我们从传统教师走向新型的现代教师,从教师工作中寻找幸福感,做幸福的教师,而不是精神疲倦任务繁重的老师,这对于长期处于亚健康状态的边远农村教师具有很强的现实意义。

很多书籍把教师神化,塑造到高不可及的精神高度,而《致教师》一书把教师定位为普通人,这才是最可贵最真实的东西,通过对该书的深度学习,让我们切身体会到人的力量是无限的,人的潜力也是无限的,只要不断地学习和求知上进,做个优秀的教师就没有想象中那么难。

(作者系湖南省安化县平口镇完全小学教师)

第二辑　专家研读

理论和实践似乎总有距离，学者和一线似乎总有分歧。

但是，面对《致教师》，无论是深入理论研究的学者们，还是知行合一的专家们，大家的看法是——

"看见真实，也看见真诚；遇见理性，也遇见理想；见证深度，也见证温度。于事实中发现价值，于日常里发现永恒，于现象中发现本质，于局部里看见整体。"

"《致教师》围绕教师提出的教师所关心的重要问题和教师成长的关键问题，结合作者的人生阅历与对教育的深度思考，以给教师回信的方式，做出了整体而非局部的、长远而非眼前的、根本而非表面的系统回答。"

……

做真正幸福的教师

王定华

这是进入 2017 年的第一场雪，寒风凛冽，起舞银蛇。而此刻，在北京西单的办公室里，《致教师》质朴清新的文字，却让我如沐春风。这本书共收录朱永新教授与一线教师对话的 46 封问答式书信，以解答教师问题为主线，每一篇文章，针对一大难题。在微文化和浅阅读流行的当下，全书以纸笔的书信形式交流，特别能传递优雅而亲密的传统情怀，而且每篇文章都是娓娓道来、循循善诱，情真意切、入情入理，每读一篇，我都掩卷思索，深深为朱教授的智慧和情怀折服。我认为，朱教授在字里行间流露出对教师深深的爱，归结到一条就是希望广大教师"过一种幸福完整的教育生活"。

2016 年教师节前夕，习近平总书记到八一学校看望慰问师生，发表重要讲话，提出要满腔热情关心教师，让广大教师安心从教、热心从教、舒心从教、静心从教，在岗位上有幸福感、事业上有成就感、社会上有荣誉感，让教师成为让人羡慕的职业。朱教授关于"过一种幸福完整的教育生活"的论述，与总书记的讲话精神不谋而合。在"十三五"时期，在推进教育公平、提高教育质量、改进依法治理、提升内涵品质的道路上，要理出新思路、采取新措施、迈出新步伐、取得新进展，必须依靠 1500 多万教师的学为人师、行为世范。而唯有成为真正幸福的教师，才能展现阳光美丽、爱岗敬业、无私奉献、成绩突出的崭新教师职业形象，也才能主动积极地推动教育的繁荣发展。

要让教师成为真正幸福的教师，必须进一步优化教师管理服务，营造良好的政策环境和外部氛围。启动实施教师教育振兴行动计划，加大对师范院校支持力度，分步推进师范类专业认证工作。改革实施中小学幼儿园教师、校长国培计划，推进学分管理，优化内容方式，增进培训实效，全面强化"三字一话"等教学基本功，让广大教师提高教书育人能力，让骨干教师在教育家成长道路上迈出新步伐。实施职业院校教师素质提高计划，推进教师企业实践，建设"双师型"教师队伍。实施高校新入职教师国培项目，提高大学青年教师教学技能。落实乡村教师支持计划，加快研制加强乡村青年教师队伍建设的政策，对贫困地区乡村教师发放生活补助。深入实施特设岗位计划，由中央财政发工资招收部分优秀大学毕业生到中西部农村义务教育学校任教。全面建成和启动使用涵盖各类教师的管理信息系统，优化教师治理与服务。各地各校在政策的范围内努力多为老师们办实事、解难事，帮助他们排除生活工作中的烦恼以及专业发展中的困难等。

要让教师成为真正幸福的教师，必须进一步深化师德修养，寻找到不竭的内驱动力和幸福源泉。朱教授说过，为教师者，要用心做人，用脚做事。用心做人，即寻找人生的意义；用脚做事，即提高人生的价值。人一旦寻找到人生的意义之后，就会义无反顾，就会把毕生的生命鲜血投入到一个事业之中。这正是他一贯以来的坚持与信仰。在《致教师》一书中，朱教授提出了教师的"四重"境界和"吉祥三宝"。"四重"境界即：做让学生瞧得起的教师；做让自己心安的教师；做让学校骄傲的教师；做让历史铭记的教师。每个境界的提升，既是理想主义的指引，也是实证精神的践行。教师的"吉祥三宝"即专业阅读、专业写作和专业发展共同体，是提升自身境界的"法门"。"不积跬步，无以至千里；不积小流，无以成江海。"真正有志于做教师、希望做好教师、坚持追寻教育理想的人，须从有限的自我做起，树立师道尊严、提高专业水准、升华道德境界，才能发自内心感到"真正幸福"，也才能让教师成为"让人羡慕的职业"。

《致教师》是一本教育人都应该读的好书，希望更多的教师能从中得到精神洗礼、智慧启迪、涵养提升和素质拓展，努力做真正幸福的教师！

(作者系北京外国语大学党委书记)

奉献给教师的心灵诗篇

石中英

可能是由于出生年代的原因，一拿到朱永新老师的新著《致教师》（长江文艺出版社 2015 年版），看到这个书名，我脑海中出现的是 20 世纪 80 年代舒婷的一首洋溢着自由精神和理想主义的爱情诗篇《致橡树》，耳畔仿佛响起了那优美而又铿锵的韵律。等看到前言部分的《我是教师》以及书中通篇有关理想的教育、理想的学校、理想的课堂、理想的教师等的对话，我更加确信，该书就是朱永新老师倾心奉献给广大教师的一首心灵诗篇，真挚、热忱，充满关爱和期望。

这本书的主要内容是朱永新老师与其他教师们的通信，回答老师们提出的各种各样的问题。这些问题都是非常具体、真实的，从如何对待"问题学生"到如何撰写反思日记，从如何做科研，到如何与校长相处，从如何走出亚健康状态到如何保持专业激情，等等。这些问题都是困扰教师——从刚入职的青年教师到工作许多年的老教师，从新手教师到专家型教师——他们日常生活、工作、交往和专业发展中的问题。我当年在小学做教师时，也遭遇到其中很多的问题。有线索表明，书中所呈现的这些问题以及围绕着问题的通信只是朱永新与教师们通信中的一小部分，我估计，恐怕连 10% 都算不上。作为全国政协常委和民进中央副主席，朱永新能够在繁忙的参政议政工作之外，耐心地倾听老师们的问题和心声，并愿意拿出那么多的时间和精力，通过书信交流的形式和老师们谈心，为老师们解疑答惑、排忧解难、指点迷津，充分反映了朱永新对教师问题的高度重视、对教师成长的高度关心以及对教师专业工作价值的高度肯定。

百年大计，教育为本；教育大计，教师为本。这两句话，是非常具有真理性的。可是，教师也不是圣人，而是一类普通的社会从业者。他们在漫长的职业生涯中，也会遭遇各种各样的问题，产生各种各样的困惑。朱永新老师在回答老师们提出的问题时，非常耐心、细致，非常注意保护老师们的积极性，没有半点居高临下、求全责备的态度，言语之间流露出对老师们的充分尊重、信任和希望。比如，针对有老师提出，自己的理想就是做一个让学生瞧得起的老师，朱永新回答说，"是的，一个老师，如果连学生都瞧不起，就没有资格做老师，也无法在学校安身立命。这样的老师不可能从教育生活中得到幸福，就算勉强留在学校，肯定也会日子过得非常痛苦。"但是，他同时也指出，教师职业有四种境界：第一，是让学生瞧得起的老师；第二，是让自己心安的老师；第三，是让学校骄傲的老师；第四，是让历史铭记的老师。这样的回答，既肯定了提问者"做一个让学生瞧得起的老师"观点的正确性，同时也没有一味地迎合提问者，而是提出了其他三个更高的教师职业境界，激励着、召唤着提问者以及一切有着相同关心的老师们不断努力，从自己的实际行动去追寻更高的教师职业境界。又例如，在回答一位教师如何应对自己不如学生的困境时，朱永新老师在综合引证了韩愈及西方学者莫纳科的有关论述后提出，"面对这种情况，唯一的选择就是学习，就是与学生一起成长。教师不仅要向书本学，还要向实践学，要努力理解孩子的世界。……要成为他们中的一分子。"拳拳之心，教育之情，溢于言表，跃然纸上。

朱永新老师是一位著名的学者，在教育学、心理学、管理学、政治学等多个学科领域都很有建树，其学术著作已经翻译成英语、韩语、日语、阿拉伯语等多种文字，在国内教育界首屈一指。因此，他和教师们的通信、他回答教师们的问题尽管在态度上平易近人、语言文字上通俗易懂，但是绝不是一般性地拉拉家常，而是基于他广博的学科视野和良好的专业学养。在他回答教师们的各种问题时，对于古今中外的哲学、文学、艺术观点包括当代的一些最新科学研究成果都能信手拈来，恰当使用，极大地拓展了交流讨论的思想空间，有助于读者从更加广阔的思想和价值视野来审视教师日常工作中碰到的问题，创造了一种少见的阅读美感。也正是由于他在回答老师们问题时立足于人类历史上已有的文化教育思想成果，他的回答也具有极高的专业水准，许多思想观点颇具独特性和创新性，值得教育学界从学理的角度认真讨论和研究。

朱永新老师具有诗人的气质和情怀，始终带着理想主义的诗人气质注视教育的远方。作为全书前言的诗歌——《我是教师》——淋漓尽致地表达了他对教师职业的执着、理解和希冀,"我是教师/时光缓缓显形/终见此生天命/我是教师/以现在求证未来/让生命幸福完整"。在回答一位老师如何才能保持教育热情的时候,他以李吉林老师及其情境教育实验为例指出,"情境教育本身就是一首诗,而她的创造者,就是杰出的诗人。……只要我们愿意秉承一颗赤子之心,努力挑战自我、活出最好的自我,我们每个人都可以诗意地栖居在大地上。"其实,朱永新老师自己发起开展的新教育实验,何尝不是一首意味隽永、磅礴大气的教育诗篇?!祝愿朱永新老师在推动教育改革创新的道路上越走越远,祝愿新教育实验这个兼有草根和专业性质的教育改革行动能够进一步唤醒中国教育改革的文化自信和明媚春天!

(作者系清华大学教育学院教授)

理想·智慧·幸福

叶水涛

秋日静好，捧读朱永新教授《致教师》一书。没有跌宕起伏的情节，但有荡气回肠的诗情；没有空洞干瘪的说教，但有推心置腹的交流；没有黄钟大吕的高歌入云，但有风光霁月的平和与温馨；有如剥茧抽丝的剖析，有如围炉夜话的絮语；给人以如沐春风、如浴春雨的滋润。学术的厚重、视野的开阔、对教育改革之艰辛的感同身受，这位新教育实验的发起人与广大教师心心相印。

教育当是志业，教师当有理想：爱心、责任与对自由的追寻。朱永新认为，教师不是园丁，教师不是蜡烛，教师不是人类灵魂工程师。他说："教师就是教师，与学生互相依赖的生命。教师就是教师，每天都在神圣与平凡中穿行。"是的，教师是人，是独立而自由的个人。同时，教师又是社会的人，是普遍的自我与个体的自我的统一。教师作为一种自尊的职业，它应然有独立的意识，其本质是一种自为的存在，是一种自由的意识，然而它又必须是通过另一种意识而存在的意识。教育的事业基于爱心，没有爱就没有教育。教与学、教师与学生，共同的生命成长；学校、课堂，和谐的生态乐园。人，自由而全面地发展，但界定"自由"离不开普遍的必然性，界定个体离不开群体和类。我是教师，我与学生息息相关。"我是教师，心底里喜怒哀乐翻滚。黑板上天高地远开阔，脚板下三尺讲台扎根。"

"教育与理想是一对孪生兄弟"，朱永新说："教师，是最需要拥有理想的人。""不断地追寻人生的理想，不断地追寻生命的意义，不断地挑战和超越自己。"黑格尔说："一个不曾把生命拿去拼了一场的个人，诚然也可以被承认为一个人，但他没有达到他之所以被承认的真理性作为一种独立的自我意识。"所以，他没有独立的人格。启蒙主义思想家、百科全书派首领狄德罗的话字字掷作金石之响："如果不树立一座丰碑，我死不瞑目；……如果不在世界上留下时间无法消灭的若干痕迹，我死不瞑目！"理想的教育来自教育的理想，理想的种子需要播入教师的心田。朱永新说："新教育是播种理想的事业""每个人都是发光体，都可以为这个世界带来光明。"新教育实验将是中国教育史上的丰碑，每个教师都可以成就自己生命的辉煌。

教育的理想必须落实于生命的践行，教育的理想必须演化为人生的责任。"从每件小事开始，一件件坚持不懈地做着一步一步坚持往前走着，用心书写着自己每一天的历史。"一丝不苟，持之以恒。"从教学中得到成长，收获幸福"，这是朱永新对教师的期望。在人类的教育思想史上，叔本华倾向于消灭人的个体性，把个体上升到属类的高度；尼采则强调人的个体性，把"成为你自己"看作一条基本的哲学原理。尼采不能容忍那种教人安于现状、苟且偷生的学说。在他看来，生存的意义和价值就在于创造永恒不变的东西，也就是赋予个体生命一种永恒性，或者说是负重精神、自由精神和创造精神，以生存的勇气，敢于把自己生命的责任承担起来，进而全身心投入永恒无限的自由创造中去。这种生命意识、道德意识和文化意识，在鲁迅一辈的中国现代思想家身上有鲜明的烙印，所谓"托尼思想，魏晋文章"。今天，在朱永新身上、在新教育志愿者身上，有同样的个性鲜明的烙印。"我是教师，这是一份职责，更是一种使命。"教育，是薪火相传的事业。

朱永新认为，理想的教师是将教育作为志业，穿越异化的劳动，走向生命的自觉。海德格尔说过，"人的存在本质上不外是单独的实存"，因此，不得不在各自的人生旅途上，做种种生命的抉择。朱永新认为，怀有理想的教师必然"为自己赢得心灵的自由"。然而，有教师困惑地问："学高为师，身正为范，做老师要成为学生的榜样。但这样当老师，是不是少了点自由？"朱永新引卢梭的名言告诉他，"人是生而自由的，但却无处不在枷锁中。"朱永新认为"人本来就是一个自由与不自由的统一体"，如纪伯伦所说，"真正自由之人，是能耐心地背负起束缚奴隶的桎梏之人。"朱永新说："只要你能够真诚、平等地和学生一起成长，就能够在不断提高和完善中，赢得自我的真正自由。"是的，保罗·库尔茨也曾说过："自由并不应简单地被看作反社会的要求或不受管辖的要求。自由不是混乱的体验，也不是愚蠢的浪费。自由是被理智地培育起来的艺术。自由和道德是共同发展相辅相成的。在判断能力和行为能力成熟之后才会有完全意义上的自由。"人类心中的道德律令，无分中西古今。面对成长中的年轻生命，教师不能不有一份敬畏之心，不能不有一种庄严感和崇高感。教师不能没有理想，是理想让我们不断地从教育的必然王国，走向教育的自由王国。

"爱是教育的底色"，朱永新又说："但是，作为教师仅有爱是不够的，或者说，真正的爱里，一定包含着智慧。"理想的教育具有爱的内涵，教育的理想应然有智慧的践行。"智慧"意味着什么呢？江苏省2015年的高考作文是要学生谈谈"智慧"，并提供材料说，"智慧是知识，智慧是能力，智慧是境界，智慧像大自然一样有自己的形态。"显然，智慧的根基是知识，智慧的表现是能力，智慧的修养是境界。"师者，所以传道、授业、解惑也。""授业"，需要有专业知识作支撑，以其昏昏，不能使人昭昭。"解惑"需要有教学能力作保障，才能因材施教、举一反三。"形而上者谓之道，形而下者谓之器。""传道"，需要道德文章为内蕴，需要思想的穿透力作武器，世事洞明、事理通达，才能有"吾道一以贯之"的坚守。上善若水，随物赋形；行乎其当行，止乎于当止；斯是大自然的风采。现代教师需要三个基本条件：一定的文化知识、创新的能力和批判反思的精神，以此融合为教师的个性气质，斯是教育的智慧。

知识是人类经验与文化的系统化和符号化，而经验与文化恰恰是人类智慧的结晶。在这个意义上知识与智慧具有同一性。教师对知识的态度，对知识的选择以及运用，使他所拥有的直觉经验更有价值，这种对知识的把握便是教学的智慧。然而，教师的专业知识从哪里来，又如何提升？朱永新告诉我们：爱上阅读、学会思考、勤奋写作，做科研型的老师。知识首先要有量的积累，在读书生活中丰富；知识要在教学反思中有质的提高；知识要在教育情境中有创造性的应用；知识要转化为专业的教学能力，这是知识转化为智慧的一次飞跃。朱永新寄希望于教师：珍惜业余时间读书，养成写作习惯，使知识与能力高度地融合，内化为教育的专业素养。他认为，"把职业当作学问做，拿工作当成科研做，既有趣味又有价值。"其实质是对智慧型教师的呼唤。

新教育是实践性的教育哲学，教师的智慧是一种实践性的教学能力。"借我一双好教师的慧眼"，朱永新特别强调好教师应拥有情境性的教学能力。他叮嘱教师，"根都应该扎入泥土里"。因为，人作为经验性存在，离开了对象性活动，就谈不上兴趣与情感，也谈不上认识、思维与能力。教师的教学方法或教学能力的生成和应用，无法脱离具体的教育教学情境，教师通常需要解决具体问题时，才表现出自己独特的判断力、行动力和教学机智。教学能力蕴含在教师的实践性知识之中，教师在教育情境中长善救失，发展自己的教学能力。为"让教育生活更充实"，朱永新期望教师认真备课，大量阅读，心中有学生。他认为，"知识需要与生命发生共鸣""才能成长为智慧"。他希望教师勤奋写作，以"反省生活，从而创造更有价值和意义的人生"。

在行动中反思是教师的一种核心能力，是教师在错综复杂的困境中所表现出来的教育智慧。教育是创新的事业，教师是创新的职业，教师要致力于培养学生的创新精神。由此，教师自己需要有反思的能力，有沉静的热情，有长善救失的内省精神。朱永新希望教师，"重返童心的世界""每天拥抱一轮新的太阳""善于在日常的教育生活中提出问题和解决问题"，并期望他们能坚持不懈地且行且思，在创造性的转换中，逐步形成自己鲜明独特的"个人风格"。朱永新告诉我们，教师实践性智慧是在教学反思这一环节中生长出来的，它展现出一种独特的思维、判断和决策的方式，它所形成的能力是反射性的和创造性的。

人是可能性的存在，是一种开放且动态的系统，他所发生的一切变化都能够被发现，也能被创造。我们的生活是我们为自己制订的计划的总和。朱永新之所以重视教师的生涯规划，大处着眼，高瞻远瞩；小处入手，于细微处见精神。或许他看到，教育智慧的价值在于创造，教育所包含的意义全在于教师所应有的独特个性与独到的创造之中，而这种创造与创新的能力，需要有一个培育成长的过程、教学相长的过程，需要达到一种文化的自觉和生命的自觉。他认为，这种创造和创新的能力，体现在具体的学科教学活动中，涵盖日常的教学与研究的全部生活。拉森德说："智慧有三个基本的意义维度：认知过程，即获得信息和加工信息的特定方式；道德或社会赞许的行为模式；好的或是个体所向往的状态或条件。"这三个维度与朱永新对教育智慧的阐述有高度的一致性。

教育是心灵的对话，是思想的碰撞；教育的智慧是转识成智，它含有道德的内蕴；"人因为思想而伟大"，教育的智慧是师生人格的互塑；因此，它是一种境界。教育的任务不仅教学生以道德的知识，而且通过培养道德判断的独立性，鼓励其道德的成长，指向于德性完善的境界。生命是一个燃烧过程，智慧是这个过程中产生的光。冯契先生认为，智慧主要表现在两个方面：一是对外在世界存在之道的整体的形而上的把握，追问一种普遍的法则；另一个是对人的存在意义的追问，包括人与世界的关系问题，人自身存在的意义和价值等。朱永新的《致教师》一书，始终包含着对教师之"道"的追问，以及对人生意义的关切。师道，是教育智慧所达到的境界。道法自然，千姿百态；海纳百川，有容乃大；天行健君子以自强不息，地势坤君子以厚德载物。

教育佐助生命的成长，使潜在的可能，成为生命的现实。因此，教育是人性中含有神性的事业，教师是人性中带有神性的职业。正唯如此，每一个教师都应该"书写一部生命的传奇"，为自己，也为学生。人之区别于动物，在于生命的待定性。待定，意味有无限的发展可能，以及独立的个性。但人并不是一个抽象的类概念，而是涵指单一的具体的和不可替代的个人。在海德格尔这里，如果"此在"在日常共存中丧失了自己的个体性和具体性，这也就丧失了他自身，这就是"此在的沉沦"，成为"非本真的存在"。"此在"的第一要义是生存，是身体。生物的本能倾向于自我保存，这是基本事实，它先于知识，先于理性，不需要做最终的证明。它残酷地证明了人生的偶然性，以及生存是最为基本的人权。朱永新的《致教师》，是对一个一个教师生命个体的回应。他面对现实，从教师实然的生存状态出发，设身处地，回应教师的困惑与苦恼。这种倾心而谈，寄托着他对教师的期望和关切。他关心教师的健康，关怀教师的生活，拳拳之心，溢于言表。

人并非仅是自然的生物，而是社会化的生灵。人生并非只是维持基本的生存，更需要美好的生活。人不仅要活着，而且要活得好。教师更是如此，他们所期待的是幸福的生活，免于匮乏和恐惧，有满足感和成就感。朱永新认为，追求幸福这是教育的宗旨，"幸福通过分享而愈发丰盈"，它"需要师生共同创造"。教师与学生共同享有学校生活中的美好，爱和互爱。女作家海伦·聂尔玲说："参与爱（的生活）并深爱他人，就是最大的人生报酬。"朱永新认为生活中不仅要有关爱，而且要有"情趣"，教育要有"趣味"，教师的生活应该丰富多彩。生活的丰富——它的多样性和特殊性——永远与我们所处的文化氛围相关，所以，要努力营造学校文化和教室文化。

《致教师》旨在"引领教师过一种幸福完整的教育生活"。幸福是具体的、经验的，它的形式和内容总是处于某种情境之中。幸福的生活来自摆脱物欲的美感和创造性。一个有理想并有所成就的教师，是幸福的教师。尤其是，如果他能够把劳动和交往、工作和娱乐协调起来，就能够把他的职业变成一种自我感情的倾泄、表达和精神的历险。那么，丰富的生活必然带来心灵的充裕，他会在完美的经验中感受到喜悦和快乐。朱永新认为，"教室就是幸福的源泉""每天都是最美时光"，他让师生在"晨诵、午读、暮省"中感受美好，他倡议，在期末庆典时"为每个生命颁奖"。他特别重视亲情、友情、爱情在教师生活中的意义，重视教师的心理健康，重视教师与校长的关系。诚然，每个教师都是社会的存在，他必须有良好的心理调适能力，并能与同伴建立起一种真诚和信任的融洽关系，才能拥有生活的幸福。

幸福终究是一种感受，它基于自然的生存性的需要。教师对幸福的追求，同样地基于社会生活中个人利益的诉求。因此，关心教师生活，提高他们的生活水平，是社会和政府义不容辞的责任，丰富教师的生活需要各个方面的共同努力。幸福是一种精神性的满足，因此，要引导教师从对物质利益的关注，走向对事业和精神生活的关注。教师要有终极关怀，教育哲学应包含信仰和宗教情怀。因为，无论教育或宗教，都有其当下承担，有救世热忱，并追问生命意义之所在。心灵安顿、人性净化、境界提升等宗教的智慧都可以转化为教育和教师的精神资源。《致教师》传递了新教育的理念和信仰，它含有陶行知先生那样的宗教情怀。

教师的幸福感受，基于社会生活中的互动。首先是个性的独立与自由，而后有个人责任的承担和理想的追求。教师对于幸福的体验，毫无疑问，爱有着极其重要的作用。没有任何人仅仅活着就可以了，不需要他人的影响和回应。教师热爱学生，学生敬爱教师；教师服务社会，社会关爱教师；沉浸在亲情与友情互爱中的教师，无疑是幸福的。这在《致教师》一书中有充分的叙述和论证。自我肯定的需要，自爱的需要，以及他人的爱对于教师健全的心智的需要，这些都是满足教师基本要求的需要。在更高层面上，教师需要实现自己的潜能，这是自我实现的需要。这意味着教师应该努力发展，在创造性的自我实现模式中，展示自己的个性，表达自己的特质与天赋，从而成就教师的幸福人生。

幸福是对现实世界的超越，是积极地开拓和创造新的生活，从而成就生命的意义。贯穿《致教师》一书，最为执着的理念，便是创造一种新的教育，过一种幸福完整的教育生活。《致教师》一书告诉我们：幸福的生活并不是平静的满足，而是积极地表现自我的力量，以及力量的开拓性和创造性。创造性的生活包括探索与好奇、发现和独创，并以发现和引进新事物为乐趣。这种生活寄托着发展的希望，充满了成就感，有如将天火盗到人间的普罗米修斯。"当缺乏信仰、丧失诚信的喧嚣日渐蒙蔽我们的双眼，当拜金大潮、浮世虚名拼力裹挟我们前行时"，《致教师》赋予我们理想与信念，赋予我们新的思想和新的发现，让我们的人生有新起点。独立的精神，不迎合社会与学术的时尚，高擎着精神的火把前行。在某种意义上，美德的最高表现正是人的性格中的不屈不挠的创造精神，这在朱永新及其新教育团队中有淋漓尽致的表现。鲁迅先生说："世界是愚人造成的，聪明人决不能支撑世界。"

生活的意义在于生活本身，我们不能从自身之外寻求希望和拯救。生活的意义是我们赋予的，意义问题并不是沉思事物的本质，而是走进现实世界并去改变它。祁克果说："生命不朽的问题，实质上并不是一个学问的问题。生命的不朽，正是主体性的潜势与最高的发展。"我们应该赞美生活，赞美生活中潜在的善，从中找到快乐和幸福，并满足对意义的追寻。"生活永不完美，教育总有难题。有人抱怨，有人放弃，但总有一些人，会相信自己的双手能够擦亮星星。"当我们的行动由道德的理性来决定时，人的自由是最完善的。"在不同的地点，用最日常最朴素的教育生活，去创造着完整的幸福，这就是我们最好的庆典。"正如诗人舒婷的诗句所言：只凭一个简单的信号，集合起星星、紫云英和蜩蜩的队伍，向没有被污染的远方，出发。心也许很小很小，世界却很大很大。

《致教师》是一本哲理性的散文集，又是一本系统建构的论文集，深入浅出，但又不失学术的厚重。它以书信体的形式呈现，看似信手拈来，实则内涵丰富。《致教师》给广大教师以精神的洗礼和心灵的慰藉，娓娓道来，却是博大精深。《致教师》全书分四辑：第一辑谈教师作为志业，他的角色定位，他应有的理想与信念。第二辑谈教学作为本职，他的专业修养，他应有的智慧与创造。第三辑谈教师的职业生涯，他的生命传奇，如何赢得尊严与快乐。第四辑谈教师的价值追求，他的使命和爱，如何共享幸福完整的教育生活。《致教师》是一本充满生活气息的教师教育的小百科，它广涉教育学、心理学、哲学、美学、社会学，它熔理性、激情、诗意、趣味于一炉。这里有扣人心弦的思想的启迪，这里有赏心悦目的审美情感的陶冶。

《致教师》贯穿着批判的理性，又洋溢着沛的情感。在西方文明传统中，理性长期被视为最高的善和幸福的源泉。然而，在实际生活中，理性不可能独立于人的情感本性而存在。脱离生物根源的理性是抽象的、沉重的。

"悲落叶于劲秋，喜柔条于芳春"是人之常情，因而，教师要有春风化雨的温情，学生方能"亲其师而信其道"。理性而冷峻的教师是不可亲的，理性而抽象的教育哲学同样的有失偏颇。理性与情感的联合，思与诗的统一，逻辑与价值的一致，是《致教师》一书显著的特色，这是一种个性鲜明的教育哲学。

从课程论和教学论的角度看，《致教师》一书，特别关注知识的教育价值。朱永新认为，知识从属于心灵，课程是心灵的遭遇，教师的热情与学生的兴趣在课程与教学过程中至关重要。他特别强调问题情境的作用，认为真诚的困惑与真实的问题情境是教学的根本。他认为，情境性知识往往需要用教育叙事的方式、现象还原的方式来呈现。他积极提倡教师写教育随笔，在叙事中，教师对于课程与教学以及学生学习等问题进行反思。由此，更加深刻地反思自己已有的认识，检视自己的实践及其效果。教与学的过程，是认识与情感共同参与的过程，是教师不断实践——反思——学习——改进的过程。

《致教师》是一本充满美学精神与审美情趣的著作，它很好地体现了蔡元培先生以"美学代宗教"的教育理想。《致教师》所传递的是后实践的生命美学的理想，它指向于心灵的自由与人性的完善。朱永新特别地关注艺术的教育，他欣赏师生的感性领悟和审美冲动，他认为学校教育需要诗歌、图画、童话、小说、影视、戏剧，需要各种审美创造活动，需要丰富与发展师生的各种健康的情感和情绪。《致教师》以诗意美感的文字，激起人们对美好教育生活的向往，对教师美丽心灵的赞叹。

《致教师》一书，特别让人感动与感慨的是，跳跃在字里行间的宗教般的虔诚与热情、对教育事业的那份执着与痴迷。叔本华说："'崇高'的宾辞在某种意义下的真英雄和天才，就是意味着是为全体人类生活之意，他们违反自己的天性，不追求自身的事件，并不为自己筹谋。那些斤斤于小节，追逐着小利的大多数人，他们怎么说也无法变得伟大起来，因为他们不能成就伟大事业的道理是很明显的。"新教育实验的志愿者是一群精神明亮的人，是一群有崇高理想和目标的人。《致教师》这本书和新教育这群人，揭示了教育伦理所应然的精神高度，它召唤与激励无数的后来者。

叔本华说："幸福是这样的世界，如沐浴在人生的晨曦中，眼前的一切充满着蛊惑和魅力。"读《致教师》，正是这样一种心灵的享受，让人有一种幸福的陶醉。朱永新是教育学界罕见的诗人，诗人的本色与诗性的情怀，使他具有感人的艺术魅力。《致教师》是他发自心底的真诚歌唱，是他赤子之情的率性倾诉，诗歌艺术作为人们精神需要的最深刻的表达，它潜移默化地浸润读者的心灵。朱永新同时具有哲人的气质，诗性的语言常包含着深邃的哲理，它与我们切身体验到的感情和渴望相融合，完整地阐述了"人诗意的栖居于大地"的深刻内涵。

《致教师》聚焦于师德的高尚与精神世界的澄明，它以超越的理想性、观念的思辨性、生命的崇高性为基本诉求，揭示了新教育本体论视野下"过一种幸福完整的教育生活"的体验性的本质规定。《致教师》将理想的火种播入教师的心田，收获生命的温暖与光明。新教育，昨天的星星之火，今天已成燎原之势。如歌岁月，似水流年。新教育，永远伴随着教师的精神成长。作为本质力量的感性显现，新教育实验像一轮明月，发出宁静圣洁的光芒。"按美的规律建造"，把自己的生命活动变成自己的意志对象，《致教师》是新教育的一份宣言书，它传递着教育的正义与良知，引导着千千万万教师前行的方向。孔子说："士不可不弘毅，任重而道远。"

（作者系江苏省教育学会副会长）

探寻幸福完整的教育生活
——做更好的自己

吴正宪

读了朱永新教授的《致教师》，与老师们一起沉浸在与朱教授幸福的对话中……"教师如何进行专业阅读？""如何长久地保持教育热情？""如何形成个人的教学风格？""如何在压力下仍然坚守？""如何关注窗外的世界？""如何享受你幸福的教育生涯？"……所有的问题都来自一线教师自己的经历，来自校园鲜活的故事，来自教室真实的生活，来自小小讲台流动的瞬间。

朱教授围绕一线普通老师关心的常态问题和教师自身成长中的困惑问题一一做出回应与解释。他用朴素且生动形象的语言诠释着教育的真谛。朱教授善于讲故事，小故事中孕育大情怀，小故事中传播真道理。书中没有高高在上的训诫，而是潺潺流水般沁人心脾的良策；书中没有长篇累牍的理论，而是真诚平和的娓娓道来；书中没有廉价的鼓励，而是发自内心的期待和唤醒。

读了朱教授的回应，我慨叹他"世事洞明皆学问，人情练达即文章"的睿智、广博和深刻。体悟着他脚踏实地的付出与仰望星空的追求。他站在"教师是一个普通人"的立场上，以"同呼吸、共命运"的深深情怀，透过现象看本质，让基层教师找到问题的症结所在，犹如在黑暗中看到了指路灯，不再迷茫无措。

我边读书边思考，怎样才能过一种完整而幸福的教育生活？怎样才能做一名好教师？我努力的在书中、在与朱教授的对话中寻找答案。

树立教育的理想

教师是最需要理想的人，真正的希望就是理想。教育是一个人影响一个人的过程。朱教授的教师职业四境界："让学生瞧得起的老师；让自己心安的老师；让学校骄傲的老师；让历史铭记的老师。"正是对做好教师的理想追求。"学高为师，身正为范。"就是要对自己要求高一点。教师的言行，是学生活生生的教科书；教育不只是给孩子们知识，更重要的是教书育人，启迪学生以积极的生存心境、积极的人生态度面对生活。教师生命的价值在于，不是把教师工作仅仅当做谋生的职业，而是作为事业去追求。教师要用生命去影响生命，用人格去影响人格，用智慧去启迪智慧。教师要终身学习，努力成为有特点、有个性的教师。成长就是幸福，成长就是努力做更好的自己。

渴求改变的坚守

在教育教学生活中，我们会面临各种各样的困难，是消极等待还是积极面对？是放弃还是坚守？朱教授面对教师们的提问发出了肺腑之言"只要不放弃，只要坚持有恒，无论在哪里，都能在你坚守的那片土地上，开出一朵生命之花。"是啊，教育要改变世界，首先从改变自己开始。当我们内心有了自主发展的愿望，有了渴求改变的心态，就会努力让自己不断变得美好，这样也就必然会影响改变别人，事实上也就已经在改变社会。每天思考一点点，每天进步一点点，每天改变一点点，就是成长。完善自己，挑战自己，改善环境、创造条件和学生一起共同成长，带给我们的将会是长久的幸福体验。把生活中的困难和成长中的瓶颈当做获取幸福的垫脚石，努力挖掘教师职业的内在美，把教师职业当做事业，全身心投入。我们相信：穿越艰辛，自然收获美丽。渴求改变就是追求创新，创新就是要做更好的自己！

付诸实践的能力

从朱教授的字里行间中，我们懂得了只有爱的热情是不够的，更要有爱的能力，要有持之以恒的行动。心动不如行动，知行合一，才能把浓浓的爱落实在具体的行动中。对一个教师来说，痛恨积弊的方式是行动，是将让自己置身于"涨潮的海上"，相信"爱教育，就是爱自己"，相信每朵乌云背后都有阳光。秉承"坚持行动，就有收获"的信条，才能"带着使命，带着爱"，"向没有污染的地方，重新出发"。

"幸福"与"完整"，成为教师生涯最为饱满的两枚理想种子。因为它们的存在，教师挣脱一切"标签""脸谱"与"定型"，悄然还原成真实的生命，真实的"人"，以幸福成全生命的"人"。在朱教授的眼里，教师不再是春蚕，不再是蜡烛；不再是一个隐喻与一个标本。教师就是教师，每天都在平凡与神圣中穿行，教师生命的价值在于"以现在求证未来，让生命幸福完整"。

愿意跟随朱永新教授一起去追求幸福完整的教育生活。

(作者系北京教科院基础教育教学研究中心小学数学室主任、数学特级教师)

为教育而生,为教育而奋斗,因教育而收获幸福

刘彭芝

朱永新老师是我非常尊敬的一位全国知名、在世界范围内有较大影响的教育专家。他有多重身份和角色,民进中央副主席、第十二届全国政协副秘书长、常委、中国教育学会副会长,苏州大学教授、博导,等等,每项工作他都做得非常出色。他是一位学习者、思想者、实践者,奉献者、敢言者,他热爱教育、研究教育、不停地产生新思路、总希望创新教育、积极地推广新教育。他是为人师、为人父母者的朋友和导师。

朱老师善于思考、勤于笔耕、著书立说。《致教师》是朱永新老师的新作、力作,在这本书里,我看到了一个教育理想者的追求。

这是一本触及心灵、专门写给教师的好书,是朱老师向教师表达他的教育思考与实践、教育研究与智慧的又一代表作。朱永新老师就像一位知心朋友,坐在我们面前,侃侃而谈。

在书中,朱永新老师从教育理想的角度,诠释"做教师的理由";从教育实践与智慧的角度,点亮"好教师的慧眼";从丰盈教师教育生命的角度,启迪教师"书写生命传奇";从教师生活的角度,引导教师"过一种幸福完整的教育生活"。

在书中收录的每封信里,朱永新老师针对教师普遍存在的各种问题,谈他对教育理想的深刻认识,谈他的工作经验,谈教师的专业发展,谈教师阅读的重要性……真诚又真实,平实而又智慧。

办好任何一所人民满意的学校,都要遵循一个基本规律:着眼点是学生,着力点是教师。学生的成长是表,教师的发展是里。要促进教师的发展,除了要创设良好的物质环境、制度环境和文化环境外,还需要及时解决教师生命发展、日常生活中面临的问题。

读完朱永新老师的《致教师》,我想和大家分享几点心得:

要敢于立大志向。每个教师，都应该有梦想，唯有梦想能成为自己不断前行的动力。我曾经给人大附中的老师们做过一个报告，题目就叫《我的理想》。有句话说："立志要如山，行道要如水。不如山，不能坚定；不如水，不能曲达。"我们的老师应该拥有远大的理想，敢想敢拼，勇于走前人没走过的路，咬定青山不放松，一张蓝图干到底。

要善于终身学习。学习，是教师终身发展的第一要务。一位优秀的学习者，未必是优秀的校长；但优秀的校长必须是优秀的学习者。同样，一位优秀的学习者，未必是优秀的教师；但优秀的教师必须是优秀的学习者。朱老师每天坚持5点起床，学习写作到8点。他的这种学习精神，一直令我钦佩、令我折服。

要保持良好的心态和健康的体格。生活不会是一路坦途，工作中也难免有挫折，但要牢记"比天空更广阔的是人的心灵"，无欲则刚，有容乃大，要做一个坚强而豁达的人。同时，要爱护自己的身体，无论是工作还是生活都要有良好的计划，健康快乐地生活。在这方面，朱永新老师就是一个很好的榜样。他坚持每天晚上9点到10点锻炼一小时，大家看，朱老师的身体非常健康！

一个教师的洪荒之力，就是对学生的爱和尊重，是对教育的忠诚。习总书记希望教师做有理想信念、有道德情操、有扎实学识、有仁爱之心的"四有"教师，强调广大教师要做学生锤炼品格的引路人，做学生学习知识的引路人，做学生创新思维的引路人，做学生奉献祖国的引路人。"四有"是基础，"引路人"是目标。做好学生的"引路人"，理想信念是根本，道德情操是前提，扎实学识是基础，仁爱之心是关键。对此，我从教五十多年最深刻的体会是：爱是教育的最高境界，爱是自然流溢的奉献；尊重是教育的真谛，尊重是创造的源泉。只有尊重学生，了解学生，理解学生，才能更好地热爱学生，引领学生。

要多交朋友，善于与他人合作。朋友是人一生的财富，人大附中的"人"字就是一个相互支持、相互依存的结构，我希望老师们能够随时把笑容挂在脸上，能够真诚地祝福和帮助别人，和朋友一起共创事业。青年教师虚心地向老教师学习教育情怀、教育教学经验等，老教师也要向青年教师学习最新的知识和技术。老教师要甘为人梯，善于做铺路石，不做绊脚石。朱老师就是善于和普通教师交朋友，和家长交朋友的人。正因为这样，他才会搜集到教师发展切实存在的、急需解决的问题，并身体力行地支招去解决这些问题，促进教师发展，写出这部力作。

希望能有更多的教师像朱永新老师一样敢追梦、爱学习、勤思考，为教育而生，为教育而奋斗，因教育而收获幸福。

(作者系原中国人民大学附属中学总校校长)

在《致教师》研讨会上的发言

刘堂江

研读《致教师》，首先要把它放在"新教育"的视域下来观察，纳入"新教育"的整体系统来评析。

"新教育实验"所取得的成就，其影响力、其美誉度，在我40年教育生涯中，实属罕见。

"新教育"成功的因素有很多，其中最重要的一条，就是抓住了教师这个根本。

2015年，我们《未来教育家》杂志对"新教育"作了一个大型报道，标题就是《新教育：让教师的光芒灿若明星》，编者按是这样写的："可以说，新教育的每一位老师，在自己的课堂里，在三尺讲台上，都是一颗耀眼的明星，散发着独特的光芒。而放眼过去，整个中国大地上，无数位新教育的教师站在一起，就构成了夏夜那璀璨的星海，照亮整个苍穹。"

对于新教育教师成长的收获，你不能不心悦诚服。一位普普通通的、平平凡凡的老师加入了新教育，他（她）就会变得信心满满，激情满满；智慧多多，幸福多多；乐此不疲，乐而忘返。

奥妙在哪里？"新教育实验"发起人，当代著名教育家朱永新教授说："新教育最大的成就，是唤醒了许多普普通通的老师的理想与激情，让他们知道教育原来如此美丽，教师原来可以如此生活。"

新教育给予教师的，是"一个开阔无垠的精神视野"，是一个可以纵横驰骋的自由空间。这是教师成长的一种高端引领。究其"合理内核"，新教育帮助教师唤醒的，是以教育家情怀育人的圣火。

对此，我作了几点概括提炼，认为这"圣火"折射出了八道夺目的光芒。（一）师本之光。"新教育"的师本价值观尤为鲜明突出。（二）理想之光。"过一种幸福完整的教育生活。"（三）生命之光。"教育·生命"就是新教育的一种境界，更是教师成长的理念支撑。（四）崇高之光。谁选择了教师职业，谁就选择了崇高。（五）阅读之光。专业阅读，站在大师的肩膀上前行。（六）行动之光。行动，是新教育的弥足珍贵之处。（七）共同之光。新教育的教师成长，有一个显著的特点：不是教师独自在"象牙塔"里闭门修炼，而是教师与学生一起在日常的教育生活中共同成长。（八）团队之光。一个人可能走得更快，但一群人，才能走得更远。

《致教师》这部著作，正是朱永新教授"新教育实验"理论研究和行动研究的结晶，是"新教育：让教师的光芒灿若明星"的精髓工作。

全书分为四大板块，每一个板块都有全新的视角，每一个板块都是人性化的循循善诱，每一个板块都植根土地，特别解渴，每一个板块都闪烁着过人的智慧和光芒。第一板块："给我一个做教师的理由"，解决了教师的职业认同感之感，唤醒了教师的生命自觉。第二板块："借我一双好教师的慧眼"，点亮了一盏怎样当好教师的指路明灯，引领教师在专业成长的大道上健步前行。第三板块："愿我书写一部教师的生命传奇"，告诉教师怎样做人，怎样做事；打开生命传奇之门的钥匙，就把握在自己的手里。第四个板块："让我们过一种幸福完整的教师生活"，带领教师向着光明，向着远方，共同建造一个无限美好的"教育理想国"。

一位教师可以教出一批好孩子、一批教育家，可能影响国家和民族的未来。教育家群起，是时代呼唤，人民期盼，国家意志，点燃教师教育家成功的梦想，是神圣使命，历史担当。长江文艺出版社出版的朱永新教授的《致教师》，正是一部引领、助力教育家成长的优秀教科书！

（作者系《未来教育家》杂志总编辑）

过幸福而完整的教育生活

杨树兵

最近，我读了朱永新教授的《致教师》一书。朱永新在书中以"书信"的形式，与教师们交流了教师工作中遇到的一些困惑，并逐一作了分析。不仅是认识上的澄清，更有实践上的指导。

一个教师在信中说："我是一名刚参加工作不久的新教师，原来对教师职业充满无限憧憬，但不知不觉却开始厌倦现在的生活。平时，经常可以听到同事们对生活的抱怨。有的说教师生活太平淡，有的说教师生活太机械……渐渐地，我对教师工作也失去了信心。"

其实，这位教师在信中表达的内容非常普遍，他之所以会有这样的心理反差，最重要的原因是对教师这一职业没有真正理解。《致教师》第一辑以"给我一个做教师的理由"为标题，深入探讨了教师的角色定位、职业追求等问题。朱永新认为，对教师职业的认识和理解既是最简单的问题，也是最根本的问题。他指出，一味地将教师归结为平凡或神圣，都是片面的。他认为，教师不是蜡烛，不能以化为灰烬作为代价去照亮学生；教师不是春蚕，因为固步自封才会作茧自缚。那么，教师究竟是什么？其实，教师就是与学生相互依赖的生命。

职业倦怠是各行各业都会面对的一个问题。要解决这一问题，唯有实现理念的转变，正确认识自己的职业，努力挖掘自己所从事工作的内在魅力，并从事业中获得乐趣。朱永新提出，教师是一个能够将人的创造力、想象力等全部能量与智慧发挥到极限的职业，更可以从中获得更大的成功体验和工作乐趣。教师每天通过与学生之间的交流，通过自己的专业成长，获得幸福。

朱永新根据自己的思考与实践，在书中提出了教师的"四重境界"，用以定义什么是"好教师"。第一重境界是"做一个让学生瞧得起的教师"，教师要做到"学高为师，身正为范"，不仅要教好课，而且要做一个有爱心的教师。第二重境界是"做一个让自己心安的人"，教师通过潜心教书，得到学生的认可。第三重境界是"做一个让学校骄傲的人"，教师要成为一个让学生特别依恋的人，应该从自身的岗位中提升自己，让学校以己为荣。第四重境界是"做一个让历史铭记的教师"，这是最高的境界。朱永新在书中勉励教师，虽然这种境界高远，但只要从教学中成长，收获幸福，就能在不知不觉中沿着阶梯继续攀登。

我们常说，教育需要爱，但作为教师，仅仅有爱就够了吗？朱永新在《致教师》中说，仅有爱是不够的，真正的爱一定包含着智慧。只有智慧的教师，才能提出各种烦琐问题的解决方案。有些教师觉得教育科研是一件"高大上"的事情，离教师太遥远。针对教师提出的"一线教师究竟怎样做教育科研"的问题，朱永新提出，教育科研不是学者的专利，教育一线的广大教师应该是教育科研的主力军，因为他们丰富的教师生活经历是教育科研的源头活水。教师只有扎根于教室之中，扎根于经典书籍的灌溉中，把工作当作科研做，才能成为一名科研型教师。

在《致教师》一书中，朱永新的许多书信交流都是面向新教育实验学校教师的，探讨的内容大多也是关于新教育实验的，其中不乏许多感人的故事。当然，所有故事的发生和结束，都在追寻"如何让教师过一种幸福而完整的教育生活"。

从优秀到卓越，这是教师对工作的要求；从幸福到完整，这是教师对生活的追求。如何过一种幸福而完整的教育生活，让教育不再仅仅是一种行业，能够真正融入生活，成为人生的重要组成部分，也许读者能从《致教师》一书中找到属于自己的答案。

(作者系江苏省教育厅研究生教育处处长)

让生命幸福完整

黄耀红

《致教师》是新教育实验之发起人、总负责人，著名教育学者朱永新先生的一部最新力作。

全书共分四辑，即"给我一个做教师的理由""借我一双好老师的慧眼""愿我书写一部教师生命的传奇""让我们过一种幸福完整的教育生活"。前三辑共收录先生与一线教师对话的 46 封问答式书信，最后一辑收录自 2010 年以来先生为寄语新教育同仁的 6 篇年度致辞。16 万字的篇幅里，看见真实，也看见真诚；遇见理性，也遇见理想；见证深度，也见证温度。那是普通教师的"问题之困"，更是平等对话的"智者之声"。因此，"致教师"，与其说是一个书名，不如说是一个意象。在文字与心灵相遇的地方，亮着心灵晤对的古典灯光。

以对话遇见心灵

《致教师》以书信体方式呈现。每一封信，就是一次问题的探讨，思想的聚焦，心灵的呼应。借新教育之于中国教育的重大影响，朱永新一再被媒体推为改变中国教育之"风云人物"，成为数以千万计的中国教师心中的"意见领袖"。尽管，轰动不是新教育追寻的初衷，但关注与追随又实实在在化作了担当与责任。《致教师》的撰写，源于一个互动的过程。自 2014 年始，先生应华东师范大学出版社之《教师月刊》之约，通过"答教师问"的专栏连载，以公开的书信回答来自不同地域，不同学科，不同境遇的教师提问。这种写作起点与方式，意味着《致教师》不可能是从"我"走向"你"的学问预设与思想独白，而是一场"你"来"我"往的心灵对话与精神往来。这样的往来与对话里，注定会弥漫着泥土与青草的气息。

果然，在《致教师》里，你读到的不是"居高声自远"的学术独白，也不是就事论事的实务指南，更不是老生常谈的道理重申，而是一页一页的生命发现——于事实中发现价值，于日常里发现永恒，于现象中发现本质，于局部里看见整体。

在这里，每一个问题像是一粒火种，照亮那些教师生命的昏暗。在这里，书信也不只是载体，它是对话的方式，结构的方式，也是作者的言语方式。在一个以"微信"刷存在感，甚至依赖于"朋友圈"来喂养思想的时代，在移动互联网不断碾平时空的时代，书信，特别是这种纸面的书信，特别能传递出一份优雅、舒缓而亲密的古典情怀，一种细雨敲窗的温和与浪漫。永新先生惯有的诗意与理性，亲切与深刻，与"信"的语境契合到一起，构成迷人的质感与温情。

以问题播种智慧

离开问题的言说，亦如缺乏食盐的菜蔬。《致教师》的每一篇文章，均由一个一个具体的问题开启。每一个问题，来自于民间与草根，亦如经络一般，传递着普通基层教师的境遇与困惑，苦恼与疼痛。

与其说那是某一个教师的问题，不如说是某一类教师的问题，甚至是所有教师的问题。在书里，"问题"不再是激愤与抱怨的"入口"，而是思想与建设的"起点"；它也不再是情绪的宣泄，而是使命、责任与智慧的凝聚。

我特别注意到《致教师》里那些提问者。他们中有的是刚刚走上讲台的新教师，有的是遭遇职业倦怠的老教师；有的奔波于城市，有的坚守于乡村；有的教语文，有的数学……每一个提问者，都意味着不同的成长环境，不同的人生经历，不同的生命叙事。因为他们的存在，《致教师》中的"教师"不再是空泛的职业人群，而是一个一个鲜活的"人"。

我也特别注意到所提的问题。有的叩问价值，关于信念、关于理想、关于幸福；有的探讨幸福，关于读书、关于研究、关于备课、关于班级建设；有的问道人生，关于职业境界、关于生活情趣、关于为人处世；有的讨论教育生活，关于仪式与细节，关于读书与写作，关于教室缔造与期末庆典……

每一个问题都有一束焦灼的目光，都是一场等待与倾听，一份信赖与虔诚。永新先生，与其是一个倾听者，写作者，不如说是一个播种者。亦知亦行的丰厚学养，亦穷亦达的丰富阅历，亦诗亦理的丰沛激情，成就了他对每一个"问题"的心灵回音。从每一封回信的背后，我们似乎看得见朱先生凝神的目光，专注的表情，磁性的声音，以及那霜染的两鬓。

我想，朱先生对于每一个"问题"的回应，不是简单的方法破解，而是思维方式的照亮。问题如同纵横的田垄，先生的谈言微中，成为一行一行智慧的播种。与此同时，那些来自不同层面的真实问题，作为21世纪中国教师的底层声音，何尝又不是中国教师成长的精神面相？因为问题的针对性，《致教师》的对话既是澄明当下的共时性对话，亦是存留历史的历时性对话。

以幸福成全生命

其实，《致教师》里的问题与话题，哪一个都逃不出教育与生活的庸常。就像擦亮星星上的灰尘一样，朱先生以他的文字不断擦亮"教师"二字。在他眼里，教师不是春蚕，不是蜡烛；不是一个隐喻与一个标本，更不是灵魂工程师，教师就是教师，每天都在平凡与神圣中穿行，他生命的价值在于"以现在求证未来，让生命幸福完整"。

"幸福"相对于苦痛，"完整"相对于残缺。朝向"幸福"的教育，必然成全生命之"整体"。"幸福"与"完整"，成为新教育最为饱满的两枚理想种子。因为它们的存在，教师挣脱一切"标签""脸谱"与"定型"，悄然还原成真实的生命，真实的"人"，以幸福成全生命的"人"。

那么，"幸福"在哪里呢？朱先生说，它在创造中，在服务中，在研究中，在分享中。因为创造、服务、研究与分享的教育"幸福"，每一个普通的时刻，都会焕发不一样的光彩，每一个平凡的日子，我们都能与幸福相伴。在新教育的价值基座上，"以幸福成全生命"，是对理想教育的朝圣，更是对现实教育的救赎。

当"幸福"成为教育的气场，所有的生活庸常都进入了一种有担当、有诗意、有光芒的境界。《致教师》里太多太多拨动心弦的文字，让我们看见一个教师"幸福与完整"的精神世界。

他这样说"职业"：教师是一个能够把人的创造力、想象力等全部能量与智慧发挥到极限的、永远没有止境的职业。教师面对的是最深的世界——人的心灵。他们存在着无限的可能性。他这样说"信仰"：信仰造就的乐观，是生命中的太阳，任何境况下的人生都会因此温暖明亮，并指引着生命中的明亮那方。他这样说"理想"：当理想遭遇现实，总会有碰撞，总会有较量，否则，理想如何能够称之为理想？教育与理想是一对孪生兄弟。教育，是必要的乌托邦。

他说"教师的专业成长"，将以阅读为基础的"专业引领模式"，以写作为基础的"研究反思模式"与"以同伴互动为基础的教育生态模式"喻之为教师成长之"吉祥三宝"。他说，每个人的一生都是一个生命的叙事，在时光中创造那个更好的自己。时间抓起来是黄金，抓不起就是流水。

在他看来，教师是教室的国王，教师的胸怀决定着一间教室的大小。因为，凡能发光的人，必定在内心燃烧了自己。在他眼里，读书是寻求心灵的自由，备课就是精神的体操，交友就是与"未来的自己为伍"；"大音希声是行动的回响"；"创造的起点是问号"，"一个人的专业写作史就是他的教育史"；"空气穿过针孔时，比穿过山谷更有快感"……

打开《致教师》，随处都是这种美妙的文字，回应着每一个平凡而细碎的教育命题。你以为这只是"观念与说法"的修辞美化吗？显然不。它们都是"幸福与完整"之教育生活所赋予的生命之神光。

在这些因"问"而来的言说里，充满着永新先生对一线教师生活、生命与生涯的深切关怀与美丽成全，同时也成全了他自己的幸福人生。

以现实求证未来

于时间的波峰浪谷里，总看得见历史的背影，听得到现实的歌吟，映得出未来的表情。

《致教师》的最后一辑文字，不是答问，胜似答问。读之，心情久久无法平静。那是自2010年起，每一年度的辞旧迎新之时，永新先生在深夜或凌晨写给全国新教育同仁的年度献辞。

每一篇文字都是值得深情朗诵的美文，都是诗与哲学，充满着激情与理性，交织汗水与脚印。在这里，你看得见热切的脸，忙碌的身影，与跃动的心。

我们知道，自2002以来，"朱永新"的名字就与其倡导、推动的"新教育实验"成为生命的共同体。十多年来，新教育由一个学者的热切理想或书斋念想，化作春天的种子，迅而撒播到大江南北的两千多所实验学校，数以千万计的学生心田。"过一种幸福完整的教育生活"亦如朱先生发出的一个简单信号，就汇聚了无数理想主义的能量，亦集合起无数生动而深刻的民间智慧。

或许，在永新先生眼里，岁末年初最是年岁的刻度，是现在与未来的节点。而在他心里，教师的终极意义在于"以现实求证未来"。读他关于新教育的年度文字，我们无法忽略那漫天飘着祝福的跨年语境，更无法忽略的是，新教育实验于神州大地间得到的热切呼应。新教育所构建的"晨诵、午读、暮省"的教育生活节奏，正在柔软地植入千百万师生的内心。

一个从现实里看见历史，又从现实里看见未来的教师，他才真正看见此生的意义。因此，新教育的岁月行迹与新教师的理想追寻，互为表里。在幸福与完整的价值坐标上，教师的修行之路在于，走向书香氤氲的校园与课堂，走向开花的大地，重构生命的晨钟暮鼓，发现一个人的无限可能。

教育是一切的"果"，也是一切的"因"。对一个教师来说，痛恨积弊的方式是行动，是将让自己置身于"涨潮的海上"，相信"爱教育，就是爱自己"，相信每朵乌云背后都有阳光。唯有建设，唯有行动，才能"带着使命，带着爱"，"向没有污染的地方，重新出发"。

一个教师撒下的优良种子，终将会在岁月深处萌芽。或许，这就是今天对于明天、现实对于未来的坚忍而美好的"求证"。

（作者系《湖南教育》报刊社数字出版中心主任、教育学博士）

诲人不倦的"朱老师"

李镇西

作为民进中央副主席、全国政协副秘书长，朱永新先生的追随者却很少叫他的"官衔"，而是不约而同地叫他"朱老师"。

这不仅仅是因为他同时还是多所大学的教授和博导，更主要的原因是他总是给周围的人以师长般的关怀和影响——不仅仅是我这些曾师从于他的学生，还包括许多素不相识的一线教师。我曾经把他称作"中国第一教育义工"，因为他几乎把他的周末和节假日都无偿（的确是"无偿"）奉献给了中国的"新教育实验"，引领了许多普通老师的成长。除此之外，他还利用无数个清晨或飞机上的时间，通过书信方式为许多远方的老师解惑。所以，他是千千万万追随者心目中名副其实的"朱老师"。

这本《致教师》，便是他作为"朱老师"的又一个注释。

这本书是朱老师就一线普通老师最关心最困惑的问题所做出的他的解答："如何学会思考？""如何进行专业阅读？""如何应对自己不如学生的困境？""如何写论文？""如何对待问题学生？""如何让领导认可自己的探索？""如何在压力下坚守？""如何同时成为好老师和好妈妈？""如何合理安排时间？""如何学会交往才会受人欢迎？"……所有的问题都来自校园鲜活的气息，来自教室纷繁的生活，来自讲台流淌的瞬间，来自教师成长的心灵。

朱老师是怎么回答这些问题的呢？他没有摆出教授生博导的架子，用高端莫测的理论和晦涩艰深的术语谈这个"原则"那个"性"，而是用亲切平易的态度，用朴素却不乏生动形象的语言，讲述着一个个教育的真谛。朱老师特别善于讲故事，比如在讲"教师的幸福在哪里"时，朱老师讲了一个大师口中的神的故事；又比如在讲"如何保持教育热情"时，他讲了著名特级教师李吉林的故事；再比如在讲"如何寻找生命的原型"时，他讲了著名物理学家范德瓦尔斯的故事……结尾朱老师的落款总是"你的朋友 朱永新"，读着读着你就不知不觉真的把朱老师当朋友了。这就叫"接地气"。

当然，朱老师毕竟本人就是一位真正的教育专家，他的文化功底和教育素养决定了他讲故事不仅仅是浅薄的"举例"，他所讲的故事都指向老师们一个个需要解决的难题。对每一个难题，朱老师都有着具体而不空洞的富有操作性的建议。比如，回答"如何做论文"时，朱老师讲了如何进行文献检索，详细介绍了传统文献的分类和文献检索的三个阶段和要注意的问题，还特别耐心地讲了如何确定教育研究的课题："对青年教师来说，最便捷最有效的途径，是从自己的教育实践中提出问题。"并谈了一线老师进行研究应该注意的几个问题。最后，朱老师说："作为一线教师，还可以从记录自己的教育生活开始，如记录自己的课堂，对课堂实录进行分析；记录学生的个案，对个案进行诊断分析和改进的探索等等。研究的关键是善于积累，积累的材料多了就能够发现规律。"这么详尽而切实可行的建议，让读者有实实在在的收获。

朱老师的语言也值得称道。他往往在娓娓道来之中显示出他思考的深度与思想的魅力，而这种"深度"与"魅力"又是通过富有哲理与诗意的语言表达出来的："真正的信仰是最为恒久炽热的希望，能在厄运中鼓舞起勇气，激荡起乐观。信仰造就的乐观，是生命中的太阳，任何境况下的人生都会因此温暖明亮，并指引着生命的明亮那方。"（《为自己赢得心灵的自由》）"一般来说，同一个职业的八小时内的生活都相差无几，八小时以外的业余生活才预言着未来。真正的人生，往往是业余时间所决定的。"（《业余预言未来》）"每个生命都是这个世界的唯一。关注每个生命，关注每个孩子，为每个生命颁奖，为每个生命喝彩，应该是我们教育的使命。"（《为每个生命颁奖》）"一位老师抓住了每一天的生活，关注了每一个教室里的每一个日子，让每一天都值得孩子记住，他就能创造教育的传奇，就能够拥有真正的幸福。所以，珍惜每一个平凡的日子，用心过好每一天，是教师幸福感形成的重要途径。"（《教室就是幸福源泉》）……这样隽永的句子在书中比比皆是。

《致教师》的前言是朱老师的一首题为《我是教师》的诗。诗中写道："我是教师，这是一份职业，更是一个志业；我是教师，这是一份职责，更是一种使命……"其实，在我看来，无论是"职业""志业"，还是"职责""使命"，体现在朱老师的身上无非就是孔子说的四个字："诲人不倦"。

(作者系新教育研究院院长、语文特级教师)

为了教师的唤醒与改变

汤 勇

朱永新老师的又一新书《致教师》出版了。捧读油墨飘香的大作,感觉格外亲切。

由教育的志趣与情怀和朱永新老师结缘,已有好多个年头了。从2009年朱永新老师拨冗为拙作《修炼校长力》写序"校长的力量从哪里来"开始,朱永新老师又在2010年、2012年先后为拙作《我的教育心旅》《做一个卓越而幸福的教育者》作序,这为我潜心于对教育的研究与思考,致力于对区域教育的发展与改变,可以说是带来了莫大的启迪与鼓舞。

2013年5月,首届全国教师阅读与专业成长高峰论坛在阆中举行,朱永新老师不仅为阆中的老师们做了主题报告,还不辞辛劳到阆中的一些学校考察,同校长和老师进行探讨交流。这些年对新教育的虔诚与追随,有了更多与朱永新老师近距离接触的机会,他对教育一往情深的家国情怀,废寝忘食的工作作风,永不停止学习与研究的学术风范,深深地感染着我,影响着我,成为我教育实践与求索的精神标杆,化作了我在教育路上逐梦前行的不竭动力。

在我的眼里,朱永新老师不仅是一位教育的智者与思者,更是一位教育的行者与歌者。为了他的"教育理想"——理想的教育、理想的学校、理想的校长、理想的教师、理想的学生、理想的父母、理想的课堂,借助新教育这块充满希望与活力的沃土,他一直在不知疲倦地思考着、奔走着、歌唱着。

教育发展,教师为本。朱永新老师深知,尽管关注到每一个生命,每一个日子、每一个课程是一间教室能让人感到幸福的缘由之一,而这间教室里的引导者——教师的状态,却更加值得我们去关注。因为新教育实验最终的成效在教师,教育成败得失的关键在于教师的专业素养。为此新教育把教师的成长和专业发展作为了教育改革的逻辑起点。

十年教育局长的历程，教师的成长也是我一直倾情和努力的方向，每年除了为新教师上好"岗前第一课"，还努力为一线教师的专业成长积极搭建平台，因为我知道只有改变教师，才能改变学生，教师成长了，学生自然就会成长，教师被唤醒了，区域教育的生态才会根本好起来。

日常与老师们的交流中，总是听到教师成长中各种专业的疑虑与思想的困惑：怎样才能真正走进孩子的内心？课堂教学怎样才能体现出学生生命的成长？教师的成长有没有有章可循的路径？如何克服教师成长过程中的职业倦怠？优秀的教师是否有迅速拔节的诀窍？教师应该如何坚持自己的职业理想、发现自己的职业价值、享受自己的职业幸福……这些问题，老师们希望能找到答案，我也希望能够得到一些更多的点拨与启发。于是，从拿到《致教师》的那一刻起，先前的期待，急于对一些问题的释怀，还有对朱永新老师的敬仰，多种情愫的交融便化作了阅读的淋漓与酣畅。

《致教师》围绕教师提出的教师所关心的重要问题和教师成长的关键问题，结合作者的人生阅历与对教育的深度思考，以给教师回信的方式，做出了整体而非局部的、长远而非眼前的、根本而非表面的系统回答。其实，在朱永新老师的博客里，在《教师月刊》为朱永新老师开辟的专栏中，对一些问题的阐释解答已经有过零星的阅读，而且我看作了归类剪辑，如今结集成书，便有了对教师成长更加全面的阅读和深入的思考。

《致教师》在内容的选编上，似乎包含着这样的脉络，也似乎构建并指明了教师成长的清晰路径：选择了教师，就应有自己的职业坚守——"给我一个做教师的理由"；走进了教育，就必须具备基本的技能——"借我一双好教师的慧眼"；要走向卓越，自然离不开教育人生的修炼——"愿我书写一部教育的生命传奇"；要享受幸福，就必须坚持教育的理想——"让我们过一种幸福完整的教育生活"。

该书应该穷尽了当下教师共同关注而且有可能是带普遍性的一些问题，既能为所有教师"解惑"，又能为不同的教师群体，带来不同的阅读体验。

作为新教师，既能从"重返童心的世界——如何了解学生"中找到初为人师的育人技巧，也能从"让语文回归生活——如何做好听说读写"中学到学科教学的专业技能，更能从"在时光中创造那个更好的自己——如何寻找生命原型"中感受到专业成长的精神动力；作为中年教师，可能正处于专业发展的瓶颈期，也可能正承受着职业倦怠的折磨与袭扰，"以信念为基石——

如何让自己越来越坚定"也许能帮你走出职业的困惑,"根都应该扎入泥土里——如何做科研型的老师"也许会助你走上教师职业新的高峰,"健康是教师的第一财富——如何走出亚健康状态"也许会让人在中年的你减轻来自家庭、工作、社会的重重压力;作为年老教师,你能从"因为魅力所以美丽——如何寻找教师生活的美丽"中挖掘出"教师职业的内在美",从"教师的幸福从哪里来——如何享受你的教育生涯"中回味教育人生的甘甜幸福,从"在教育中诗意栖居——如何保持教育热情"中如李吉林老师那样焕发出"重新出发"的职业青春与热情。

其实,我们所有的教育人,都能从"爱教育就是爱自己"中读出教育人生的全部价值——"爱教育,就是爱自己的最好方式,就是爱世界的最佳办法";从"每朵乌云背后都有阳光"中冲出教育的雾霾而发现黎明的曙光——"当我们真正改变了自己,让自己不断变得美好,就必然影响、改变着别人,事实上也就已经在改变社会";从"出发吧,带着使命,带着爱"中接受到走向教育春天的强烈感召——"正是这种使命感,我们才当仁不让地将千千万万师生的事,当成自己的事。我们才以杜鹃啼血式的呼唤,期待教育者和受教育者的生活,都是幸福的,享受的,愉悦的,完整的。"

让师生过上幸福完整的教育生活,一直是朱永新老师的教育梦想,给教师带来职业的尊严与幸福感,点燃教师的激情,成为教育的追梦人,是朱永新先生写这本书的初衷。这些充满浓厚理想主义色彩的教育梦想,无时不在《致教师》的字里行间流淌。

教育是理想的事业,更是人的事业。教师思想的深度,决定了教育实践的高度;教师人生的厚度,决定了教学活动的温度。面对当下的教育,教育本质需要回归,教育生态需要修复,教育理想需要坚持。每一个教师个体,无论有无成长的自觉,都被赋予了职业的担当与成长的责任。教师的成长,绝不仅仅是教育技巧、教育观念的复制与传播;教育人生的修炼,更是一个凤凰涅槃的过程,需要有"日日新,又日新"的告别昨天的勇气。

15年的新教育实验,从江南古城苏州发轫,一步步成长壮大,走向了大江南北,长城内外。一路的心血浸润和辛勤耕耘,让朱永新老师对教师的成长有了更加深刻的理解与参悟。他始终坚信"有坚持必有奇迹",自己坚持着数十年如一日教育研究、教育阅读、教育写作,直至有了今天新教育的辉煌和自己传奇的教育人生。

"我要跟大家一起,把'苏北人'的拙诚、善良、勤勉、专注、认真、坚韧,带入下一个十年。"人生能有几个"十年"?其中体现的,正是一种自我成长的坚持与坚韧,一种类似"堂·吉诃德般的勇气"和"西西弗斯式的坚毅"。朱永新老师,其实更是一部厚重的、经典的励志大书,连同他的《致教师》,在共同的唤醒与感召下,相信有更多的教师一定能够创造出属于我们自己的职业尊严与教育幸福,一定能够唤醒与点燃我们扎根教育的忠诚与激情,也一定能够携手每一个孩子共同书写出我们色彩斑斓的教育人生。

(作者系原四川省阆中市教育局长、2015年中国十大推动读书人物)

做一个智慧的教师

常生龙

教师这个职业，就像小说《围城》里的那句话：城外的人想进来，城里的人想出去。看上去有两个假期，比其他职业上班的时间少一些，但上班期间的工作强度、工作压力之大，也是很多人难以想象的。朱永新先生在《致教师》一书中，引用了国家中小学心理健康教育课题组2000年对辽宁省的一组调查数据，数据显示有心理失衡现象的教师占比高达51.23%。虽然说其中大多数教师尚处于轻度或者中度心理失衡的阶段，但这一数据背后所折射出来的教师的生存状态还是不容乐观的。从那时到现在，已经过去了16年，教师的压力、心理负担不仅没有丝毫的减轻，反而进一步加剧了。

教师出现心理问题的原因是多方面的。有的因教育理想和教育现实之间存在巨大的落差而导致心态不好；有的总希望自己有更好的发展但却不得法而产生焦虑以及对自己的怀疑；有的做了一些教育改革的探索或更新了教育的信念但却吃不准于是忐忑不安；有的在处理人际关系中找不准支点屡屡碰壁而感到沮丧；有的非常努力想帮助学生提高成绩但总是欲速则不达，有的面对问题学生如"狗咬刺猬，无从下口"……面对教师各种各样的问题，朱永新老师进行了梳理，选择了其中的46个问题，以你问我答的形式写成《致教师》这本书，帮助教师答疑解惑，促进教师的健康成长和专业发展。相信每一个阅读了此书的教师，都能从中获得某方面的启示和感悟。

做自己，是建立自信的基础

每个教师在内心中都渴望成为一名优秀的老师，以自己的学科素养和人格魅力影响学生的成长，受学生的爱戴和尊敬，被家长和社会所颂扬。但该如何去践行，才能让这样的渴望变成现实呢？

朱永新先生通过他倡导的新教育实验告诉教师，让自己成为优秀是完全可能的，关键是要坚持不懈地做好三件事情：

专业阅读——站在大师的肩膀上前行。教育实践的探究和自然科学领域探索新疆域的实践工作有很大的不同，自然科学领域所探索的往往都是人类未曾知晓的现象、事实和规律，通过这样的探索和实践活动，使得我们对自然界有了新的认识，使我们的观念获得新的转变。教育实践则不是如此。大多数的教育理论、大多数教育实践中所面对的问题和困惑，我们的前辈已经进行了总结，已经有了解决的办法和途径，并且通过各种方式给记录、保存了下来。如果我们养成阅读的习惯，善于站在过去的教育理论家、教育实践者的肩膀上去审视当下教育的难点和困惑，就能找到解决问题的途径和方法，获得专业的发展和提升。

很多教师总是抱怨自己太忙，缺少阅读的时间，其实是没有发现阅读带给自己专业发展上的丰厚回报。也有的教师还没有读完一本书就希望看到自己的改变，这就更加急功近利了。虽然在阅读的过程中要加强选择，但阅读本身不应该太过功利，这是一个潜移默化的过程，需要自己耐得住寂寞、静得下心来。听别人将阅读的好处、或者看到一些教育名家在阅读中成长的经典案例，会让自己热血沸腾，也赶紧找来一本书读，但往往三分钟热度，热情过后就把书抛到一边了，这是因为教师自己在如何看待阅读的观念上还不够清晰、对阅读中出现的困难估计不足、缺乏坚持不懈的毅力等原因所致。

专业写作——站在自己的肩膀上攀升。十多年前，当我开始坚持每天写一点文字，放在自己的博客中时，曾有不少朋友对此不屑一顾，认为我每天写这些乱七八糟的东西，没有任何价值，纯粹浪费时间。我当时没有多想，只是希望看一看自己坚持做一件事情，能够坚持多长时间。这一写，就是十多年。我没有想过版权保护，想到什么就写什么，写好了就往博客中一放，谁愿意转载就转载，谁愿意评论就评论。随着每天写作的不断延续，我首先发现了自己文字上的变化，然后是我的那些朋友，开始意识到我的文字的价值所在。他们很多人原来和我水平相差不多，甚至比我水平还要高，现在在表达思想方面，我已经超出他们一大截了。

写作是一个思路的再梳理、再表达的过程。做老师的都有这样的体会，了解一个学生对某一知识的掌握情况，有两种方式最为简便：一是让他说，他如果能有条理地将这件事情说清楚，说明他理解或掌握了；二是给他布置相关的作业，让他把自己的想法用书面文字表达出来。说的方式和写的方式是两种不同类型的信息输出方式，需要自己在大脑中再次进行加工，并进行信息的转化和翻译。如果它不仅说得好，写得也很出彩，那他对该知识点的掌握就不成问题了。学生如此，教师自己也是如此。很多教师在课堂上说起来一套一套的，但如果让他将自己所说的话写出来，往往很难，这是因为平时缺少这样的思维训练，也缺少了让自己专业素养提升的契机。

专业发展共同体——站在集体的肩膀上飞翔。虽然我们常说教师"关起教室的门自己就是国王"，但教师的工作性质决定了教师必须要加强团队建设，走共同体的发展之路。首先，从学科内部来看，知识是螺旋递升的，情感态度和价值观更是一脉相承的，如果学科教师之间不能形成共同体，围绕共同的目标和愿景来服务学生，就很难形成学科教学的一致性；其次，从一个班级来说，不同学科教师形成的团队，要围绕共同的育人目标向同一个方向上施力。这需要每一个教师明白施力的方向、在不同的场合施力大小的及时调整等，不能只顾自己不管他人；再从一所学校、甚至国家教育的高度看，更需要我们的教师形成专业发展的共同体。

集体最重要的资源就是同伴互助。你一个思想、我一个思想，相互碰撞之后会产生新的思想，让大家受益，获得共同的提升。在信息化日益发达的今天，学生在很多方面所掌握的知识和能力不比教师差，甚至超过教师，因此，也要和学生共建专业发展的共同体。

这三件事情，不需要借助很多外力，教师自己只要用心，就可以做得很好。朱永新老师所引领的新教育实验，就涌现出了一大批通过在这三个方面着力实践而崭露头角的优秀教师。他们在专业成长的过程中，也逐渐发现了自己，收获了自信，并为自己未来的发展奠定了更加厚实的基础。

明阶梯，体悟攀登的快乐

朱永新先生告诉我们，教师职业大概有四重境界：第一，是让学生瞧得起的老师；第二，是让自己安心的老师；第三，是让学校骄傲的老师；第四，是让历史铭记的老师。这实际上是给教师搭建起了专业成长的阶梯。

让学生瞧得起，是对教师的基本要求。如果连学生都瞧不起，那最好就不要再在教师群体里"滥竽充数"了。朱永新先生认为，学生瞧得起的教师，是"学高为师,身正为范"的教师,他们用高出学生一等的学识来赢得学生的敬佩,用自己的一言一行,来做校园里鲜活的教科书,赢得学生对自己的尊重和爱戴。在过去,学生大多通过学校、通过教师这唯一的途径来获取知识,教师"高出学生一等"是很容易做到的。随着获取知识的渠道日益多元化,教师需要重新注释"学高为师"这句话的含义;随着校园的日益开放以及学生受多元文化的影响,他们对教师的言行也有了很多的认识和思考,教师如何才能"身正为范",也是需要教师回答好的。

让自己安心,体现的是教师的良知。在学生离开学校多年之后,教师所交给学生的知识,学生或许已经记不得了,但一个有良知的教师,一定会被学生记在心田。一个有良知的教师,对教育的本质有着清醒的认识,他知道教育要遵循规律,包括教育自身的规律以及孩子身心发展的规律,面对违反教育规律的现象,能够不轻易向孩子让步,不轻易向家长让步,也不轻易向社会让步。面对不良的教育环境下,总是想方设法给孩子创设较为适宜的时空,让他们能得到一些喘息,放慢一点脚步。

让学校骄傲,是因为教师为学校创造了新的校园文化。学校文化,是由在学校生活着的教师和学生创造、并经年累月积淀下来的。在漫长的办学历程中,逐渐在办学思想、管理模式、课程建设、学科发展、学生社团、教育评价……诸多领域形成了学校与众不同的特质,并被大家所认可和传送。社会是发展的,学校文化也需要与时俱进,才能跟得上社会发展的需要。能为新时期学校文化建设作出突出贡献的人,自然是让学校骄傲的人。

让历史铭记,凸显着教师的教育思想。像陶行知这样"人生为一大事来"的教师,师从杜威,完全可以在国内的重点高校谋取一份有着丰厚报酬的教职,安安稳稳地做自己的研究。但他却脱下西装,卷起裤腿,一头扎进农村,为着平民教育、为整个民族的整体素质的提升做开拓性的探索和研究,并针对我国当时的实际,提出了不同于杜威的生活教育理念,由此而成为"一代师表"。在杨东平看来,陶行知的生活教育理念应该成为我国走向教育现代化的顶层教育理念。

不是每个人都能让历史铭记。但明了教师成长的阶梯,努力在攀登的过程中找寻快乐,不也是生活的意义所在吗?

谋幸福，让自己的生命出彩

教师工作非常辛苦，白天在学校里忙碌一天，拖着疲惫的身体回到家中，还要想着明天的课如何上，学生的作业没有批改完，跟家长的沟通还没有进行，个别学生还要电话嘱咐一番……"5+2"、白加黑的工作状态，让很多教师疲惫不堪。在这样的境况下，更需要教师要学会为自己谋幸福。所谓谋幸福，就是要在平凡的工作岗位上寻找快乐的源泉和享受的瞬间，将普通的日子变得不平凡，将习以为常的工作变得不简单。已经花费了如此大的精力，如果不能有心理上的满足和愉悦感，不能享受到幸福的感觉，那不是太吃亏了？

朱永新先生在书中向我们描述了幸福的基本特征：是在创造中的，是在服务中的，是在研究中的，是与人分享的。仔细想想看，教师的工作就非常符合上述这四个特征。首先，教师工作充满创造性，将课本上的知识，在认真研究学生的身心发展特征和认知规律的基础上，转化为教学的流程设计，让学生能够兴致盎然地投入其中，这本身就是一件极具创造性的工作，在课堂实施的过程中，各种创造性的火花和灵光乍现就更加频繁了。其次，教师的工作是为学生的发展服务的，教师通过所创造的课程这一产品，来为学生提供服务，并在这一过程中共同提升对产品的新认识。第三，教师的工作充满着研究特征。研究教材、研究教法、研究学生、研究评价……教学的所有领域，都是在研究的过程中不断深化认识，获得专业发展的。第四，教师的教学本身就是将自己的所思所想，借助课程这一载体和学生进行交流和分享，唤醒学生的前概念，诱发学生的好奇心和探索欲望的过程。所以，教师的工作一定是充满幸福感的，关键在于我们要善于从中找寻幸福，让其充盈我们的精神世界，让我们的生命更加出彩。

朱永新先生认为，教师的幸福有着两大来源：一是来自孩子，二是来自专业成长所带来的事业成就和生命尊严。一个个孩子在教师的精心哺育下健康快乐地成长，这本身就是一件无比幸福的事情；在孩子成长的同时，自己也获得专业上的成长，收获了更多的自信和尊严，这也是教师幸福的源泉呢。一个每天都能够通过和学生之间心灵的交流、通过自己专业的成长获得幸福感的教师，也是能走向卓越的教师。

（作者系原上海市虹口区教育局长、2012年中国推动阅读十大人物）

玫瑰心语
——从《致教师》谈起

窦桂梅

和朱老师相识是在1999年，粗粗算来，已将近20年的时光，这么多年，在我生命的关键节点上，朱老师一直给予指点，这种爱护和提携让我倍感温暖。朱老师的为人、为文都像一方宝藏，可以挖掘出无尽的激情和丰富的思想。

当我看到《致教师》的书名时，我一直在想"致玫瑰"，2013年我在教育在线注册了名字"玫瑰"，"玫瑰"倒过来是瑰玫，大家一直都叫我玫瑰，我非常喜欢，我喜欢这个名字背后的含义：热情、温暖、绽放，我愿意做基础教育这片沃土上一株绽放的玫瑰。读完朱老师的《致教师》，作为扎根基础教育三十年的老教师希望和各位同仁分享一下我的玫瑰心语。

《致教师》是朱老师写给一线教师的书信集，天南地北、教龄悬殊的教师朋友们把工作中、生活中的各种困扰汇集在朱老师的案头，朱老师好像一位长者，用智慧做路标、用热情做灯塔指引着正在经历困惑的同仁们，也指引着我。

我喜欢朱老师的书，它没有学院派的堆砌术语，也没有领导者的高高在上，有的是一个个小故事，有的是设身处地的思考，有的是贴心的话语。印象深刻的是朱老师说要开一家"朱永新成功保险公司"，投保人需每日三省吾身，写千字文一篇，保期十年，保险公司保证投保人能在十年后跻身成功者的行列。这个广告本身是个玩笑，但朱老师却用玩笑的方式传递了一个朴素的道理：教育理想需要一步一步地践行。在这则广告的激励下，来自苏北的张向阳老师仅仅用了一年多的时间已写出30万字的教育日记，在十余家教育报刊上发表了50多篇作品。

曼德拉说："在登上一座大山之后，你会发现还有更多的山要去攀登。"

朱老师的这本书也是一座座小山，一个个故事推动着阅读者进行更深入更务实的思考。全书分为四个板块，第一辑：给我一个做教师的理由；第二辑：借我一双好教师的慧眼；第三辑：愿我书写一部教师的生命传奇；第四辑：让我们过一种幸福完整的教育生活。

本书从帮助一个刚入职老师寻找教学方法，到寻求教育智慧，形成自己的教育风格，再到用教育润泽自己的生命，让教育成为一种幸福完整的生活状态，环环紧扣，逐层推进。朱老师以从容的视角让我们知道教育真正的模样以及教师应该以什么姿态去站立。

教师本身应该是一朵花，以现在求证未来，让生命幸福完整。

爱是教育的底色，孩子需要，教师同样也需要，这本书最大的亮点是基于教师的视角，引领教师过一种幸福完整的教育生活。教师既是一种职业，也是一种使命，让教师过上一种幸福完整的教育生活，给教师带来职业的尊严与幸福感，点燃教师的激情，是我作为教育管理者最大的梦想。

2010年在石家庄召开的教育学会上，朱老师鲜明地提出了"过一种幸福完整的教育生活"的理念，其实，朱老师在2006年清华附小召开的第十届新教育年会上的发言中就提到这句话，现在仍记得十多年前在清华的百年礼堂上初次听到这句话时的感受，振聋发聩。

作为语文老师，我在思考：为什么要强调"幸福"？因为一线老师负担很重、压力很大，面对不可预测的挑战，有那么多困惑、难过、倦怠、迷茫，幸福貌似遥不可及。本书告诉我们面对种种困扰，我们如何在教育当中寻找安慰、寻找幸福。幸福源于你自身的感受，人只有不断地超越自己，超越自己给自己设定的目标时，你才会得到最大的满足。

看到"完整生活"，我在想"完整"是什么？这不仅仅要关注教师阶段性成长所带来的成就感，还要从一个个体生命的维度来谈幸福的深层逻辑。教育事业滋养了生活，生活同样会反哺教育，只有这样，教师的成长才会更加长远，步履从容，才能寻找到真正的幸福。清华附小1915年建校时，周宜春老师说要培养"完全人格教育"，这和朱老师的"完整"是契合的。

那怎样才能做到完整？朱老师在《致教师》一书中给出了最重要也是最有效的途径：读书。把"读书"和"完整生活"联系在一起，如果一个人跟读书结缘的话，会寻找到自己的幸福、弥补自己的完整，幸福而完整，是我们对生活的追求。

做教师不易，做校长亦不易，如何游刃有余地处理各种复杂关系，如何努力解决各种教育难题，如何为每位老师和每个学生营造一个安全的平台、丰富的环境等等，不一而足。在诸多难题中，最让我欣慰并略微有点成就感的是如何让清华附小的教师们过一种与书相伴的幸福完整的教育生活。

在紫丁花香中，看着满院的老师和孩子们晨诵、午读、晚省，教师儒雅而博学，孩子童真而聪慧，这一切是我作为一名小学校长最大的幸福。

谨此作为玫瑰心语，我代表学校、代表我个人感恩朱老师的指引。

（作者系清华附小校长）

中国的《歌德谈话录》

王开东

朱老师的新作《致教师》出来了，很快成为各大图书网的畅销书。

《致教师》以朱老师解答教师的问题为主线，一篇文章，解决一大难题。朱老师娓娓而谈，弦歌不断，答疑释难，辨正解惑。在我眼里，这是中国式的《歌德谈话录》。

在"给我一个做教师的理由"中，朱老师提出，做老师必须要有一个说服自己的理由，所见即世界，所选即生活。有所敬畏，有所信仰，有所执着，方能有所成就。

里尔克在《给青年诗人的十封信》中这样写道："没有人能给你出主意，没有人能够帮助你。只有一个唯一的方法，请你走向内心。探索那叫你写的缘由，考察它的根是不是盘在你心的深处；你要坦白承认，万一你写不出来，是不是必得因此而死去。这是最重要的：在你夜深最寂静的时刻问问自己——我必须写吗？你要在自身内挖掘一个深的答复。若是这个答复表示同意，而你也能够以一种坚强、单纯的'我必须'来对答那个严肃的问题，那么，你就根据这个需要去建造你的生活吧。"

大诗人谈的是写作，但和我们所谈教书没有什么两样。万一不让我们教书，我们是不是必得因此而死去。如果是，那么我们就获得了做教师的最大理由。剩下来的全部工作，就是怎么把自己雕刻成一位好教师。

如何雕刻成为一位好教师呢？这就是"借我一双好教师的慧眼"。好教师最重要的是要有慧眼；但慧眼首先要来自你有慧根，有慧根才能有慧眼，有慧眼才能有独到的发现。教育就是不断有所发现，师生的共同发现与互相编织，就一定能够结出慧果。好教师的慧根首先要扎根在泥土中，能够提出有价值的教学问题，能够在破译教育的疑难杂症中进行教育创新。其次是重返童心世界，获得一双慧眼，了解孩子，引导孩子爱上阅读，成为优秀的舌耕者，让教育生活更完整更充实更幸福。最后就是结成慧果，能够形成自己的教学风格，打造自己的学海方舟，出版自己的教育专著。

好教师不仅要自己成名成家，更要培养出值得彼此崇拜之活人。这就有了"愿我书写一部好教师的生命传奇"。好教师的生命传奇不是单独的个体现象，而是成群体集中出现，其中种子教师和榜样教师的作用不容忽视。但最最重要的，教师生命传奇的书写，一定伴随着学生生命传奇的书写，这是两个传奇的互相灌溉，互相编织和互相照亮。

唯有在这样的过程之中，我们才可以说师生"过一种幸福完整的教育生活"。爱教育，就是爱自己，我们就能享受教育的完整，也能享受教育的幸福。我们带着使命，带着爱，我们在涨潮的海上，坚信每一朵乌云的背后都有阳光，我们乘风破浪，一往无前。

读完这样一部解决一线问题的大作，犹如陶渊明所说，"初极狭，才通人，复行数十步，豁然开朗。"新教师从中会找到自己努力的方向，用尽全力，向世界开出自己的花来；老教师会有效去除职业倦怠感，重整旗鼓待后生；优秀教师会从中找到专业发展的地图，通天的大道九千九百九十九；卓越教师也会因此获得精神同盟，不至于在铁屋子鬼打墙，从呐喊走向彷徨。

掩卷之后，我的头脑中突然出现三个画面，这也完整构成了朱老师的三个形象。

第一，种树者。

朱老师是一个种树者。作为一个理想主义者，朱老师永远充满激情，当年朱老师用自己如火的激情，倡导理想主义的教育和坚守，风靡一时，感动中国。《我的教育理想》一书，在960万平方公里的大地上，种下了一棵理想主义大树，把理想一词擦拭得锃光瓦亮。

他始终坚信："一个理想的教师，应该是个天生不安分、会做梦的教师。教育的每一天都是新的，每一天的内涵与主题都不同，只有具有强烈的冲动、愿望、使命感、责任感，才能够提出问题，才会自找'麻烦'，也才能拥有诗意的教育生活。真正的教育家永远憧憬明天。冲动停止，教育就会终结。"

他相信真理是时间的孩子，而不是权威的孩子；相信理想是生命的底色，也是教育的底色；相信今天种下一棵苹果树，有朝一日会有苹果掉到另一个人的头上。为此,他痴心不改,相信种子,相信岁月许下的诺言。

终于,苹果掉到了李镇西老师的头上,也掉到了干干、铁皮鼓和卢志文的头上……于是,一幕幕改革的幕布被掀开,春雷乍起,万马奔腾,新教育星光熠熠。

第二,盗火者。

朱老师是中国教育的盗火者。普罗米修斯盗来火种,宁肯忍受被苍鹰啄肝脏的痛苦,但却把温暖带给人间。从此黑暗的世界,有了一线光明。

当下的教育也是,学生很苦,教师很累,教育也很危险。在无路可走的时候,朱老师盗来火种,倡导过一种幸福完整的教育生活。作为一个盗火者,朱老师上下奔走,把新教育的火种播向全国各地。正如媒体人所说:"新教育是一个傻子带着一群疯子。"

中国历来就是聪明人太多了,我们缺少一种傻子精神。

鲁迅先生说:"我每看运动会时,常常这样想:优胜者固然可敬,但那虽然落后而仍非跑至终点不止的竞技者,和见了这样竞技者而肃然不笑的看客,乃正是中国将来的脊梁。"

什么是傻子精神?这就是傻子精神。傻子精神就是摒弃了小聪明式的精明和圆滑,把精致的利己主义远远抛在脑后,把一种国家和未来的使命扛在自己的肩上,我以我血荐教育!自加压力,负重前行,教育兴亡,我的责任!

迄今为止,傻子的傻劲没改,疯子中又走出了很多傻子,他们把一种理想主义播散到了祖国各地,星星之火,已经燎原。

他们的理想彼岸是:"一群又一群长大的孩子,从他们身上能清晰地看到:政治是有理想的,财富是有汗水的,科学是有人性的,享乐是有道德的。"

第三,擦星者。

在朱老师看来,总得有人去擦星星。当那些八哥、海鸥和老鹰都在抱怨,当星星又旧又生锈的时候,朱老师早早带上水桶和抹布去擦星星了。朱老师是一个与黎明共舞的人。

总得有人去擦星星,擦亮星星,也擦亮我们自己。永远不抱怨,不推卸,不放弃，从有限的自我做起，树立自己的职业尊严，提高自己的专业水准，升华自己的道德境界，我们是人民教师，我们为自己代言。

《致教师》中每个问题的解答，都是在擦亮一颗星星。

在解答老师们的提问中，朱老师身体力行，不断强调"擦星"的重要意义。"我们积极一点，就向周围多传达一份正能量；我们消极一点，就向周围多传达一份负能量。正负的比例，就是我们活着的价值。生命的意义不仅是活着，而是我们给别人的生命带来了何种不同。这决定了我们人生的意义。"

是的，教育需要乌托邦，需要田园牧歌式的价值追求，需要一种痴迷，一种疯狂，一种虽九死其犹未悔的执着精神。教育不是饭碗，不是差事，甚至也不是职业，而应该是也必须是一项伟大事业。你选择了在黑板前的站立，你就选择了一种永恒的姿势，一种责任，一种使命，一种宗教的狂热，一种默默无闻光明磊落的情怀。

正是在这个基础上，朱老师提出，教师要用心做人，用脚做事。用心做人，即寻找人生的意义；用脚做事，即提高人生的价值。人一旦寻找到人生的意义之后，就会义无反顾，就会把毕生的生命、鲜血投入到一个事业之中。

如何脚踏实地地投入到一个伟大的事业之中呢？这就需要教师不断提高境界。在朱老师看来，境界提升的路径是："第一是让学生瞧得起的教师；第二是让自己心安的教师；第三是让学校骄傲的教师；第四是让历史铭记的教师。"

每个境界的提升，既是理想主义的一种指引，也是实证精神的一种践行。寻阶而上，步步惊云，一览众山小。

教育需要梦想家和诗人来经营，需要信徒和殉道者来朝圣；需要肉体的投入，灵魂的参与，精神生命的极度支撑。

热血注定要燃烧，灵魂必须要在场。唯有用全部的热情和最富有汗水的实践，才能涓涓细流汇成大河，最终黄河入海流。

而这，就是《致教师》的全部意义所在。

（作者系苏州第一中学副校长、特级教师、苏州市首届教育领军人物）

为教育唱歌吧

张　悦

朱永新教授的《致教师》是我最近几个月的案头书。我阅读了三遍。确切地说，《致教师》不是我正在"读"的书，而是我正在"重读"的书。

阅读《致教师》与阅读东野圭吾的作品大不相同，阅读《白夜行》《解忧杂货店》时，我总是追寻着"一气通到底"的阅读感受，如同在"加速"中冲到百米跑终点；而阅读《致教师》时，我总是读读想想，想想再读读，好比在"减速"中欣赏天空中好心情的鸟儿。在与《致教师》相向而行的过程中，我总是看到密涅瓦的猫头鹰在黄昏悄然起飞的情形。

"教育"是个大众话题，人人皆有言说权利；对于一个以"教育"为天命的学者而言，《致教师》就是从他生命的根里"流"出来的诚挚箴言，是栏杆拍遍、风景看够之后的"我思考""我祝福"。

就这样，《致教师》陪伴我穿越了秋天的风华，走进江南飘雪的冬季。在读书教书如此安安静静的日子里，它就是心灵的访客，让我放下内心所有的矛盾，获得温软的慰藉与澄澈的启思——阅读中的感动和感悟总是自觉地"搅拌"在一起，"迫着"我去追问教育的意义、教师的价值。

《致教师》说，我们为了幸福而来，想去敲开幸福之门。也许，每一位教师都问过自己：为什么要成为一名教师？不管我们最初是否为了信仰而出发，都应该为自己的旅程感到幸福。因为，陪伴我们这一路的是学生，没有一种职业可以像我们一样天天对话于精致而透亮的灵魂。《致教师》对我们说，"每一个孩子都是天使"，能和天使在一起，这是何等幸福之事？所以，我们要珍惜福缘。"和谁在一起"是幸福的起点，而保持幸福指数高值在于教师的修为。"如果一个人有宁静的内心生活，他就真正地找到了幸福"，平朴之中藏真意；喧腾处、矫情处、浮名处皆无真教育，一个内心安静的人，才能屏蔽焦躁和奢华，才能避免功利物欲对自我的裹挟，达成灵魂的去蔽，保持独立和清醒；真正的幸福是"奢侈品"，只和人的内心"押韵"。《致教师》还告诉我们，"工作占据一个人一生中最美好的一段光阴"，"工作最后呈现一个人一生创造出的价值"。工作除了给予我们物化所需之外，还赠予我们"实现自我"的厚礼；也只有走在"自我实现"路上的教师们，才有可能真正地拥有职业幸福。我在朱老师很多教育作品中看到过这样的表述：愿所有的师生都过上幸福完整的教育生活；我也在朱老师微观的教育细节探究、宏观的教育发展思考中，领受过"享受自我的教育生涯"的谆谆教诲；我还在朱老师的悉心面授指导时，动容于一个师者沉醉教育的幸福模样和因为幸福、因为内心的自在与充盈而始终洋溢在脸上的"萌萌哒"的笑容。这一切，都只关乎一个词：幸福。幸福之于教师，真是一个"高颜值"的关键词。《致教师》就是这样从容和裕地推展了教育幸福的风景，而行在路上的我们，恰是福祉的领受者。

　　人无法超越自己的时代。如何在时代给定的框格中成为好教师，是教育永恒的母题。教育智慧与教育大爱是形影相随的侣伴。《致教师》提点我们，"真正的爱里，一定包含着智慧"，在成为有爱的"暖师"的同时，还要思考如何成为有识的"慧师"。置身知识翻滚、科技革命的当代社会，我们的隐忧恐怕就在于："上帝"已经改变了约会的地点，我们依旧守在老地方。如何因时而化，实施适时、适地、适人的教育，是当代教师的智慧追求。《致教师》没有依靠单纯的"说理"来"明理"，而是运用"讲故事"的紧贴生活世界的方式，用"经验"的纯熟超越无趣与庸常，用"叙事"的真诚点亮心灵与真知。《致教师》让我们阅读一个个亲切的故事，感受着故事的亲切——无论是令人崇敬的苏霍姆林斯基的故事，还是诺奖获得者李政道的故事，还有追梦新教育的普通教师的人生叙事，甚至是作者自己的成长故事，都流露着、畅达着生活的真态、生命的真意、激荡着教育智慧的真谛。这让阅读《致教师》的教师们产生如下的自信："智慧"并不像遥不可及的神秘主义小说，它并不需要我们翻越现实之墙，如同种桃种李种春风一般，在教育的田野里种松种柏种理想；在真实的生活世界里，我们定会邂逅智慧，就好像是与故旧久别重逢。不得不说，用"讲故事"的方式谈如何修得教育智慧，本身就是一种很智慧的选择："化重为轻"，娓娓道来，传递着写作者良善的温情和真诚的愿景。纵观《致教师》，字字句句充满着朱老师循循善诱的美意，他不是一个居高临下的说服者，而是一位与我们惺惺相惜、悠悠同行的同道者。教育智慧不需要"穿上"华美的"衮冕"来增强仪式感，教育智慧就是教育本身、教师本人，它如同《致教师》告诉我们的那样："当教师和学生的故事互相编织，当教师和学生的生命共同绽放，教师所书写的，必然是一曲生命的宏大交响。"《致教师》提点我们，寻求教育智慧是如此严肃又"野心勃勃"的探索，在冲突与困惑中，接受未来的邀约，领受未来的挑战。

  大道至简。有价值的道理其实就是最朴素的道理。阅读《致教师》，如同感受骀荡春风、行云流水，绝无佶屈聱牙般艰涩难懂之感。此种风格气质，氤氲在《致教师》的字里行间。若是细细品读，读者就能发现：作者对教育的钟情就是静水深流，他总是安静而执着地给予我们灵魂的坐标，让我们无法对教育感到厌倦。《致教师》自有一种诚恳的节奏，诉说着教育的朴素之道——教育是现实主义的耕种，教育是使命以及使命背后的大爱，教育的彼岸是政治有理想、财富有汗水、科学有任性、享乐有道德，教育是不断的重新出发，教育工作者将自己的心视为火种……更为可贵的是，朱老师不是一个一般意义上的教育学者，他首先是个实践者，从这个意义上看，《致教师》就是一个具有家国之爱、未来视野的实践者的反身与建构。正因为如此珍爱"实践"，他才会将"新教育实验"视为新教育同仁共同实践着的生命传奇，将教育理想收入"新教育"的行囊，始终相信：只要上路，就能遇见庆典。《致教师》就是一本叩问教育至简之道的书。

  卡尔维诺说，所谓经典是一本每次重读都像初读那样带来发现的书。《致教师》是我愿意重读的书。我相信，与它的相遇，就是不断确立自己的过程。

  吾爱吾师。

  吾爱教育。

  那么，为教育唱歌吧。

（作者系浙江省宁波市效实中学副校长）

为了灵魂的丰盈而阅读

柳袁照

朱永新先生我比较熟悉。三十年前他在苏州大学做教授，我在中学做老师，曾间接跟着他做课题。后来他担任苏州市副市长，分管教育。我在教育局办公室做主任，经常间接地接受他的任务，为他办事、办会、办文。做多了，审美亦会疲劳，我看朱先生平易近人，没有官架子，也没有大教授的架子，因而，缺少对他应有的敬畏。现在见了面，仍然叫他朱市长，不喜欢叫他朱主席（朱先生现为中国民主促进会中央委员会副主席，第十届全国政协副秘书长）。

我记得邓拓的夫人曾写过一文来怀念她的丈夫。她整理邓拓的文稿，一篇一篇地读，竟然才发现邓拓如此渊博，如此有才气。然后，她感慨地说了一句话：家里的菩萨是不大的。生活在自己身边的人，往往会被忽视，被日常的琐事所淹没其光彩。我读朱先生的《致教师》，是他离开苏州到北京十年之后。尽管之前也读了不少，但那都是零碎的。

他在苏州任期内，不时会带中外的教育名人来我们学校，或举行活动，或参观交流。他常常自己请专家，组织教师听讲座；或开书目，鼓励一线教师读书。当时，我感觉这个市长是不是"抓小放大"了？可是经过这么多年来的风雨，岁月证明，他是真正抓到了教育工作之根本。

有两个教育名人是朱市长带到我们园子里来的。一个是高震东，一位出生于山东潍坊的台湾老人。他创办了台湾的忠信学校，融普高与职教为一体，办学三十余年，实现了升大学、就业、没有犯罪记录这三个百分之百。走在校园里，他看到的一草一木，都洋溢着古典的吴文化气息，他停下脚步，对朱市长说，你当市长不如在这里当校长自在，这让我瞬间触动。另一个是李希贵，一个年富力强的人。当时他还是潍坊市教育局长，给我们作过报告之后，在瑞云峰下合影。他踌躇满志，活力四射。

这次我读朱先生《致教师》中的《坚守才有奇迹——如何在压力下坚守》一文，让我回忆起，那次他似乎也对我警醒过，他说："我经常对许多城市的名牌学校的校长说，你得意可以，但不要忘形，因为不是你的教学水平特别高，而是你的学生造就了你和你的学校、你的老师。说句老实话，把这些重点学校的孩子放在哪里，他们都会很好地发挥，因为在多年的教育中，他们已经养成了自我学习、自我教育、自我发展的习惯。真正见功夫的是，你要把差的学生教育好，把差的学校管理好。"

高震东校长的学校，没有得到所谓最好的教育资源，最好的生源，但是，他实现了三个百分之百。朱先生的告诫是有道理的，是对教育正义的呼唤。我相信这对所有名牌学校，包括现在李希贵当校长的十一学校、衡水中学、人大附中，乃至像我们这样有些底蕴的百年老校来说，字字醍醐灌顶。

读完一本《致教师》，我读出来的是三个关键词：阅读、成长、幸福。朱先生教育观的核心是教师，朱先生的教师观的核心是读书。阅读、成长、幸福，是一条线，或者说是一个系统体系。教师在阅读中成长，阅读是教师灵魂层面的事。一个教师真正地成长必须拥有一颗高贵的灵魂。只有拥有高贵灵魂的人，且与美妙的肉身结合的人，才会真正地幸福。综观全书，朱先生提倡"新教育"，结合日常所见所闻，我以为本质就在于此。

朱先生说："从精神发育来看，很大程度上人的精神世界由他阅读的图书塑造，读什么，你就会成为什么。读书，让我们有一个宁静的心态，从容的心情，理智的头脑，开放的胸怀。"（《站在大师的肩膀之上——如何进行专业阅读？》）

在《新教师的"吉祥三宝"》中，朱先生认为与其参加培训，不如自己读书。他说："现在的许多培训，要么是炒冷饭""要么是离一线老师很远，那些担任培训的老师，对中小学情况不甚了了，对一线工作更是隔靴搔痒，讲授的内容无法解决实际问题。"

说的何其好！有些地方，有些教育部门、学校，所谓的"培训"，或者是为了完成任务，走形式。有的"塞私货"，为自己、为所谓的专家铺设功名利禄的路途，大量浪费老师的时间。有的教师被"培训"牵着鼻子走，自己成了别人的容器、工具。教师要有自己的"坚守"——内心强大的"坚守"。如何"坚守"？朱先生认为就是"阅读"，所谓的"新教育"的"吉祥三宝"之一。

如何阅读？朱先生说："师生共写随笔，是教师和学生在生活中互相编织，用文字记录生命的成长。单独对教师而言，就是要求教师通过教育日记、教育故事、教育案例分析等形式，记录、反思自己的日常教育生活，使自己更自觉地成长。一个人的专业写作史，就是他的教育史。"（《做一株伟大的芦苇——如何学会思考》）

思考，在阅读中思考，思考就是对话的过程，与书本对话，与前贤对话，与优秀的传统对话，甚至与自己对话，与自己的内心对话。对话是思想的过程，是产生新思维物质的过程。这样的阅读对教师来说，才是有效的阅读，是朱先生所谓的专业阅读。由此，带来思考。朱先生所提倡的专业阅读与当下时尚的"教师专业发展"是什么关系？朱先生关于教师、教师发展的理解，与我们一般意义上的理解有何根本的区别？支撑朱先生的教师观的核心理论的闪光点放置在一个什么高度上？

朱先生的表达方式与当下其他流派，即"新教育"与"新基础教育"与"新学校"，有什么不同，有本质的不同吗？为何"新教育"的影响会如此之大？朱先生的文字很朴实，可为何对老师，特别是对农村、西部地区、后发地区的老师的影响如此之大？因为，朱先生的教育主张切中时弊。长期以来，教育功利化日趋严重。学校教育就是"程序"，就是流水线，教师蜕化成为程序管理员、流水线上的操作工，无丰富完整的校园生活，无美妙的教育精神生活。如何日积月累？教师的状态如何？何来幸福？什么才是教师的幸福？

朱先生说："幸福的名言妙论尽管各不相同，但基本揭示了幸福的基本特征——幸福应该是在创造中的，幸福应该是在服务中的，幸福应该是在研究中的，幸福应该是与别人分享的。教育，恰恰是具有这些共同的特征，因此，教育是让人们幸福的事业。"（《教师的幸福从哪里来？——如何享受你的教育生涯》）

阅读能让人成长、阅读能让教师叩响幸福之门。幸福之门内，有我们的创造、有我们在服务中的快乐、有我们在教育科研中的新的发现与提升，我们相互影响、相互激励、相互促进。这才是真正的教育生活、教师生活。日常的幸福，才是真正的生活。前几天，我边阅读《致教师》，边体悟当下我们学校自己的校园生活，我在微信朋友圈里，写下了这么一段话："学期教职工大会，开成高三教育教学总结大会，五位老师上台发言，水平之高，可以在任何全国教育论坛上演讲，感动人。现在不宣传'状元'，'状元'就不说。

有一个女生叫姚竹韵，初中时精神接近崩溃，成绩差，她自己说任何'家教'都不愿意收她补课。这次在文科考试中获得全省三百九十六名。会前，是教职工的文娱小演，成为传统。最后一个议程，为暑期生日的老师发蛋糕，集体为他们过生日。——快乐的学校如家的日子。"

　　这是不是朱先生的教师幸福观下应有的状态？放松、紧张、快乐、严肃，丰富多彩。教师大会，成为教师"专业写作"交流的平台。鲜活的案例，既能感动演讲者自己，又能感动听众。当然，我们离朱先生阐述的境界还有相当的距离，应当努力。我之前孤陋寡闻，见山不识山，见水不识水。如今我明白，菩萨是最平易近人的，看上去不像大师的大师才是大师。

　　　　　　　　（作者系原江苏省第十中学校长、语文特级教师）

"新教育实验"学校的"总教头"——朱永新

徐 雁

据说美国有个社会研究团队对"人生幸福"做过一个调查,结果是:梦想成真,尤其是实现了"童年梦"的人,其"幸福感"最强。大概这是因为在为"梦想"(也就是在学校励志教育中,常常会说起的所谓抱负、理想、信念等一系列精神追求)而奋斗的过程中,一个人所贯穿着的那种种瓜得瓜、心想事成的心理体验,尤其是经历了愈挫愈勇、先苦后甜的奋斗过程之后,所造就的那种自尊、自豪和自傲的状态,令人心灵充实、精神饱满,富有成就之感,因而人会感到幸福感盈腔满怀。而《致教师》,正是一部不可多得的为校园师生播撒"幸福种子"的好书。

目前,市场发行已逾20万册的《致教师》,说明至少已有20万个读者和团体读者为它点赞,为它投了赞许票,而这背后,不知它已在校园中为师生们播下了多少颗追求幸福的心灵种子!正如一位被中央电视台和光明日报社共同发现并被命名的"最美乡村教师"所说的那样,邂逅本书,"打开了我幸福的瓶盖,让我重拾丢失在教师里的点滴幸福,更让我知道在教室里如何孕育幸福……"

诚然,本书作者朱永新先生投入自己大部分的业余精力,用十六万个汉字,以书信体的方式,写出了一部态度真挚、激情洋溢而又富有理性的教育学著作。全书共有"给我一个做教师的理由""借我一双好老师的慧眼""愿我书写一部教师生命的传奇"和"让我们过一种幸福完整的教育生活"四辑。有评论者推介说:"前三辑共收录朱先生与一线教师对话的46封问答式书信,最后一辑收录自2010年以来先生为寄语'新教育,同仁的六篇年度致辞'","在这些因'问'而来的言说里,充满着朱永新先生对一线教师生活、生命与生涯的深切关怀与美丽成全,同时也成全了他自己的幸福人生。"

去年秋,朱先生在一篇题为《书的生命由读者和作者共同赋予——写在

〈致教师〉20万册纪念版发行之际》的文章中说:"书与人一样,都是有生命的……有些书,因为不断被阅读而青春永驻。书被翻阅得越破烂,它的生命力就越旺盛","书的生命是作者和读者共同赋予的……本书受欢迎的原因,也许正是它关注了一线教师当下最困惑的问题"。(见《心灵深处亮盏灯——〈致教师〉评论集》,长江文艺出版社 2016 年编印本)而《心灵深处亮盏灯——〈致教师〉评论集》,也是一部独特的"书之书"。全书分为四辑:第一辑是"最美书评",第二辑是"专家研读",第三辑是"一线心声",第四辑是"网友热议",搜集和汇编了《致教师》的读者围绕着朱先生富有教育针对性的种种观点,尤其是言之有物的种种建议和看法。

综上所述,我觉得,贯穿在《致教师》字里行间的种种人文教育理念,既连中外教育的传统文脉,又接我国内地基础教育的地气,富有古今书香的人文内涵,无疑是全国"新教育实验"学校、"华夏书香校园"建设的总纲领,而朱先生则无愧是一位"新教育实践"道路上的教师总教头。

(作者系南京大学教授,江苏省政协常委)

一本教人如何做人的好书

刘 坚

朱永新秘书长是我的朋友,赠我一本《致教师》。我从来没当过教师,但是近两年来与孙女的交谈中,觉得教育是一件不容易的事,当了大半辈子所谓领导,也做过不少所谓思想工作,但深感与孙女的交谈中,往往语言苍白,搞不好还理屈词穷,我直言自己不懂教育。

翻开《致教师》一书,一下子就被永新同志的序言和前言吸引住了,接着就一页页地读下去,方知何为"爱不释手",篇篇文章以信件的交谈形式,娓娓道来,十分亲切,毫无做思想工作的感觉。

一是让我作为教育系统之外的人,认识了何为教师,教师的苦恼与困惑,教师的平凡与崇高,以及如何当一名教师。其实人人都是从教师的教诲中成长起来的,但一旦离开了学校,随着时间的久远,往往对教育,对教师又觉得生疏。对教育过自己的老师的亲近感和思念,往往并不能代替对教师的完整的了解。所以,这本书不仅是在针对教师的困惑在谈心,也让社会对教师有更完整的了解,更会让家长、社会进一步主动去配合对孩子的教育。所以,作为教育系统外的许多同志来说,这是一本教育的辅导书。何人没有下一代、二代呢?我读了这本书后,至少让我知道如何面对孩子们了。

二是这不仅是一本给教师们看的书,更是一本充满人生感悟,充满人生哲理的书。书里许多谈话会化解你生活和工作中,以及如何处理家庭及同事中的难题。如:书中说"生活中99%的对立是因为沟通不畅。从合作开始交流,把想法平和地说出来,互相倾诉、倾听,最终消除误会,达到双方和谐。同时收获友情和工作,才是双赢"。书中还说"心心在一艺,其艺必工;心心在一职,其职必举",这何尝是对教师而言呢?

总之,这是一本难得的好书,希望教育战线上的同志们必读,更希望大家都去读，您定会获益多多。

(作者系全国农业科技创业创新联盟主席，曾任国务院参事、国务院扶贫办主任、农业部副部长、江苏省副省长等职务)

心灵深处亮盏灯

张贵勇

一直很喜欢《教师月刊》里的"朱永新答"栏目。信件形式的一问一答，让人触摸到一种久违的时代印记。更难能可贵的是，老师们问的都是源于日常生活的真问题，朱老师答得也格外坦诚，每次都是直接回应，毫无保留。此时的朱老师，转身成为一位谆谆可亲的兄长、一位循循善诱的心灵导师、一个一线老师最信赖、最亲近的人。

于是，当这些问与答辑成《致教师》一书时，我们从中窥见了当前教师的所思所想、教育的痛点难点，也开始与老师们一道，重拾教育勇气，找到从教乃至喜欢教育的理由，去追寻一种幸福而完整的教育生活。从这种角度看，《致教师》就是一本为教师精神世界燃灯之作。它就像远方一盏不灭的灯火，驱散笼在教师心头的黑暗，照亮其前行之路。

将年轻教师扶上马送一程

都说师者的职责是传道授业解惑，在教师的帮助下，学生的疑惑是解开了，但教师本人的困惑又如何解呢？不得不承认，在当前社会与经济转型的大背景下，随着教育改革进入深水区，教育面临着来自各方面的挑战，情势变得越来越复杂，教师的职业困惑也层出不穷：我们还需要教育理想吗？如何才能保持教育的激情？自己的学识不如学生怎么办？怎样处理与领导的关系？……而这些困惑能否很好解答，关系到教师能否乐教、爱教。

"你不爱教师这个职业，就不能从教师这个职业中获得乐趣。理解职业，发现教师职业的内在魅力，应该是做好教师的第一要务。"在朱老师看来，从教路上的各种烦恼都是正常的，有大烦恼才能有大乐趣，有大问题才能有大成就，关键在于学会俯下身去，从师生交往中发现教育的乐趣与真谛。他以李吉林、于永正等名师为例，引导老师多观察、多思考，也借普通教师顾舟群、刘洁等的成长经历，表明每位教师能书写自己的生命传奇。

时而引经据典，时而语重心长，朱老师促膝谈心一般，从自己的经历出发，解答了教师面临的形而下的关于教什么、如何教的问题，但更多的笔墨集中在形而上的教师精神层面，而这也是当前教师最需要的心灵指引。其实，在社会急剧变迁的当下，每位老师都有必要重新审视教师职业，重新定义学校教育，重新看待教育的使命与荣耀。此般正本清源式的梳理，不仅让老师找到从教的理由，更为其找到教师职业的价值所在。从这种意识来说，朱老师真正做到了将教师扶上马并送一程。

阅读永远是教师的必修课

在给教师的回信中，朱老师谈得最多的是阅读，而阅读也的确是教师专业成长最重要、最不可或缺的一部分。记得教育学者钱理群曾说过，当前教育最大的问题就是不读书。什么是教育？就是爱读书的校长和爱读书的老师，带领着学生一起读书。

其实，翻阅《致教师》的很多篇章，很像在听朱老师上一堂阅读课。课上，他倾囊相授阅读的方法，也提出了许多颇有启发意义的阅读主张，如"在阅读上，教师应该注意完善自己的知识结构""教师要在阅读中找到自己的精神家园，不要以为人生境界与教书关系不大""阅读像爬山，不怕慢，只怕站""没有教师的阅读，教师就不可能出现真正意义上的成长与发展"。

朱老师也鼓励教师要做到阅读与写作相结合，因为真正的思考是从写作开始的，"用思想的火花照亮教学的时光，用精彩的文字记录教育的岁月，成为一株会思想的芦苇，成为一个善于思考的教师，成为一个勤于书写的教师，这应该是一位优秀教师发自内心的自觉探寻"。而且，教师不能止于独自阅读，还要引领学生阅读。在他看来，真正成功的教学，是学生受到老师的影响开始如饥似渴地爱上读书；真正优秀的学生，是离开学校以后依然如饥似渴地读书学习。

犹如一位贴心的老友，朱老师鼓励教师多阅读童书、哲学书、心理学书，并结合自己的阅读习惯，呼吁教师忙里偷闲去阅读，"尽可能地雷打不动"去阅读，享受阅读的至乐。透过其肺腑之言，似乎也越来越能理解朱老师这么多年来为何一直忙着主持《中国人阅读书目》，为何每年不辞辛苦地推出新阅读童书榜了。

做老师永远的心灵伙伴

"现实生活中，我们经常忙于上课、批改作业、解决学生的各种问题，感到疲惫不堪。请问，做教师的幸福感究竟从何而来？"一位普通老师的来信，让人备感心酸。其实，教师也是人，也会遭遇不同程度的职业倦怠，尤其是初登讲台的年轻教师，很难找到职业的成就感与价值感。比起专业成长的帮助，他们需要有一位倾听者、一位心灵导师，更迫切需要有人帮忙解开内心的困惑。

而无论从对教师来信的解答，还是自己的亲身经历，朱老师都可谓教师名副其实的心灵伙伴。这些年，朱老师每年基本深入100所左右的学校。和一线的老师接触多了，和学校接触多了，看到了更真实的教育问题，也更了解教师、关心教师。因此，对于教师的心灵困惑，朱老师解答起来游刃有余，让老师们大有拨云见日、茅塞顿开之感。

"教师走上工作岗位后，必须为自己设置一个一生为之奋斗的目标，这样才能不断增强责任意识和使命感，否则就会走弯路，荒废时间及精力。"在书中，朱老师不断呼吁教师不忘自我成长，不舍教育理想，背后与其教育理念是息息相通的。而这也将其与一线教师群体紧紧黏合在一起。说到底，教师就应是在成就学生的同时成就自己，就该朝着教书育人的理想而努力。

实际上，朱老师让人敬佩的，不仅仅是他回信中字里行间的教育理念，而是不居高临下，不隔靴搔痒，与教师一道同行、携手成长的姿态。就像书中引用的一句话：想走得快，就一个人走；想走得远，就一起走。朱老师显然是一个宽厚的兄长、体己的伙伴，在前行的路上，他与教师一起"浴乎沂，风乎舞雩，咏而归"，而教育的美好就在其中。

（作者系《中国教育报》评论部记者）

做最好的自己

樊青芳

再读《致教师》这本书,又是不同的感受和收获,好的书就需要一遍一遍不断翻阅,不断发现。

再次翻阅这本书,不仅是对每一个问题自身的思考,更体会到每一个问题的精彩回答的背后,是朱老师利用无数个休息日深入全国各地的学校和一线教师的交流;是朱老师无数个夜深人静的灯下或是天未见晓的黎明俯首桌前的思考;是无数次反复斟酌字句,反复理清思路的爱的结晶。而这一切绝不是为了修辞的完美,而是为了让读者在解答中得到更清晰地引导,在字里行间感受到最多的行动的力量。

整本书是一个一个,共46个问题,而这46个问题何止是一个一个单个的问题,这分明是无数一线教师共同的需要。这46个问题汇聚成所有青年教师、中年教师和老教师一生用之不竭的智慧和动力源泉。这就是让每一个人做最好的自己。当然包括我!

一遍一遍翻阅这本书,让我们从书中寻求努力的方向,行动的动力和成功的方法。书中告诉我们为什么要做最好的自己。我们每一个人心中都有理想,而现实和理想存在差距。这让我们的内心时常会彷徨,时而有挣扎。而朱老师对每一个问题的答复都如一缕清泉,让我们烦躁的心宁静下来;朱老师对每一个问题都细心帮其分析原因,让我们看到希望;朱老师对每一个问题都给出具体可行的办法让我们鼓起信心,准备行动。不管任何一个问题朱老师都会送上最真挚的祝福,让我们每一个人重燃希望,踏上新教育的征程。

我们每个人最初选择教师的职业,就是因为热爱,而现实让我们满怀热情碰触各种冷漠和阻力。当我们灰心时,当我们无力跨越时,我们需要鼓励和帮助时,朱老师就是给我们打气、鼓励的人;当我们缺少自信,潜能仍被覆盖时,《致教师》就是挖出我们潜能,给我们指出方向的明灯。《致教师》

告诉我们怎么做最好的自己。看似每一位教师和每一位教师的情况不同，每个问题和每个问题指向不同，但在朱老师的答案里这些又是一致的，那就是爱上阅读，爱上写作，学会思考。爱上阅读，爱上写作，学会思考与地理位置、周围环境和个人基础无关，是每一个年龄段的教师，任何地域的教师，任何环境下每一个人都可以做到的，而当你一旦做到了，它就成就了你的教育理想。我特别有感朱永新老师说：他曾经有过一段"结巴"，但当他主动去说，有意识去练，不怕出丑，不怕闹笑话，才使他今天可以不看书稿，站着给我们讲上半天、一天。并且朱老师还有个特点，越是没有发言稿的随意发挥，讲的越能打动听众，效果越好。朱老师从不能说，到能说，再到今天即兴演讲可以侃侃而谈。这背后支撑的是主动去练，主动去说之外，那就是大量阅读，通过写作不断梳理阅读所得，并使之变成自己的资源，再进而通过思考，把这些资源内化为自己的思想，提升为侃侃而谈背后的资本。我想这所有一切都源于朱老师每天坚持的阅读、写作和思考。而我今天取得一点小成绩，也源于我这几年坚持阅读、记录和思考。

　　从 2012 年底我认识了绘本，开始致力于绘本阅读的推广。先从自身阅读开始，继而在幼儿园进行读、讲、写、分享的阅读实践。从自己读绘本，到进班级给孩子讲故事，再到办起了园长故事会，并把读绘本的感受和给孩子讲故事的过程记录下来。到现在我读过的绘本已超过 2000 册，在此基础上再去读阅读类的理论书，如郝广才的《好绘本如何好》、林美琴的《绘本有什么了不起》、松居直的《幸福的种子》、[美] 安妮塔·西尔维的《给孩子100本最棒的书》、[美] 丹尼斯·马图卡的《图画书宝典》等一批教育指导书，就变得简单容易的多了。这些书中的理论和实践与我读绘本，讲绘本的体验发生共鸣，让我很轻易地吸收了书中精华，并更好地指导阅读。我又阅读了《朗读手册》《阅读的力量》《书语者》《打造阅读环境》《如何阅读一本书》等一批阅读指导书，使自己阅读水平不断提升。我一边阅读一边练习写书评，从一开始生硬的叙述到拥有流畅的文字，再到现在能写出一些有深度、有思考的文章，都得益于持续阅读和写作。通过这样的不断练习，近两三年我不断有文章被《中国教育报》《河北教育》《邢台教育》选用。为了让更多教师爱上阅读，我先后成立了以幼儿教师为主体的"幼荷聊书会"和全县教师参与的"青吟读书会"，每月共读一本书或一个主题的书，并把共读成果整理成册，让每一个教师感受到阅读和写作的快乐，产生不断阅读和写作的动力。

我有幸被《中国教育报》评选为"2016年推动阅读十大人物"。

我就在这读书、写作、思考中不断品尝着收获的快乐，不断增强着信心。这一切让我再次真切体会到《致教师》是朱老师用真诚的心，用坚守的信念，用深入一线的探索，用和大家一起行动创造的一架自内而外不断升华的新教育的云梯。在这云梯上不断攀升，我们每一个人就会成为最好的自己！

（作者系邢台县教育局副局长）

因为懂得，所以慈悲

苏 静

心灵因为细腻而伟大，生命因为关怀而多情。在当下教育类书籍排山倒海，廉价"心灵鸡汤"大肆横行的时代，能够读到像《致教师》这样一本真诚至性的书实属不易。拜读朱永新先生的文字由来已久，时常沉醉于他所热爱的新教育世界。而他清雅文字背后所蕴藉的悲天悯人的赤子情怀，更有着熨帖心灵的温暖。他的新作《致教师》，是一本耗时三年，精心为一线教师答疑的书信集。书中所涉及的问题，是从数百封教师求助信中精选而出，每个问题都关乎一线教师的切肤之痛。朱先生延续了他以往质朴亲切的文风，清新自然，言辞恳切，全然没有教育家高高在上的优越，就像一位急人所急的挚友，危难之际出谋划策，其心之诚，其法之妙，令人不禁动容。而作为新教育实验的发起人，朱先生将"新教育元素"润物无声地渗透于文字之中，从理念到方法，从案例到解析，精准适切，轻舞飞扬，为一线教师打开了一扇新教育视野下观照自我，激发潜能的明丽天窗。

一

毋庸置疑，《致教师》的基本立场致力于一线教师现实问题的解决。朱先生不仅关注教师之事，更关注教师之心，教师之魂。他孜孜以求的，便是通过对教师日常事件的洞悉，完成对其心灵生活的引领，最终达至对现实生活的超越。因此，"成为教师的理由""具备好教师的慧眼""书写教师的生命传奇""过一种幸福而完整的教育生活"构成了整本书的四大核心主题。而每个主题对应的，正是朱先生对教育世界的独特理解，对教师人格姿态与生命样态的深刻关怀。因此，无论面对新手教师的职业迷茫，资深教师的职业倦怠，还是优秀教师的职业瓶颈，卓越教师的终身发展，以及每个教师都可能遇到的教学管理问题、心理问题、生活问题，朱先生都能够置身其中，感同身受。细看每封回信的主题："如何寻找人师？""如何在压力下坚守？""如何对待问题学生？""如何让领导认可自己的探索？""如何应对自己不如学生的困境？"……其间无不渗透着对基层教师的关爱及对教育现实的思索。每封回信，朱先生都基于教师的切身感受和立场，视教师的尊严和幸福为对话的根本价值指向，细致幽微的感性表达与绵绵不断的理性话语交相呼应，将问题的阐释与观点的论证融合其中，发人深省。例如，在解答一位老师"如何寻找人师"的困惑时，朱先生藉由这位老师刚刚读完的《曼德拉传》一书，以《为自己赢得心灵的自由》为题，鼓励这位老师以曼德拉为师，满怀对教育的爱与热忱，去寻求心灵的大自由。朱先生结合着曼德拉伟大的一生，总结出曼德拉对待自由的看法，即"当我走出囚室迈向通往自由的监狱大门时，我已经清楚，自己若不能把痛苦与怨恨留在身后，那么其实我仍在狱中。""自由不仅仅意味着摆脱自身的枷锁，还意味着以一种尊重并增加他人自由的方式生活。"这样的表达对于读者和求助教师而言，都是一种心灵的震撼和慰藉。诚如朱先生所言："当你无法改变社会，无法改变别人的时候，你唯一可以改变的就是自己。而只要你真正地去改变自己，其实就是在改变别人，就是在改变社会。"

强烈的问题意识伴随着深刻的现实关怀，朱先生始终恪守自己作为一个教育者的良知，以饱含其中的对教育幸福和教师成长的不懈追求，为自己的教育理想赋予了高贵的精神底蕴，同时为教师探求教育本真，实现生命完整点亮了一盏澄明心灯。

二

作为新教育实验的发起人，朱永新先生一直倡导"让师生过一种幸福完整的教育生活"。因此，在《致教师》一书中，新教育理念所折射出的思想性与生命性自然交织，不仅融合了当下教育应有的生命关怀与生命诉求，同时传递出一位内心丰富的教育学者生命的温热、赤诚与坚守，从而使得整本书呈现出一种开阔的生命气象与豁达的人生境界。和其他教育实验不同，新教育空前关注教师成长，将教师的生命叙事，即"书写教师的生命传奇"视为教师专业发展的必然路径。它强调生命应保持一种"思与诗的状态"，本质上是一种"内在精神的叙事"。新教育基于"共读共写共同生活"的基本理念，提出了"专业阅读+专业写作+专业发展共同体"的教师专业发展"三专模式"。其中，专业阅读被喻为"站在大师的肩膀上前行"，其旨在于通过阅读优秀书籍与伟大人物和高尚灵魂对话，汲取智慧与力量；专业写作被喻为"站在自己的肩膀上攀升"，其旨在于真实地记录教育生活，通过自我反思和评价，不断发现问题本质并着力解决，以提升教师的思辨力；"专业发展共同体"被喻为"站在集体的肩膀上飞翔"，其旨在于打破教师间隔阂，形成对话传统，以促成教师团队的共同专业发展。所以，在《致教师》一书中，朱先生非常注重新教育理念的传播和实战方法的运用，对教师问题进行阐析的过程中，随时凸显"三专理论"的潜在影响。例如，在回答"如何进行专业阅读"时，朱先生以"站在大师的肩膀之上"为题，从理念到方法做了细致入微的指导和分析。首先，朱先生重新解读了陶行知先生的"人生为一大事而来"的观点，他认为这件大事便是"看风景"——自然的风景和精神的风景。"行万里路，是为了看自然的风景；读万卷书，是为了看精神的风景。腿不能够到达的地方，眼可以到达。"朱先生继而提出了"三历观"，即学历、经历和阅历。这阅历便是阅读的经历。朱先生认为，"读最好的书，做有根的人。与最好的书对话，就是与最好的人为伍。"朱先生将教师的人生境界与阅读、教学的关系做了如下阐释："你在教室里的一言一行，都是学生眼中鲜活的教科书，都会透露出你人生境界的气息。你的阅读生活，绝不仅仅是帮助你获得知识，获得教育的智慧，也许更重要的是帮助你拥有宁静的心态，儒雅的姿态，积极的状态。"进而以新教育教师阅读地图为导向，以新教育阅读研究所的推荐书目为依托，对教师的专业阅读进行具体实用的方法指导。最后，朱先生以台湾高希均先生的名言鼓励教师："自己再忙也要读书，收入再少也要买书，住处再挤也要藏书，交情再浅也要送书。"将阅读的意义与人生的境界诠释得深刻温雅。而书中新教育榜样教师的案例分享、新教育理念与具体项目的方法指导，更让迷茫中的一线教师醍醐灌顶，看到教师作为"志业"的神圣之光。

　　张爱玲说，因为懂得，所以慈悲。我想，朱先生是真正懂得一线教师的，所以才能写下《致教师》这样充满人性光辉的美好之作，才能在每封信的开篇处真诚地写下："谢谢你的信任""首先，我要向你致敬""我理解你的心情"这样温暖和煦的文字，在落款处从容地署名"你的朋友朱永新"。他的确是一线教师的挚友,他的懂得,让中国教育有了光,"让无力者有力,有力者有爱"。一本十几万字的书,算不得煌煌巨著,却以刻骨的真实与坦荡,让中国千万教师洞悉到新教育梦想下的朗朗乾坤。世人或许容易理解朱先生一路逐梦的艰辛,却未必能够领悟先生艰辛背后所达至的境界。诚如朱先生所言:"总得有人去擦星星。"他的温厚与善良,他的使命与担当,注定为中国教育留下一抹生命的鲜亮。

(作者系青岛大学师范学院副教授)

第三辑　一线心声

　　《致教师》深受青睐，许多地区和学校组织共读，于是从沸腾的教育生活中，诞生出一篇又一篇真名实姓的书评。

　　共同阅读，不同体会，相同的是——

　　"从题目上就深深地吸引了我，让我迫不及待地走了进去。"

　　"我一边阅读这本深入浅出的朱永新老师的著作，一边反思自己的教学心态和教育行为，却不由怵然。很多地方，我都需要不断思索、探求和进步！"

　　……

思考的行者

李玉翠

看过朱永新教授的多部著作，简介部分的照片多是单手托腮，侧面仰望，双目凝神，静心沉思的样子，细读著作后发现，相由心生，文如其人。《致教师》围绕一线教师普遍关心的重要问题和成长的关键问题，通过朱教授深入全面地思考，给询问者，也是给所有走进这本书的读者高屋建瓴地坦诚解答。没有抽象深奥的名词术语，没有枯燥乏味的空洞说教理论。读这本书就像在听故事，就像在同朱教授面对面聊天谈心，一位慈祥的长者正施慧于民。细细咀嚼品味，又总能获得许多思想的哲学的和诗意的享受。在细读慢嚼中，我品出了朱教授反复强调的"致教师"专业成长的一组关键词。

一、阅读

作为一名教师，第一项修炼就是做读书人。对一个教师而言，读书，每天不间断地读书，跟书籍结下终生的友谊就是一种真正的备课。如同军人喜爱武器，孩子喜欢小玩具一样，教师的挚爱应该是书籍，只读教材和教参两类书的教师无论如何不能称之为优秀教师。如朱教授所说："你的阅读生活，绝不仅仅是帮助你获得知识，获得教育的智慧，更重要的是帮助你拥有宁静的心态，儒雅的姿态，积极的状态。"难道不是吗？一个真正的人应该在灵魂深处有一份精神宝藏，这就是他通宵达旦地读过的一两百本好书。在阅读中获得教养，获得心灵和精神的完善，勤者因书而富，富者因书而贵。

实际生活中，人和人的区别主要看两点，一是他交怎样的朋友？二是他的业余时间怎样安排怎样度过？所以，朱教授说："人是由他读的书造就的。读什么样的书，你就会成为什么样的人。读最好的书，做有根的人。与最好的书对话，就是与最好的人为伍。"

作为一名教师，要经得起繁华，更要耐得住寂寞，在读书中，把自己修炼成如一座图书馆的人。读书就意味着坐冷板凳，只身一人孤灯一盏，寒窗苦读，这是一种寂寞的力量，这是一个读书人的力量，这更是教师职业品质和人格精神的力量。深谙此理的朱教授指出："读书，让我们有一个宁静的心态，从容的心情，理智的头脑，开放的胸怀。"

读书的重要性不言而喻，而现实生活中，有些老师以工作繁忙为借口懒于读书，为此，朱教授直言不讳地指出："就人的生物性而言，是很容易懈怠，很容易满足，很容易停滞的。"同时，又不无风趣幽默地为教师们支招："自来水是压出来的，时间是挤出来的。时间抓起来就是黄金，抓不起来就是流水。"是啊！当我们把读书当作是自己生命的一部分，看作像呼吸一样自然时，还会挤不出时间读书吗？在这种须臾不可或缺的阅读状态中，我们就获得了幸福。要是读不完一本书，至少可以开始读第一页，慢慢地，让读书成为一种生活方式，一种行走姿态。

二、写作

阅读为教师的专业发展插上腾飞的双翼。阅读总是伴随着思考，而写作本身就是思考。写作帮助我们梳理思想，不断地返回自身，认同自身，否定自身，完善自身，升华自身。为此，朱教授指出："专业写作，对教师而言有着特殊的重要意义，甚至会在很大程度上提升我们的行为境界。""从某种意义上说，真正的生活也是从写作开始。我们通过写作，超越了日常教育与家庭生活的碎片式经验，从而对自身进行不断反省，我们的教育必然因此提升，我们的生活也会因此而完整，我们的人生就会从此而幸福。"

为了让教师们明白写作的重要性，朱教授举例论证："有的老教师认认真真教了一辈子，之所以不能得到更好的提升，就是因为经验未得到提升。教师的专业写作，是将粗疏的经验提炼为精炼的专业能力，将浅层的教学感受深化为内心的实践洞察的最好手段。"并且引用苏格拉底的名言："未经省察的人生没有价值。"只有通过写作不断反思生活，才能明晰生活的意义，从而更好地创造生命的价值。最后，发出语重心长的召唤："如果你想超越自我，如果你想让自己每天的教育生活成为永恒，不妨从现在开始教育写作吧！让精彩的文字记录你精彩的岁月！如果你能够每天把你自己的课堂记录下来，把你和孩子们交往的故事记下来，把你读书的心得记录下来，这样一来，不仅你每天的业余时间会非常充实，而且你的进步也会非常迅速。"

是啊！在写作中整理自己的思绪，在写作中聆听自己生命拔节的声音，将教育教学实践紧紧根植于广袤的教育土壤，为自己开辟一条宽广的专业成长之路，何乐而不为呢？

三、静思

朱教授说："在教师成长的过程中，思考、写作与阅读具有非常重要的作用。"一个人如果缺乏思考，他的人生注定是黯淡无光的，很难想象一个没有思考的人能够成就自己的事业，让自己的人生变得精彩。善于思考并勇于实践的老师给孩子们营造的是充满灵性的课堂，用智慧润泽课堂，成就的必然是孩子们的精彩人生。只要思考就有价值，就有改变、完善、前进的可能，真正的优秀教师都是有思想的教师。所以，静下心来，思考自己的教育生活，付诸行动，逐步改变自己的行走状态。正如朱教授所说："思考本身就是学习的过程，一个人是高贵还是平庸，在一定程度上是由其思想的高度决定的。"静心思考，但存内心宁静方寸地的老师，生活会是什么样的呢？朱教授肯定地说："如果一个人有宁静的内心生活，他就真正地找到了幸福。静静地做着一份让自己沉醉的教育工作，是我们教师最大的幸福。"

轻轻合上《致教师》，珠玑般富有哲理的朴实语言萦绕于脑际，深切感受到与经典著作相伴的日子，心中充盈着美好。

朱教授就是这样一位善于思考的行者。他总是以深邃的思考，全神贯注，心无旁骛，持续关注和研究教育，关注和研究儿童，几乎所有教育问题都有自己的思考与独到的见解。并在身兼数职、要事缠身的间隙，笔耕不辍，把丰富的教育思想付诸笔端，终于成就了这样一位百科全书式的教育家，滋养着一个个走进他著作的教育人。

（作者系陕西省安康市汉滨区培新小学教师）

遇见你，遇见了幸福

任毓萍

教师节前夕，我们学校给每一位老师送了一份礼物，这是一本书，是朱永新教授的最新著作——《致教师》，在这样特别的日子送给每一位老师这本书显得意义非凡。这是朱永新教授倾心倾情的一部力作，这是朱永新教授认真回复老师们提出问题的信件，这是一封封炙手可热的信件，这是一封封对教师最至真至纯的关爱，这是一封封打开心锁的密码，让人在困顿时获得勇气和力量。如一场及时雨，使久旱逢霖的秧苗焕发出勃勃生机；如一片绿洲，让沙漠中迷失方向的人能够找到希望；如一盏指航灯，让迷雾中航行的船舶找到了方向。《致教师》，一本能给教师带来"幸福"的书，遇见你，就遇见了幸福。

"教师，不是园丁，教师本身应该是一朵花儿，教育是师生互相作用的过程；教师，不是蜡烛，教师不能以化为灰烬做代价，以此去照亮学生……"前言部分的诗句，就开始把我深深吸引，打破了人们一贯给教师定义的"园丁""蜡烛""春蚕"，让人读来心领神会，是对"教师"这一职业的真正诠释。我是教师，时光缓缓显形，终见此生天命；我是教师，以现在求证未来，让生命幸福完整。

读后，我心潮澎湃，《致教师》是本能成就万千教师幸福完整的教育生活的书。这些心灵的对话，来自心灵的谷底，用纯净的情感描绘，讲述着曾经的过往，每一幕都是情真意切，每一幅画面就像在眼前，就像昨天发生的一样，一个转身的距离，似乎就变幻成我和我的学生。

这是一本触及心灵的好书，每一篇文章闪烁着智慧的光芒，每一个文字就是从生命里溅出来的溪流，从一颗心，流向另一颗心，彼此滋润着，澄净着；文字是燃烧在生命中的火炬，跳动着不熄的温暖，从一个生命，到另一个生命，彼此映照着，温暖着。朱永新教授不仅照亮自己，还照亮别人，人生因照亮而精彩。

　　读着，思考着，视野渐宽，内心渐亮，驰目骋怀，游于天地间，俯仰之隙，思绪飘然。精神与心灵，在书页的芬芳中开始了越来越高的飞翔。

　　这是一本耐人寻味又感人至深的书。从阅读到实践，是我们成长的途径，阅读朱永新教授的著作不但可以更新自己的教育理念，还能从朱永新教授列举的教育案例中受到启发，捕捉到灵感，学会智慧地处理教育教学中一些问题。我一遍又一遍地阅读，每读一遍，就有了一种新的认识，每多读一遍，就会发现其间蕴藏着许多教育的秘密。我发现这本书最大的好处就是能切实解决教师在教育教学中的实际问题，为教师答疑解惑，找到可行的方法，帮助学生更好地成长。他似乎在手把手地教我们，怎样做一名教师，怎样做一名幸福的教师。

　　一本好书能启迪人的智慧，涤荡人的灵魂。我觉得朱永新教授的《致教师》就是这样的一本好书。它犹如一泓清泉，清爽甘甜，沁人心脾；它仿佛是我的一面镜子，时刻映照着自己；它又好像是我的慈祥师长，不断地给身处教师岗位处于茫然中的我们加以指引。每一封信，指导我们如何在教师岗位上能够将工作做好，如何能让自己在这份事业上有所发展，如何追寻教育理想，享受教育幸福。

　　读这本书时，朱永新教授就像一位知心朋友，坐在我们面前，侃侃而谈，我们的生命历程融进了新教育的每一朵浪花，每一组旋律，每一次顿悟，谈教育的工作方法，谈他的工作经验，谈他对教育理想的深刻感悟。让我们坚持阅读，和他一起在故事中成长，学做有思想的老师，播撒有智慧的爱，为教育做出精彩的注释。将自己的教育思想、教育机智、教育技巧、教育情感全都融为一体，语言朴实而自然，读他的书似乎是在与一位智者畅谈，又似乎是在与自己的内心交流，真实而心动，让人不得不赞叹、折服。

　　这些文字记录着教育的深刻感悟，彼此交流的妙音化作有情有义的墨痕。从第一辑给我一个做教师的理由，让我懂得了教师是一个伟大而神圣的职业，这个职业有其内在的魅力而实在美丽。从做一个让学生瞧得起的老师开始，到让自己心安的老师，让学校骄傲的老师，最后达到第四种境界——让历史铭记的老师，与学生一起成长，就能够收获职业的尊严和幸福。

　　第二辑借我一双好教师的慧眼，让我明白了作为教师，仅有爱是不够的，要智慧地爱，分享他人的成长故事，用他人的经验武装我们头脑，本身就是教育智慧。一个好的教师不能没有热情的关怀和洞察力。因此,教育者需要敏锐的洞察力,让我们在孩子面前用慧眼察觉。

第三辑愿我书写一部教师的生命传奇,让我发现和学生创造教育奇迹,接受各种挑战,编织师生教育故事,让生命美丽绽放,就会拥有教育幸福。教师要把生命看成一首由自己书写的诗歌,一部精神的小说,选择一种优美与崇高兼具的生命文风记录教师的生命历程,最终把这一职业生涯锻铸成一部精致而隽永的历史。

第四辑让我们过上一种幸福完整的教育生活。为了幸福,我们乐于做教师,为了幸福,我们要做一名好教师,为了幸福,书写教师的生命传奇,一个真正的教师,应该让学生,也让自己,在跨越重重困难以及怀疑之后,仍然能够建立起对存在的根本信任、信念乃至信仰。这种信任、信念乃至信仰,是成为一名教师的基石。做好这些,就让我们过上一种幸福完整的教育生活。

篇篇精华,句句情真,引经据典,旁征博引,用思想的火花照亮教学的时光,用精彩的文字记录教育的岁月,希望我们成为一株会思想的芦苇,成为一个善于思考的教师,成为一个勤于书写的教师,应该是一位优秀教师发自内心的自觉觉醒。正如在《致教师》一书中,朱永新教授给教师的回复中希望每一位教师都能来写教育日记。教育日记并不是什么官方文献,而是一种个人的随笔记录,在日常工作中的点点滴滴就可以成为我们书写的印记。

细细阅读每一篇文章,我发现每一篇文章都会给我们带来启迪,实实在在地解决教育生活中的难题,"小"而"实"的话题,能切切实实地给教师带来帮助。我敢说,如果一位教师能按照朱永新教授指引的方向去奋斗,一定会成为一位幸福的教师,一定能过上一种幸福完整的教育生活。

他对教师发自内心深处、真挚恳切的关怀,让人不由地感动,希望更多的教师能从中获得自己需要解决难题的方法,获得心灵的自由。如何做科研型的老师?如何出一本书?如何写论文?如何做好听说读写?如何对待问题学生?如何向榜样教师学习?如何走出亚健康状态?从教学最实际的问题,到教育最基本的难题,到教师的专业成长,到教师的身体和心理健康。他用知心朋友般的情意关爱教师的生活,爱之切,知之深,导之勤,诲之殷,让人不由地亲其人,听其言,感其情,信其道。

最喜欢《致教师》一书中每一个感人的故事,每一个故事就是一个新教育实验学校的缩影,就有一位新教育实验教师的一种精神。用榜样言说,用故事书写，生命一旦与新教育结合，怎能不绽放出绚丽之花？新教育就是这样神奇，一旦你走进它，就会遇见美丽的庆典，一旦你坚持，就会得到丰厚的回报。新教育是具有神奇力量的教育，给我们开辟了教育智慧的新源泉。我想说，这就是真正的教师，真正的教育，只有这样的教师才能够教育人。

书中列举了许多教师的事例，也是最吸引人，最打动人心的地方，顾明远、李吉林、李镇西、常丽华、吴樱花、顾舟群、张曼凌、于春祥、于洁、笑春、陈晓华、刘洁、飓风大姐、大杨树、秋叶等，还有许多做出贡献有一定影响力的校长和教师。无论是教育家，还是新教育榜样教师，或者草根名师，他们都有一个共同的特征，真爱教育，真爱每一位学生。他们很平凡，做着普通的事，做着做着，他们做的事情就不普通了。朱永新教授关注中国大地上因为践行新教育而对教育有影响的人，哪怕有一点点儿影响，哪怕改变了一位问题学生，他都会肯定成绩，希望发扬优点，鼓励他们大胆前行，不停地收获着新教育实验的果实。是他们，让我们看见了希望；是他们，让我们看见了幸福的光亮；是他们，让我们拥有追寻幸福的勇气和力量。

其中"飓风大姐"给我留下了深刻的印象。第一次看见她的名字，是在"教育在线"论坛上；第二次得知她是今年开学初，我们学校的程怀泉校长在暑期教师培训会上谈及朱永新教授在"新教育实验第十五届研讨会"做主题报告时特意提到她——"飓风大姐"。已经56岁的"飓风大姐"退而不休，每一天用诗词开启新的一天，每天给学生家长一张便笺，每周写一封长长的给父母的信，每天记录自己的教育生活，每学期排练一个童话剧，还开发了一些颇具特色的课程。

最让人敬佩的是她的这本《我是大西洋来的飓风——一个新教育教师的生命叙事》，这是"飓风大姐"退休前践行新教育的五年中的所读、所思、所行，真实记录了她的困惑与求索、成长与收获，情理兼备，好读耐读。能让广大一线教师从中得到精神上的鼓舞、理念上的启迪、方法上的指导的一本好书。她确实是不折不扣的"大师"，是她，让宜宾翠屏区教育让全国知晓。是她，让"新教育实验"在宜宾生根发芽。也是她，让"新教育精神"发扬光大。

当她的名字出现时，就如同一阵飓风一样横扫我的心田，惊心动魄，让人难以忘怀。从这位"飓风大姐"的身上我明白了一万个想法不如一个行动。有什么样的想法和目标就赶快行动起来吧，有行动一定有收获，只要朝着一个目标坚持下去，一定会创造意想不到的奇迹！专业的成长永远没有年龄的限制，只要有理想，都可以成为追梦的人。年龄只不过是一个历史的记录，年龄只不过是一个阿拉伯数字，年龄只不过是一个岁月的痕迹。她不仅赢得了学生，更赢得了自己精彩的人生，更向世人展示了教师成功没有年龄界限，老教师照样可以有所作为。

这是永不言败的精神，是一个为了事业忘记年龄的人，"飓风大姐"，保持了一颗永远年轻的心。我们要像"飓风大姐"一样执着地热爱自己的事业，放下年龄的羁绊，保持一颗永远年轻的心。教育是心与心的呼唤，一个教师如果没有一颗童心，就不能走进学生内心深处，所以，教育呼唤着教师保持一颗永远的童心。一个人是否真正的衰老，不仅仅是年龄因素，更重要是心理因素，你若永远保持一颗童心，让自己思想充满活力，你就不会因年龄而衰老，你的教育事业也会随岁月而精进。

我想，在新教育的路上，我们还会遇见更多像"飓风大姐"一样的教师，他们体味着教育之幸福，专心致志于自己喜欢事情的幸福，他们付出对生活的热爱，对朋友的真情，对生命的吟唱，对教育的执着，必然会收到最美好、最淳朴、最真挚的拥抱，自信于自己的教育智慧，收获着教育幸福。

我希望，在朱永新教授的书中会看见更多普通老师的事迹。他们虽然普通，但是从一颗心走向千百颗心，他们把真善美种在学生心灵，不甘心寻常岁月中细雨微澜的磨蚀，而始终以一颗昂扬向上的心，向着真善美的境界阔步前进。无论征途中是艳阳高照，还是风霜雪雨，他们用心中理想的火焰，照亮着前进的道路，温暖着自己的心扉，成就美丽的人生，他们渴望在教育领域中有所建树，有且只有一个目标，就是做中国最好的教师，他们一样需要留在人们的记忆里。

我希望，在朱永新教授的书中能看见更多教育的幸福。教育是幸福的，可是幸福不会从天而降，需要我们去发现，去创造，要靠自己的努力去创造。起点处的酸甜苦辣，只是奋进者身后的一点阴影，前方，灿烂的阳光，才是装载成长幸福的容器。怀揣希望上路，就一定可以在征途中相遇志同道合的人，其实，每一个人都是别人心中的坐标，每一个人都可以作为肩膀，扛起他人理想的同时，也担出了自己的辉煌。并非所有的种子，都能得到雨露的滋润，在高崖巨壑的缝隙中，只有生命力最顽强的植物，才能依靠自身的力量，绽放出生命全部的美丽。琴弦拨响处，花开满地，每一瓣花，都可以见证生命的意义。每一树花，都有开放的理由，正如每一个人，都有成长的理由。

我们从事的教育工作，我们如何像曼德拉说过的一句话，值得我们每一位教师为之自豪，为之自省："教育是最强有力的武器，你能用它来改变世界。"我们每一个老师都应该以此扪心自问：我们，在这样做吗？

让我们始终记住：我们是教师，可是和所有的人一样，我们在成长中失去了许多宝贵的东西。那些像梦一样的诗，像诗一样的梦永远不再回来了，可是它还留在孩子们的眼睛里，孩子们就坐在你的面前……那是所有的孩子！

合上书卷，我知道，自己内心深处有些东西在慢慢沉淀！因为抑制不住灵魂里的激动，所以我开始写诗，我把诗歌写给我的生命，写给我那无比纯洁的心声——《遇见你，遇见了幸福》

> 美丽的金秋，美丽的遇见
> 幸福是遇见你——《致教师》
> 遇见你，也遇见了幸福
> 温暖，永远
> 美好，深远
>
> 写给我的最爱——学生
> 你是我的暖城
> 你是住在城里开放的花朵
> 开放出属于自己的绚烂
>
> 写给我的职业——教师
> 你是我的生涯
> 你是职业生涯最美丽的年华
> 释放出属于幸福的光彩
>
> 遇见你——《致教师》
> 遇见你，遇见了幸福
> 你是我的阳光

是可以晒干心底潮湿的暖阳
遇见你,遇见的是幸福,温暖,永远

遇见你——《致教师》
遇见你,遇见了幸福
你是我的甘泉
是可以滋润干涸心灵的清泉
遇见你,遇见的是幸福,美好,深远

幸福,是遇见你
幸福,是遇见了你——《致教师》
幸福,是我们永远一起走
这就是幸福,我想要的幸福
这就是幸福,大家都能得到的幸福

(作者系陕西省安康市汉滨区培新小学教师)

你幸福，孩子才明亮

高 培

2015年8月，我有幸参加了在日照五莲举行的第二届新教育种子教师研训营活动。这次活动不仅让我一睹了朱永新先生的大家风范，也让我离新教育更近了一步。也就是这个时候《致教师》出现在我眼前。

序言中讲道："教育是世界上最特别最奇妙最千变万化的事情，同时也是最坚韧最牢固最不会变化的事情。"无论当时我们是出于怎样的目的，怎样的心态走上教师这一工作岗位，在以后的教育生活中，该怎样摆正"教师"这一身份呢？

打开第一页，前言小诗《我是教师》，就颠覆了以前对教师的形象比喻——"教师不是园丁，不是蜡烛，不是春蚕，不是人类灵魂工程师……教师就是教师，与学生是相互依赖的生命，每天都在神圣与平凡中穿行"。

全书共分四辑，即"给我一个做教师的理由""借我一双好老师的慧眼""愿我书写一部教师生命的传奇""让我们过一种幸福完整的教育生活"。前三辑收录了朱永新先生与一线教师对话的46封问答式书信，最后一辑收录自2010年以来先生为寄语新教育同仁的5篇年度致辞。一封封的信，不仅解决了我们一线教师的"问题之困"，更向我们传递了"智者之声"。

朱永新在书中谈到了教师的幸福从哪里来。作为教师的幸福，很显然有着两大来源：一是来自孩子，二是来自专业成长带来的事业成就与生命尊严。"作为教师，外在的事好做，真正难做的是拥有教育的良知。"作为教师，若能自觉不自觉地向内心追问：我的使命是什么？我既然来到这个教室，能带给孩子什么？我怎样让班级中的每一个孩子得到最大的发展？相信就在追问这些问题的过程中，目标逐渐明晰，幸福逐渐显现。

朱永新说，"时间对于每个人都是公平的。时间安排得好，实际上就是在延长自己的生命。"对教师来说，在有限的单元时间里能够尽可能地提高效率是格外重要的。这里，关键是怎样科学地规划、安排和管理自己的时间。首先，把最重要的事情放在最重要的时间去做。我们可以围绕课程、教室、学生去阅读，去思考，去行动。其中最最重要的便是阅读。"每个教师每天都应该给自己挤出阅读的时间。"

"关注到每一个课程，是一间教室让人幸福的缘由之一。""完美教室是一根扁担，一头挑着课程，一头挑着生命。"如果每个生命在教室里都能绽放出各自独一无二的美丽，每个生命都能得到丰富的滋养和最美的呈现，那么，这就是教师和孩子们的幸福来敲门的时刻。

在朱永新看来，教师是教室的国王，教师的胸怀决定着一间教室的大小。因为，凡能发光的人，必定在内心燃烧了自己。在他眼里，读书是寻求心灵的自由，备课就是精神的体操，交友就是与"未来的自己为伍""大音希声是行动的回响""创造的起点是问号"……

"在日常生活中，学生具有很强的向师性和模仿性。而且，年龄越小的学生，往往越是把教师作为自己的人生榜样来崇拜。在他们眼里，老师就是权威，老师的话就是圣旨。一个好老师对学生的影响是巨大的，甚至是终身的。作为一名老师，如何修炼自己，如何做一个令学生敬慕、佩服、效仿的老师，的确是值得认真思考与努力实践的。""首先，应该做一个知识渊博的人。其次，应该做一个表里如一的人。"

作为教师，老师们的以身作则，对孩子们来说是影响巨大的。因为老师传授的知识，或许我们会忘记，老师讲解的道理，或许若干年后我们会不再认同，但老师的期望与鼓励，老师面对生活的态度，老师的为人与处世，如无形的风吹进我们的心里，带来一种永恒的影响。

朱永新认为，"做人的教育就是最好的教育。帮助孩子成为一个阳光的人，成为一个有理想的人，成为一个有良好习惯的人，成为一个善良的人，成为一个能够关心别人的人，成为一个能够遵守社会公德的人，成为一个能够不断自我成长的人……"其中，帮助孩子成为一个善良的人，成为一个好的公民，是教育最重要的出发点。

我是一名教师，同时也是一位母亲。换个角度想，作为家长，把心爱的宝贝交给老师，除了知识，我更期望我的孩子在老师身上学到优雅、从容，学到生活的智慧和勇气，学会拥抱幸福。因为只有老师是优雅的，我们的孩子才有望优雅；只有老师是从容的，我们的孩子才有望大气；只有老师是幸福的，我们的孩子才有望明亮；只有老师过得是有尊严的，我们的民族才会拥有高贵的品质。

（作者系山东日照国际海洋城天台山小学教师）

只要你还相信，孩子就会自信

许丽滢

偶然一次拜读了朱永新老师所著的《致教师》，这是一本到目前为止对我作为一个教师来说收效最快、影响最大的精神食粮。书中，朱老师回答了近50个教师提出的比较普遍的问题，在精神层面、理论层面、实操层面，引领教师们过一种完整而幸福的教育生活。

书里提到这样一个问题：如何对学生一视同仁？反问自己是否真正做到对学生一视同仁时，相信部分教师会心虚不能肯定回答。其实在每个班级里，总有些孩子招人喜爱，有些孩子乖巧听话，还有些孩子不爱说话、相对愚钝，特别是那些老是惹麻烦的孩子，很难让人喜欢。尽管教师们都同意应该一视同仁，但在不知不觉中还是表现出不一致。而朱老师对这个问题的回答是："只要你相信孩子，孩子就会自信，孩子的不同，不能够成为我们厚此薄彼的理由。"

是啊，我们之所以会对孩子有不同的态度，往往是因为我们给孩子贴上了不同的标签。外貌美丽、乖巧听话、聪明能干、沉默寡言、顽皮淘气等等词语，都是一个又一个的标签。一旦贴上了就像"牛皮癣"一样难以撕下。这种先入为主的有色看法直接影响教师的态度。虽然家庭造成了孩子的千差万别，但每个孩子都是独一无二的天使，作为教师，要给孩子自由，给他时间，给他空间。同时要善于发现学生的特别之处，及时鼓励表扬，也许他们会爆发出我们难以想象的能量。所以，教师们都应该记住：只有你不放弃，孩子才不会自弃。只要你还相信，孩子就会自信。

(作者系晋江市青阳高霞小学教师)

唤醒初心的心灵之作

牟 琳

世界那么大，也想去看看。在遇到朱永新老师《致教师》（长江文艺出版社 2015 年版）一书前，面对职业困惑、人生迷惘，笔者也曾一度蠢蠢欲动，幻想"外面的精彩世界"。

当我翻开此书，潜心品读朱老师推心置腹的教诲，顿时如沐春风，豁然开朗。"心底里喜怒哀乐翻滚/黑板上天高地远开阔/脚板下三尺讲台扎根……"每一段直击心灵的文字，都让我更加坚信，教师的生命之花，应该盛开在祖国的每个角落，我们想看的风景，其实是——世界那么大，桃李满天下！

见书如见面，字字似珠玑，《致教师》2015 年一出版就好评如潮，备受追捧。之所以如此，笔者以为，这一方面与作者丰富的阅历和深厚的积淀密不可分，虽然身兼数职，但他心无旁骛，潜心研究，笔耕不辍，把丰富的教育思想付诸笔端，播撒下希望的种子；另一方面，这本书特色鲜明，不说教、不晦涩，读起来轻松愉悦，好似与读者面对面进行一次精神洗礼，是一部"至情至理，唤醒初心"的心灵力作。

"内容充实，立意深刻"是该书直击心灵、引发共鸣的关键所在。"给我一个做教师的理由"一辑，告诉教师如何提高自己，如何与学生相处，如何坚定理想、笃志前行。该书最为触动我的，是有关抵达教师职业四重境界的提法：一是让学生瞧得起，二是让自己心安，三是让学校骄傲，四是让历史铭记。想想自己，初入教师行列，也曾以陶行知先生"学高为师，身正为范"为座右铭，但 20 年来一直诚惶诚恐，惴惴不安。读完此书，我才幡然醒悟，蜡炬成灰，春蚕到死，作为一名"碌碌无为"多年的中年教师，不应默认自己的"小角色"，要有大抱负，"教育兴亡，匹夫有责"，即便最终不能被"历史铭记"，也应该散发出最耀眼的光芒。

"借我一双好教师的慧眼"一辑,从非常专业、细致入微的角度,与教师就教育科研内容展开探讨。这15位写信的教师,或受困于"久在樊笼里",或迷惘于"心远地自偏",他们的问题归纳起来基本是生活单调、压力山大、前路漫漫……而朱老师直击心底,一对一帮教师们排忧解难,用切身体会告诉教师们:生活无需太多负担,要坚定初心,摆脱烦扰,勇敢做个教育"追梦人"。

"愿我书写一部教师的生命传奇"一辑重心是"关注生命,寻找幸福",这是朱老师新教育理念核心内容之一。

面对教师们对职业幸福感的疑惑,朱老师从生命哲理、职业内涵、人生追求等多方面给予解答。朱永新老师语重心长地告诉教师们,幸福有两大来源:一是孩子,二是专业成长带来的事业成就与生命尊严。他还告诉我们,如果一个老师懂得守护健康,彼此尊重,他的人生必然附带着从容和幸福。从这些饱含真情的文字里,我深刻理解到:师生相聚靠缘分,学生培育靠智慧,与人相处靠包容,所有"本钱"靠健康,当然包括身体和心灵两方面的健康。

"让我们过一种幸福完整的教育生活"是教师幸福的宣言,也是轻装上阵的号角。朱老师在书中指出:教育不仅仅是一种行业,要让它融入生活,成为人生的重要组成部分。朱老师能够体会出这么深刻的道理,源于他对教育的热爱和对教育理想的追求。笔者对此感同身受,我认为,教师的工作不仅仅是"春蚕到死丝方尽,蜡炬成灰泪始干"的牺牲,而应是享受。我们只有学会享受教师生活,享受教育人生,才能够找回乐趣,遇见幸福。

(作者系山东省潍坊市寒亭区外国语小学教师)

与大师对话——让心灵得以升华

宋继东

有人说：饭可以一日不吃，觉可以一日不睡，书不可以一日不读；有人说：阅读的最大理由是想摆脱平庸，早一天就多一份人生的精彩，迟一天就多一天平庸的困扰；也有人说：书籍是全世界的营养品，生活里没有书籍，就好像没有阳光；智慧里没有书籍，就好像鸟儿没有翅膀……他是伟大的领袖，他们是古今中外的大文豪，而阅读在他们的世界里却依然是神圣的、高尚的、有意义的且是快乐的。我，我们，作为一个平凡的人，一位平凡的教育者，更是应该阅读，更应该爱阅读的。一个真正的人，应该在灵魂深处有一份精神宝藏。我认为，读一本好书就像是与一位大师对话，让心灵得以升华。

《致教师》是我送给自己的一本书。它没有抽象深奥的名词术语，没有枯燥乏味空洞的说教理论。读这本书，就像在同朱永新教授面对面地聊天谈心。细细咀嚼品味，我总能获得许多哲理性的启发和充满诗意的享受。它让我在教育的路上不断探索，不断创新，不断前进。当然，《致教师》更是我送给我们教师的一本书——是我送给教师们的一本枕边书，让我们在告别今日迎来明日的时候，依然不忘初心，不忘教育，不忘阅读；是我送给我们的一本课间读物，让我们时刻与书为伴，与教同行，与育为主；更是我送给我们的一碗教育鸡汤，一盏指路明灯。朱永新教授是一位善于思考的行者，亦是一位可以与他们对话的教育大师。他总是以深邃的思考持续关注和研究教育，关注和研究儿童，对于这样那样的教育问题总有自己的思考和独到的见解。他在身兼数职、要事缠身的间隙，仍能坚持笔耕不辍，把丰富的教育思想付诸笔端，终于成为这样一位百科全书式的教育家，滋养着一个个走近他、走近他著作的教育人。阅读《致教师》，就像是这位大师可以与我们老师们在茶余饭后之时分享教育心得，可以在我们迷茫困顿之时，给予他们教育锦囊，让我们在教育的旅途中互相探讨、互相指点、互相进步，成为伴随我们一路前行的良师益友、心灵导师。

教育之路，漫漫而修远，唯有阅读，唯有与大师对话，才能使我们教师的路越走越明朗，使我们的人生境界越来越高，使我们的心灵得以净化乃至升华。

(作者系首都师范大学附属小学教师)

问渠那得清如许

杨玥瑛

"读一本好书，就是同一个高尚的人谈话"，而《致教师》这本书深入浅出，以类似对话的形式将精华展现出来，就如同与一位鸿儒谈笑风生一般。

在书的四个板块中，我印象最深、感悟颇多的是第二板块——帮助老师如何做的问题，借老师一双慧眼，沟通做教师的智慧。结合我自身所处的位置和这些年的教学经验，我想在这里浅谈一下如何让一位老师、一节课堂、一所学校变得活力四射、充满新意：

"日新又新我常新"，如何让一位老师能够与时俱进、时刻保持高昂的斗志呢？那便是与书为"舞"！一名合格的老师，至少是一个会学习的老师，一名优秀的老师，绝对离不开阅读。喜欢读书的老师，会明白学无止境，不断探索；喜欢读书的老师，会懂得学思结合，扬弃前行；喜欢读书的老师，自然也会有一批喜爱阅读的学生。

读书也是有选择的，首先所教学科的专业书籍少不得，想要给学生一碗水，你必须要有一桶水，不要以为小学的知识就是"小儿科"，对于学科知识，要知其然，更要知其所以然，这样的老师才能在课堂上深入浅出，进行有效教学。其次关于教育教学的书籍也不能少，这应该叫做教师素养，博采众长，集众家所长于一身，才会有质的飞跃。如若不然，我又怎会与《致教师》结缘呢；当然，自己感兴趣、所钟爱领域的书籍也要经常阅览，这是对心灵驿站的充电。

"构筑理想课堂"是新教育的十大行动之一，同时也是我校努力发展的方向。如何让课堂变得有活力，得有一名敢于创新的引导者，也就是老师。我校六（二）班班主任于晨凯老师就是一个大胆尝试、不断创新的老师，她任教以来，经常带着该班学生各种"折腾"，辩论赛是该班学生最喜欢的活动之一，课下我也有问过这些学生，他们说很喜欢辩论赛，自己要动手去搜集资料，还能提升胆量和口才，同时还学到了"时间就是生命"，懂得了时间的宝贵性，更重要的是不再像以前那样坐在教室里只能做个"听众"，有表现自己的机会……

对于这"一潭死水"的课堂，只有求变求新这一"风"乍起，才能够"吹皱一池春水"。有了引导者，更不能少了课堂的"主角"——学生。一节课想要有效果，学生至关重要。试想一下，一群"死气沉沉"、不思进取的学生，就算上课形式花样百出，他们都不为所动，也是竹篮打水一场空。所以，我们需要一批有鸿鹄之志、远大抱负、敢于创新的学生，"少年强则国强""少年智则国智"，优秀的学生和优秀的课堂相得益彰。

"运筹于帷幄之中，决胜于千里之外"，一所学校如何办好，这个问题似乎有点大，不过首要条件一定是有大的格局和长远的眼光，只有带着发展的眼光看问题，学校才有可能发展。总是安于一隅，是跟不上时代步伐的。一个学校的校长看得有多远，这个学校就能走多远。

与此同时，先进的理念也是不可或缺的，纵观国际风云，摸准时代脉搏，适应社会需要，创造建设人才。我们不会因为身处大山深处，而禁锢了思想。

"问渠那得清如许，为有源头活水来。"且行且新！

（作者系邢台县白岸中心学校教师）

感谢有你，相伴成长

程若曼

> 教师，不是园丁，教师本身应该是一朵花儿，教育是师生互相作用的过程；教师，不是春蚕，教师的固步自封才会作茧自缚，心灵的成长来自每个季节。教师就是教师，与学生是互相依赖的生命；教师就是教师，每天都在神圣与平凡中穿行。
>
> ——朱永新《我是教师》

相识

不是师范毕业的我从事了完全陌生的职业——特殊教育学校的老师。要面对聋哑生和培智生，对于整个学习生涯都是在接受普通教育的我来说，是一个极大的挑战。

孩子们很友好，笑容很单纯，但我却有些不习惯，尤其是别的老师用手语向学生介绍我时，我完全不理解，只是尴尬的笑着。我借来手语书，翻开看看，真如天书一般，心理压力倍增。我心里打了一个大大的问号：我可以胜任这份工作吗？

刚开始上课，我甚是紧张。习惯了大声讲课，讲解知识点，突然，我停下来，意识到我做的一切都是不适合的。课下，学生们都跑来和我交谈，他们的手语很快，我根本反应不过来，只是无奈地摇头。深深的无助感，爱说爱笑的我，话到嘴边又要咽下，只能以无声的语言来交流。

工作了一段时间，"不习惯，不适应，不适合"这几句话仍然萦绕在我的脑海中，带着满满的负面情绪。一天，朋友推荐给我一本《致教师》。"看看吧，我们邢台县正在搞新教育，书很不错，肯定对你有所帮助。"我带着好奇和疑惑之心翻开了《致教师》这本书。

相知

我原本以为这本书和其他教育类的书籍的内容大同小异。但是当我认真翻阅以后，它真是令我喜逐颜开。真如一场及时雨，浇灭了我心中的抱怨，平复了心情，为我的教育现状指明了出路。

朱永新先生的"坚持才有奇迹"，给了我一个做教师的理由。"只要在农村里一天，在讲台上一天，就能够用心地教一天书，用心地帮助农村的孩子，让他们得到尽可能好的教育。这也是一个教师的良心所在。"

是啊，作为一个教师，只要在特教一天，就应该用心地帮助这些特殊的孩子，尽我所能，让他们接受好的教育。这是我作为一个教师的良心所在。这里的孩子在别人眼里是特殊的，甚至是没有前途的。但是他们的父母把孩子送到学校是有期待的，希望老师能给孩子一个未来，所以我要用心教学。

"作为一名渴望成长的教师，要正确评估环境对自己成长与发展造成的限制，尤其是处于人们眼中在逆境的情况下，更需要用积极乐观的心态面对逆境。"我要保持积极、乐观的心态。每天快乐地进行教学，学生也是快乐的。看着他们的笑容，干净、单纯，毫无杂念，自己也变得简单。我不懂手语，上课就向搭班的老师学习，课下自己看书，和学生交流的过程也是我学习的机会。慢慢地，上课和学生交流基本上无障碍，自己也越来越有自信，也越来越热爱这个职业。除了学习，我也尽量让学生的课余生活丰富起来。组织学生画画，做手工，学舞蹈。我们还将自己的手工作品作为礼物赠送给捐献爱心的社会人士，并表演了舞蹈。看着孩子们的努力，我真是满满的感动。

相守

现在，我成为了北小庄完小的一名教师。担任的是五年级英语。虽然大家都说这届五年级最差，但是我没那么多牢骚，心里想着，"总比我教过的培智生要强吧"就充满信心地进行我的教学工作。

虽然在教学过程中，学生们给了我很多次打击，但是我不浮躁，不抱怨，一点一点寻求进步。对于学生出现的问题，积极地找出解决的办法，对于学生的进步，淡然一笑继续努力。我坚信，只要坚持就会有收获，只要坚持就会有奇迹。

　　有《致教师》的引导，有学生的相伴，我成长了很多。怀着对教育最初的憧憬，抛开杂念，把教学当作一件很纯粹的事，再加上自己的恒心和坚持，会发现教育真的是一件很幸福的事。我坚信，只要不放弃，只要持之以恒，不论走到哪里，都能在自己坚守的那片土地上，开出一朵生命之花。

> 　　我是教师，这是一份职业，更是一个志业；我是教师，这是一份职责，更是一种使命；我是教师，时光缓缓显形，终见此生天命；我是教师，以现在求证未来，让生命幸福完整。
> 　　　　　　　　　　　　　　　　　　——朱永新《我是教师》

（作者系邢台县北小庄乡中心学校教师）

阅读是法宝

冯楠楠

幸福是什么？幸福是一种奇妙的感觉，有了它心情就会非常地愉悦；有了它做起事来就会如鱼得水；但具体是什么，这对于我们来说还是一个朦胧的概念。毕淑敏在《提醒幸福》一文中说："幸福就是没有痛苦的时刻"。作为一名教师的幸福是什么，朱永新教授在《致教师》一书中给我们做了解释。

朱永新教授是新教育的发起人，曾担任苏州分管教育的副市长，也是博士生导师。也就是说：他是老师、校长、领导。不管在哪个角色上都是非常出色的。《致教师》这本书是朱教授以回答来信的形式送给教师们的建议，值得我们去看，值得我们去实践体验。

朱教授在书中说到，教师职业的四种境界：第一，是让学生瞧得起的老师；第二，是让自己心安的老师；第三，是让学校骄傲的老师；第四，是让历史铭记的老师。自己目前很有提升的空间，在一和二之间徘徊，还需努力，加油吧！

教师这个职业有一定的特殊性，因为面对的群体是孩子，所以需要的是一颗永远年轻的心，所以一般教师比平常人更显得年轻。很多教育家只不过把别人的精神财富应用到自己的教育实践中，在此基础上提出很多理论的共鸣，因此很多教师找不到感觉，觉得自己很尽力了，也很辛苦，可就是达不到满意的目标，别人不满意，有时候自己都不满意。那是因为缺少精神的支柱，缺少心灵的寄托，没有前进的方向。其实就是理想缺失，理想是青春的象征，只有有理想才不会老去，才会越来越年轻。

只有阅读才是提高自己的唯一方法，也是心灵的一种寄托。朱教授在书中指出，教师阅读书目最重要的两大类：一是提高教师职业认同的哲学、心理学方面的读物，一是教师所教学科的专业书。经典读多了，我们的阅读审美能力就加强了，阅读的口味也就养成了，阅读的鉴别力自然也会提高。阅读那些好的文学作品，对于我们提高表达能力与写作能力，也是大有裨益的。阅读，阅读，还是阅读，是提高自身能力的不二法门。

光阅读也是不够的，同时还应该善于思考。怎样才算是善于思考呢？一是思维的深刻性，二是思维的敏捷性，三是思维的灵活性，四是思维的独创性，尤其是思维的独创性。

思维的训练方式：之前在二十三中接触到全脑班，听过几次课，接触到新词——思维导图和师生共写随笔。这些有助于拓展学生思维方式，发挥想象力，能够以图的形式记录本课所学内容。朱教授无疑是一名有恒心的老师，他善于自我激励，自我提醒，这也是我们应该学习的一个重要方法。另外就是通过座右铭的方式来激励自己。例如：鲁迅先生的"早"字就是一个不错的方法。在同样的环境下，别人前进，你原地踏步就相当于落后。如果别人停下来，而你却依然在走，那么你就可以超越别人，取得别人无法企及的成功。我坚信，只要坚持，总会取得成功，如果做自己喜欢的事，成功的机会会更大。

生活本身就是由无数的烦恼组成的一串念珠，达观者总是笑着数完这些念珠。只有你不放弃，孩子才不会自弃。只要你还在相信，孩子就会自信。我们应该相信自己，更应该相信孩子！从信心到信任到信念，这是产生教育奇迹的最重要的基石。作为一名一线教师，扎根在教室之中，扎根在教育的田野养分里，扎根在经典书籍的灌溉中，坚持阅读与写作，一定能够成为一名科研型的教师。这是对自己的一点信心，也算是对自己的一点激励。

孩子不爱阅读的原因：

1. 应试教育的压力让孩子们缺乏阅读的时间与空间。

2. 没有遇到过真正的好书。

对策：

1. 举办师生共读分享活动：有些好书需要通过分享，通过教师与学生的共同阅读，才能真正让孩子喜欢阅读，才能真正让阅读走进孩子的心灵。在阅读中讨论、分享、辩论，让孩子们思维能得到调动，真正活跃起来。

2. 要开展切合孩子特点的、孩子们感兴趣的各种阅读活动。鼓励孩子们通过大量的阅读和辛勤的实践，丰富自己的生活，增加生活的积淀，这样才能有真正的源头活水。写作只有在写作之中才能提升。

阅读是语文教育中最基础、最关键的内容，而阅读能力的培养，也是教育最重要的任务。优秀是一种习惯，需要我们从小事做起。让学生坚持记日记，用心记录自己的生活和思考，这样的写作就是真情实感的自然流淌，如此一来他们的写作能力也就会得到很大的提升。

陶行知"八位顾问"：何事，何故，何人，何如，何时，何地，何去（结果），几何（关键点）。何如是事的来龙去脉；何去是事的最终结果；几何是事的关键点。适时抓住这八问，就是要善于思考、会提问题。

理想的教师应该是一个善于合作，尊重同事，尊重领导，善于调动各方面因素从而帮助他人成长；受人欢迎，懂得换位思考，尊重他人，互惠互利；懂得合理管理自己的时间，知道把重要的事放在重要的事件中去做，不浪费时间，专注于自己的事，合理利用自己的整块时间的教师。

每个学生都是一颗神奇的种子，蕴藏着不为人知的神秘力量，而阅读能够唤醒这种蕴藏着的美好和神奇，这就是教育的呼唤。晨诵，午读，暮醒是想培养孩子珍惜生命，亲近母语，热爱阅读，善于反思的良好习惯。帮助孩子能够成为一个阳光的人，成为一个有理想的人，成为一个有良好习惯的人，成为一个善良的人，成为一个关心别人的人，成为一个能遵守社会公德的人，成为一个能够不断自我成长的人。这些是学校教育和家庭教育的共同目标，也是教育最重要的基础。

在学校教育中，如果我们不关注家庭，往往会找不到教育的感觉，找不到孩子们问题背后的缘由。要解决孩子的问题，往往必须先解决父母的问题。平视老师，理解老师，尊重老师。多提建议少提意见，双方共同为了孩子的健康发展而努力！

越读书，越能发现自己的不足，怎样让学生爱上阅读，怎样指导学生写作，这些是我以后的努力的方向，我会继续努力，多读，多写。

（作者系邢台县北小庄中心小学教师）

教师的《九阳真经》

李 秋

我曾经读过著名武侠小说家金庸老先生写的《倚天屠龙记》，书中主角张无忌年幼时曾被青翼蝠王韦一笑一掌击落谷中，幸得保命，大难不死，并在一猿猴的带领下阴差阳错地从一个死亡的白猿肚里获得了绝世武功秘籍《九阳真经》，几经苦修，练得绝世神功，终成一代明教教主。后来《倚天屠龙记》多次被拍摄成电视剧并在荧屏上演，相信大家对此情节也并不陌生。

回家乡邢台县工作后，县域的新教育实验正在如火如荼地开展，各项活动搞得风生水起。县教育局在全系统开展"十年百卷"读书活动，一时间《我的阅读观》《致教师》《习惯养成有方法》等数本教育专著摆上了老师的办公案头，成为老师们业余时间的读物。也正因为如此，我有幸从书中结识了新教育实验发起人朱永新教授，并认真拜读了他撰写的《致教师》一书。

打开《致教师》一书细细研读，每一篇文章都以一个教育困惑者日常的、琐碎的、平凡的教育问题为始，以朱永新老师详实的、易懂的、深刻的答疑解惑来画上完美的句号。从整体到局部，从归纳到具体，从形式到内容，《致教师》一书对教师这个职业进行了全新解读，句句振奋人心，篇篇发人深省，朱老师朴实美妙接地气的文字，从"为什么""怎么做""是什么"三个角度解答了每一位一线教师的困惑，引起了深深的共鸣。

一、《致教师》这本书就是老师手中的《九阳真经》

从整体、归纳、形式三方面来看，《致教师》这本书共分为四个章节，分别为："给我一个做教师的理由""借我一双好老师的慧眼""愿我书写一部教师生命的传奇""让我们过一种幸福完整的教育生活"。前三个章节是通过朱永新教授回答一线教师提问的46个具体问题来呈现的，文字以书信形式呈现，第四个章节是5篇朱永新先生寄语新教育同仁的年度致辞。

从局部、具体、内容三方面而言，《致教师》中的每一封信都是一次问题的探讨，思想的聚焦，心灵的呼应。《致教师》的每一篇文章，均由一个具体的问题开启，以朱永新教授的精彩详实的回答收尾，这些具体的问题又分为三个层面：有的叩问价值，譬如如何坚定教师的信念、如何树立教师的教育理想、如何享受教师的教育生涯；有的探讨幸福，譬如教师如何进行专业阅读、如何做科研型的老师，如何成为优秀的舌耕人；有的问道人生，譬如教师应如何形成个人风格，如何让生活丰富多彩，如何交往才能受人欢迎。诸如此类的问题虽然出自某一个教师之口，实则是代表了某一类教师抑或是所有教师心声。

《致教师》中所涉及到的话题内容，都来源于平凡的教育生活。就年龄结构而言，提问者中有的初为人师，有的廉颇老矣；就地域特点而言，有的来自先进的城市学校，有的坚守于偏远的乡村教育；就学科特点而言，提问者有的教语文，有的教数学……即便他们的成长环境不同，人生经历各异，生命轨迹多样，但是他们恰恰是整个教师职业的缩影与碎片。

《致教师》一书从不同角度对教师这个职业遇到的种种问题和困惑给予了详实与全面的回答，每一位教师若能潜心研读本书，必如张无忌学习《九阳真经》一般，成为一代名师。

二、为什么——我们为什么要成为一名人民教师

朱永新老师在第一辑"给我一个做教师的理由"中就说到，一味将教师归为平凡或者神圣都是片面的。在接下来长达80页的文字中，朱老师给出了我们做老师的理由。

首先朱老师引用曼德拉的话"教育是最强有力的武器，你能用它来改变世界"告诉我们教师是一个让人自豪的职业。因为教师职业是一个能够把人的创造力、想象力等全部能量与智慧发挥到极限的、永远没有止境的职业；是一个拥有自有支配时间相对较多的职业；是一个能够把专业知识最直接用于家庭，让家庭与事业双丰收的职业。是一个相对稳定的职业；教师生活的魅力决定了教育生活的魅力。

其次教师职业的四种境界同时为老师绘制了理想蓝图：首先做一个让学

生瞧得起的老师，进而做一个让自己心安的老师，然后做一个让学校骄傲的老师，最终做一名让历史铭记的老师。

再次教师是一个心怀理想的职业，因为有理想的人永远不会老去，那个教育理想就是：只要行动就有收获，只有坚持才有奇迹。教师是一个收获幸福的职业，在我们的教育生活中时时刻刻创造着幸福，实现着自我，我们与学生一起学习，一起成长，在这过程中我们与幸福为伴，收获着职业的尊严与乐趣。

三、怎么做——我们怎么做才能成为一个名师

作为一名教师，要站在大师的肩膀上进行专业阅读，通过阅读，我们可以成为一个探索自然、热爱自然、热爱生活、热爱人类的人，作为一名教师，同样要学会思考，我们要用思想的明灯照亮教学的时光，我们要用精彩的文字记录教育的岁月。作为一名教师，我们要在压力下学会坚守，心怀"行动，就有收获；坚持才有奇迹"的教育理想，经得住压力、耐得住寂寞。

关于如何成为一名名师，朱老师给了我们许多更为具体的步骤：譬如读写发展方面：一是专业阅读——站在大师的肩膀上前行，通过知性阅读来阅读基本书籍；二是专业写作——站在自己的肩膀上攀登，以全新的方式审视并接纳自己的教育教学生活；三是专业发展共同体——站在集体的肩膀上飞翔，寻找志同道合的朋友，共同学习，彼此勉励，取长补短。譬如在保持教育热情方面：要拥有一颗年轻的心，心中始终燃烧着激情，怀着深刻的对教育的爱，有创造的智慧，然后诗意地栖居在教育大地上；又如其他方面：注重从身边或书本、影视上的成长范本开始寻找生命原型，建立起对自己与孩子的信心；再如应当时刻怀着强烈的责任感，拥有放眼世界、关注窗外、着眼未来的心胸……

四、是什么——重新审视教师这个职业

常人对于教师这个职业评判不一，有的赞其神圣，用蜡烛、园丁、春蚕等高尚词汇喻之，有的鄙之平凡，嘲笑"家有二斗粮，不当孩子王"，灌之于"臭老九""迂腐"等词汇。步入教师行业数年，我深深体会到，做一名教师不易，做一名基层的人民教师更是不易。然而朱永新老师在《致教师》的前

言中就教师的形象作出了更具人性化的描述。书中这样写道:"我是教师,这是一份职业,更是一个志业。我是教师,这是一份职责,更是一种使命……"我反复读着这首道出无数老师心声的诗,感觉愈加喜欢,心里愈发美好,理想愈显明朗。

朱永新老师也曾这样说:"教师是一个能够把人的创造力、想象力等全部能量与智慧发挥到极限的、永远没有止境的职业;教师是这个教室的国王,他的胸怀决定着一间教室的大小;教师面对的是最深的世界——人的心灵,他们存在着无限的可能性。"朱永新先生对教师的全新解读无疑提升了教师职业的荣誉感、成就感与幸福感。

五、我们教师如何过一种幸福完整的教育生活?

教师的幸福究竟来源于哪里?朱永新教授在书中给出了多个途径与方式:譬如教师的幸福来源于平凡的创造获得的成就感,来源于无限的服务获得的归属感,来源于扎扎实实研究中获得的荣誉感,来源于知识的分享获得的幸福感。因为源源不断地创造与服务,兢兢业业地研究与分享,我们教育生活中每个平凡的瞬间,都会焕发夺目的光彩,在每一个普通的日子里,我们都收获着满满的幸福。

读完《致教师》这本书,我突然就想到了《九阳真经》这本武功秘籍,于张无忌和诸多武林人士而言,人人都想获得这本上乘武功绝学,于我们教师而言,《致教师》就是我们的文学秘籍,潜心研读,学以致用,我们的方方面面便会得到提升,每一名教师都可以成为这个行业的"张无忌",每一名教师都会成为一名基层名师,每一名教师都会过上一种幸福完整的教育生活。

(作者系邢台县城计头乡中心学校教师)

让阅读的花在浇灌下成长

张丽静

就像冥冥之中的注定，从小我就觉得自己终有一天要成为一名教师，也从来没有怀疑过这个念头，在成为教师的这条道路上，耳边也常常伴随着这样的话语："教师是辛勤的园丁，是人类灵魂的工程师，是太阳底下最光辉的职业……"似乎这些对于教师的评价已成为教师的标签，牢不可破。

如今，我踏上教师这个讲台已六年有余，六年中也曾执着于学生的成绩，六年中也曾苦恼过如何让学生真正地爱上语文，六年中也曾出现过职业倦怠的时期，仿佛日复一日、年复一年地重复着昨天的故事，已没有了新鲜的血液。

迷茫中，我在朱永新老师的《致教师》中找到了这样的答案：

教师，不是园丁
教师本身应该是一朵花

教师，不是蜡烛
教师不能以化为灰烬做代价

教师，不是春蚕
教师的固步自封才能作茧自缚

教师，不是人类灵魂工程师
没有谁的灵魂是机器
能用某种工艺任意修理完成

教师就是教师
与学生是互相依赖的生命

读了朱永新老师的解答，我豁然开朗，是啊，我们不该被注定打上神圣的烙印，我们是与学生相互依赖的生命。如何去相互依赖呢？在书中我也找到了答案——爱上阅读，让学生爱上真正的阅读。

如何才能让学生爱上真正的阅读，而不是功利性的阅读呢？

把时间留给学生

繁杂的作业、练习把孩子的课余时间挤占了，孩子没有属于自己的时间和空间，自然不会养成阅读的习惯。因而在日常的学习之余，应该给学生多一些阅读的时间，让阅读不是一句空口号。

师生共读共分享，让孩子与好书相遇

在平常的教学中，我也是经常给学生讲述阅读的重要性，学校的班级图书角也是每学期轮流更换以保证书本的更新，在阅读课上我会带着学生去图书馆走进书的海洋……可是这种阅读是一种无法真正触动孩子灵魂的阅读，这样的阅读也不能让孩子真正主动地去拿起书本，因此我们要去选择一些真正吸引孩子的好书。

与新教育相遇之后，我也与学生一起读书，一次偶然的机会被童喜喜老师的新幻想系列童书所打动，因而我在每天的共读时间里为学生读《嘭嘭嘭》这本书，每天的读书时间是学生最快乐的时光，学生沉浸在童喜喜与宝宝树的奇妙世界里，沉浸在这个纯净而优美的故事里，沉浸在对爱的思考里……我可以感觉到学生对每天共读时间的期待，可以感受到他们对故事的好奇。在一次学生的暮省感悟里，我看到这样的心灵诉说："童喜喜是一个期盼爱、拯救爱的女孩，而我每天被妈妈的唠叨、爸爸的嘱咐围绕着，自己却认为这是烦恼的事情，当爸爸、妈妈唠叨时总是对他们不耐烦，现在想想，我沉浸在父母的爱里面却感受不到，真是对不起爸爸妈妈。"当我读到这里，我知道这个女孩已经真正地走进了书本，与书本产生了共鸣，我想，这就是阅读的力量。

当孩子与这样的好书相遇，与心灵发生碰撞，我相信他们一定会把读书当成一件自觉的事情，只有这样他们才能真正爱上阅读。

阅读活动要调动孩子的兴趣

有时候我们在班级中开展的读书会、故事会当然很好，可是孩子是不是被动地参与这些活动呢？如果孩子的阅读活动能更自觉、更主动，那就一定会更有效。

在班级中我让学生分小组共读四大名著，但是孩子们对现代文化的兴趣要超过对传统文化经典的兴趣，另外很多孩子认为看过了电视剧，所以对纸质阅读提不起兴趣。针对这种情况，我在阅读活动开始之前将《西游记》中描写沙僧的句子读给学生听："一头红焰发蓬松，两只圆睛亮似灯，不黑不青蓝靛脸，如雷如鼓老龙声。身披一领鹅黄氅，腰束对攒露白藤，顶下骷髅悬九个，手持宝杖甚峥嵘。"先让学生猜猜这是哪个名著中的哪个人物。学生们七嘴八舌地讨论开了，有的说是《水浒传》中的李逵，有的说是《西游记》里的龙王，我在旁边静静地看着他们争得面红耳赤，我知道我已经将他们的积极性调动起来了。于是我在适当的时候将答案公布出来——是《西游记》里面的沙和尚，学生们惊讶地不敢相信。于是我告诉他们，这就是读书与电视的不同，电视上的画面已经框住了你对人物的想象，框住了你的思维，原著中很多的精彩的描写和情节是电视上所展现不了的，你从书本上更能真实地感受作者对人物的描述，也才能更好地与书本发生碰撞。于是我让学生分小组阅读四大名著，让他们通过读书找到与电视上的不同之处来。学生们很快投入到名著的阅读中，这次的阅读活动应该是一次自觉的、主动的阅读。

朱永新老师说："教育是世界上最特别最奇妙最千变万化的事情，同时，教育也是最坚韧最牢固最不会变化的事情。"如果我们是一个热爱阅读的老师，一定会影响一批又一批热爱读书的孩子——这就是最特别最奇妙最千变万化的事情；当这些孩子爱上真正地阅读，我想那就是一辈子的影响了——这大概就是最坚韧最牢固最不会变化的事情。

（作者系邢台县城计头乡中心学校教师）

读书——让生活更加充实

王大力

最近我有幸拜读了朱永新先生的《致教师》一书，它让我又一次领悟了教育的真谛，看到了生命的发现——在事实中发现价值，在生活中发现永恒，在现象中发现本质。书中的每一个问题，朱永新先生的回答都有深度、有独特的见解，贴切、透彻、形象易懂，说出了教师的心声，也让教师找准了自己的位置，找到了一个做教师的理由。这本书让教师的生活更加充实，更加有理想、有诗意、有激情。

茶余饭后，随手一翻朱永新老师《致教师》中的一首小诗——《教育是一首诗》，信手拈来，在此与大家一起分享：

教育是一首诗
诗的名字叫青春
在躁动不安的灵魂里
有一个年轻的梦

教育是一首诗
诗的名字叫激情
在春风化雨的课堂里
有一脸永恒的笑

教育是一首诗
诗的名字叫热爱
在每个孩子的瞳孔里
有一颗母亲的心

教育是一首诗
　　诗的名字叫创造
　　在探索求知的丛林里
　　有一面个性的旗

　　教育是一首诗
　　诗的名字叫智慧
　　在写满问题的试卷里
　　有一双发现的眼

　　教育是一首诗
　　诗的名字叫未来
　　在承传文明的长河里
　　有一条破浪的船

　　读罢小诗，细细品味，久久挥之不去的是诗的味道，此时此刻，我似乎找到了心灵的导师，在这满是飘香的书屋里，对教育的理解又上升了一个高度，心里充满了惬意。

　　朱永新先生说："曼德拉就是一本教科书，就是一位好老师，受过27年的牢狱之灾，历尽磨难成为南非历史上第一位黑人总统。"曼德拉曾经说过，"当我走出囚室，迈向通往自由的监狱大门时，我已经清楚知道，自己如果不能把痛苦与怨恨留在身后，那么其实我仍然在狱中。"这样强大的心灵离不开在苦难和痛苦中的挣扎，更离不开对生命执着的爱。

　　教师这个职业，也需要爱，有了爱，教师才有动力欣赏这条道路上的沿途风景，才能攀登更高的山峰，才能拥有强有力的武器去改变世界。有了爱的信仰，才能不徘徊，不犹豫，不后悔，才能真正拥有梦想。

　　朱永新老师把教师职业大致分成四种境界：第一，是让学生瞧得起的老师；第二，是让自己心安的老师；第三，是让学校骄傲的老师；第四，是让历史铭记的老师。我努力在做这样的教师——用自己的良心去践行新教育。的确，教师是良心活，干的好是一天，不好也是一天；做是一天，不做也是一天。可是当我们面对一群天真幼稚的孩子，怎能忍心把他们抛下不顾，怎能因自己的心情不佳而向他们发泄，又怎能把孩子的时间浪费呢？让自己心安，没有那么容易。面对公众的指责，你可以视而不见、充耳不闻，因为那是外界强加给你的。但是，良心的谴责，你必须认真面对，因为你无法逃脱。对得起自己的良心，才能够做到任何时候都心安理得。

我在学校上五、六年级体育课，又抓学校后勤工作。去年，学校把新教育十大行动之"推进每月一事"的重担交给我。毕竟也是四十多岁的人了，精力有限，担心搞不好，我犹豫了。可转念一想，这是学校对自己的信任，不做，对不起领导的厚爱，更对不起全校四百多名学生的期待，良心上过不去。于是，撸起袖子干了起来。上好自己的课，干好学校后勤工作，还有声有色地开展了学校的"每月一事"。功夫不负有心人，经过努力，体育、后勤、"每月一事"，我都取得了不错的成绩。需要提到的是，今年中小学田径运动会，我校取得了第六名的好成绩。

尤其是我们学校的"每月一事"，已经初步形成了比较规范的流程，学生各项习惯均得到了良好的养成。

一是主题开发，营造情境。通过国旗下讲话，宣读倡议书，宣布每月一事的主题活动，使活动本身具有神圣的仪式感。

二是主题阅读，强化意义。通过深度的主题阅读，可以帮助师生更好地理解主题的内涵和文化背景，明了主题的价值意义，启迪智慧，陶冶情操，在精神的引领下自觉地参与到"每月一事"中来。

三是主题实践，知行合一。"每月一事"离不开丰富的活动，这些活动既让课程变得鲜活，也使学生在参与中逐渐体悟和习得，促使习惯养成。开展"每月一事"过程中的实践活动环节，特别注重活动参与的全员性、适应性、反复性和实效性。这不仅为学生的体验创设良好的氛围，而且让学生在多次的实践活动中逐步养成良好的行为习惯，实现生活的幸福完整。

四是主题展示，各显其能。主题展示是习惯养成的重要环节。在展示的组织形式上，以开放和民主为原则。根据不同的展示内容，确定展示形式：可以是班级展示、也可以是年级展示、也可以结合学校的大型活动举行全校性的展示。这样，通过群体的展示与分享，既可以巩固已形成的习惯，也可以给习惯尚未养成的孩子以良好的学习氛围。

五是主题反思，多元评价。在一个月的"每月一事"结束的时候，师生都要结合主题，写下自己的感悟和反思，相互间也要以多种多样的方式进行互评。按照自我评价、同伴评价、教师与父母共评的形式，提高了学生时刻遵守规则的自觉性。

读书，我做到了，生活不再变得没有意义，而是充满了阳光。感觉自己又回到了那个青春豪迈、激情四射的年代。不忘初心，继续前行，让我们永葆青春般的教育热情，做一个幸福的读书人。

(作者系邢台县城计头乡中心学校教师)

守心、做事与成人

孟兴国

作为一名年轻教师的我，读朱永新老师所著的《致教师》一书时，犹如在听一位充满人生智慧的长者的谆谆教导，它让浮躁的心获得宁静，让迷乱的眼看清前方。

在这本书中，朱永新老师用书信的方式，对每一位教师来信中的困惑，语重心长地进行了解惑，有思想，有方法，有嘱托，更有希望。读着书中教师们的困惑，读着朱永新老师的字字珠玑，我会常常回首自己的人生和所从事的教育事业。在"他"与"我"的碰撞中，有三个关键词，在我的脑海中逐渐浮现。

第一个关键词：守心

守心，能够让自己始终保持一个清醒的头脑，让自己始终明白追求的是什么。当一时太得意或者一时不如意的时候，不至于让大喜大悲冲昏头脑、迷失方向，不被外因左右自己的意志，从而获得思想上的自由。

守心，就是要坚守自己的理想与信念。守得住，则能在平凡中成就不平凡；守不住，则会随波逐流，庸庸碌碌。我认为，理想是一颗种子，而现实则是土壤。理想的实现，不可能脱离现实的土壤。脱离现实的理想，是空中楼阁，只能是幻想，就像脱离土壤不会发芽成长的种子一样。理想在现实的土壤中汲取营养强壮自己，然后冲破现实的障碍发芽生长。正如朱永新老师所言："做一个现实的理想主义者，就是我的理想。"

朱永新老师说："随波逐流是最容易的、最轻松的事情，而坚守理想，就要耐得住寂寞，就要淡泊宁静，就要相信未来。"当一个人心中有一个执着追求的理想的时候，他就会全身心地投入到为实现自己的理想而需要去完成的事业中去。也许在现实中形单影只，但是他的内心洋溢着无限的热情，他的内心就不会感受到寂寞，他相信为之付出的理想能够通过扎实的行动而实现。

第二个关键词：做事

守得住心，才能做得了事。同样，认真扎实地做事，也才能守得住心。守心，并不是要坐在那里一动不动，而是应将自己的"心"放到自己要去做的"事"中。

做事，小而言之是做每一件具体的事情；大而言之，是要做出一番事业。然而，无论是小事情，还是大事业，都不能盲目地去做，需要规划和坚持。人生短暂，一个人一辈子也许会做无数件小事，但一辈子能做出一番大事业的人却不是很多。

"小事情"与"大事业"是相辅相成的，正如古人教导的那样："合抱之木，生于毫末；九层之台，起于累土；千里之行，始于足下。"只想着"大事业"，却不屑于做"小事情"，"大事业"也只是好高骛远、不切实际的空想；只是不知所求地去盲目的做一些"小事情"，心中却没有怀着将所做的"小事情"成就为"大事业"的信念，也只如蝼蚁般忙忙碌碌、不知所终。

心中怀着"大事业"去做"小事情"，能够让一个人拥有坚持的精神，始终保持热情，不断生发智慧，任劳任怨不发牢骚，不因名利纷扰、周遭影响而动摇心志。

第三个关键词：成人

我所想到的"成人"，是指"成就人"。

之前，我想着"成就人"有两个含义，一是成就自己，二是成就他人。但是，在读了朱永新老师的《致教师》一书以及回首我的人生和教育之路后，我深深地感受到，"成就自己"与"成就他人"其实是不用分开的，这本身就是一体。就教育事业而言，教师要想成就自己的教育事业，就必须要成就自己的学生；校长要想成就自己所服务的学校，就必须同时成就共同为这所学校服务的老师们。

守心、做事与成人，将成为我教育生涯乃至于人生的关键词。虽然我没有引用过多具体的朱永新老师《致教师》一书中的至理名言，但这三个词确实是我在读此书时所提炼出来的。影响我的不仅仅是朱老师的这本书，更有朱老师这位堪称人生导师的人。

　　如果说把《致教师》一书比作教师的《圣经》也许会有些夸张，但于我而言确实如此。我觉得这不仅是一本充满教育智慧的书籍，更是一本充满人生智慧的书。读此书，不仅能让我的教育生活更加踏实，而且也让我对人生有了更深刻的认识。

（作者系邢台县城计头乡中心学校教师）

与卿聊聊教书事　育人请从小事起

陈桂兰

"教师，不是园丁，不是蜡烛，不是春蚕，不是人类灵魂的工程师；教师，就是教师，是一个志业，是一种使命，是以现在求证未来，让生命幸福完整。"

轻轻合上《致教师》，我的思维穿越时空，回到往昔："大学之道，在明明德，在新（亲）民，在止于至善。"简而言之，教育就是引导孩子，从小事做起，激发他们心里的明面，照亮暗面。

一、优点教育

每个人都是明暗面的结合体，每个孩子都是天使、恶魔的结合体，对学生进行优点教育，赏识他，喜欢他，让他们看到自己的明面，逐渐照亮暗面。

一个班级里面有五六十个孩子，各具外表美丽、乖巧听话、聪明能干、沉默寡言、顽皮淘气等特点，不知不觉中，老师的态度就发生了变化，不能一视同仁。而朱永新老师一句话如醍醐灌顶，他说："只要你相信孩子，孩子就会自信，孩子的不同，不能够成为我们厚此薄彼的理由。"家庭环境不同，家长素质不一，造成了孩子的千差万别，可我们应记得每个孩子都是独一无二的天使，作为教师，给孩子自由，给他时间、空间，善于发现学生的特别之处并及时鼓励表扬，也许孩子就会爆发出我们难以想象的能量。

吕彦臻，学习极差，上课如听天书，作业不知从何处下笔，是个让所有任课老师头疼的后进生。可是，人家人缘极好，大到十八岁的初、高中生，小到幼儿园的孩子，还有村里的老爷爷、老奶奶，都喜欢这个浑身发光的小家伙。他有许多优点，比如爱操心，给花浇水啊，把粉笔盒里不能用的小头头及时扔掉啊……班里的大小事情，他只要发现问题，就会动手解决，不能处理的就会询问老师。再比如助人为乐，帮别人捡个笔、递本书对他来说就太平常了。

我们经常说："不要光盯着孩子的学习说事，不管哪朵小花，都有自己的春天；也许是牡丹，也许是芍药，也许是翠竹，就算什么也不是，只是一棵狗尾巴草，也有自己的花期。"抛开成绩不看，这个孩子还是非常讨人喜欢的。

看着如此讨人喜欢的孩子，我就想着怎么让他更讨喜呢？后来无意间我发现这样一个现象。

有一次，吕彦臻来交作业，正好和他成绩相似的两个孩子也来交，看着他们三个的作业，我的头一个变三个，遍布整个纸面的除了错字还是错字，无奈之下，我又重新给他们布置了基础作业——只写生字和词语。一会儿工夫，吕彦臻过来了，我给他看了一遍后就丢给了学习委员帮他纠正，效果比我教得好多了。另外两个孩子的"作业"也写完了，我就把检查的任务交给了吕彦臻同学，并把他们三个编成一个小组，以后吕彦臻的作业老师检查，他负责检查组员作业。经过一段时间的实验，小测过后，我发现这三位同学的成绩都有不同程度的提高。

学生与学生之间的互助，学生教、学生听，他们用自己的儿童语言体系，更利于相互间交流；老师用大人的语言体系，学生需要先转换，再消化吸收。相比较而言，生生相教，更有利于学生成长、学习。

二、自信教育

一位哲人曾经说过："谁拥有了自信谁就成功了一半。"小学生时期是个性品质可塑性较强的时期，从小培养学生相信自己力量的心理品质，切实改进小学生畏难情绪、懦弱、缺乏自信心的心理。

找到孩子能做到的事情，让孩子高兴一些，快乐一些，自豪一些，优秀就会更多一些。每个孩子都有自己生命的起点，让自己优秀一点，优秀一点，再优秀一点。自强不息，找到自己进步的阶梯，超越自我。我们可以这样培养"后进生"的自信心，让他们从学习生字开始，把认识的字先用红笔圈出来，解决不会的，这样他就会发现自己的红圈圈越来越多，就会看到自己前进的脚步，虽然步子有点小，可终归是进步了，这比吃了蜜还甜，比发了奖状还高兴。

我们虽然承认天赋，但是更相信后天的培养。培养孩子的自信心，给孩子创设成功的机会，用发展的眼光看孩子，从小为他们播下自信的种子，使他们充满自信地走向未来。

三、关注教育

每一个学生都渴望得到老师的关注和赞赏，老师的一个抚摸，一个微笑，乃至一个关注的眼神，一句表扬就如同一场春雨滋润着学生的心田，赋予学生向上的信心和生长的力量。"漂亮的孩子人人喜爱，爱难看的孩子才是真正的爱。"

刘松奇，上课迟到下课欺负女生，课上不听讲，课下不写作业，每节课不是科任老师告状就是小同伴来哭诉，令我头疼不已，怎么办啊？我就每天观察他，终于让我发现——刘松奇爱干净。他每个课间都会打扫垃圾筐附近的卫生。我就抓住这点"大肆"表扬，表扬到刘松奇不好意思，不好意思迟到，不好意思捣乱，不好意思不写作业，尤其是不好意思欺负女生了。袁子寓，声音响亮负责喊"起立"，汇报班级学生的到校情况；王梓阳，面相严肃嗓门大，体育委员非他莫属；蔡亦恒长得胖乎乎的，一天到晚就想着吃，还忸忸怩怩地"申请"负责给全班同学领奶、发奶……发现其才，人尽其用。

作为教师，用欣赏的眼光关注每一个学生，给予他们博大无私的爱和展示才能的机会，鼓励学生，帮助学生扬长避短，克服自卑，让每一个学生都得到更好的发展。我们要相信没有一个学习的差生，品德的坏孩子，他们只是暂时找不到自己，不认识自己，我们要帮助他们发现自己的长处，发挥发展自己的长处。关注孩子，赞赏孩子，肯定他的优点，用远大的目标激励他，帮他重拾前进的信心，找到前进的动力。

远瞻未来，岁月峥嵘。生存有限，生活无限，朱永新教授如同一位慈祥的施慧于民的长者，他透过《致教师》一书告诉我们：作为教师，要让每个生命在教室里绽放各自独一无二的美丽。

(作者系邢台县皇寺镇中心学校教师)

对待学生要一视同仁

杜瑞芳

在我走上教师岗位之前,一位教师朋友跟我说:"什么样的老师最能赢得学生的喜爱?是对学生一视同仁的老师。"在我做了老师快一年的今天,我对这句话有了更切实的体会。

班里有45个孩子,45种性格,不过大致可以分为四类,聪明、懂事又能干的,安静、乖巧的,聪明但是调皮捣蛋的,不是太聪明的。相对而言,前两类成绩好点,后两类成绩差强人意。我自认为我是肯定没做到一视同仁的,因为刚刚入职的我,天天面对那些调皮捣蛋的男生的恶作剧,有想爆炸的感觉,对那些一点基础也没有、需要从拼音教起的孩子,感到有心无力。

记得有一次,学校收书费,一个懂事的、成绩很好的女生没有带,还有两个没心没肺、经常捣乱的男生也没有带。前者只出现过这一次疏忽,我先帮她垫了出来;后者的两个孩子对于老师布置的事情从来不放在心上,而且经常小事不断,所以我说必须打电话让家长送书费过来。

还有一次,我让同学们读课文,当我走到最后一排的时候,一个男生只是拿根笔在那儿敲敲打打,根本没读。我问他:"有不认识的字吗?"他不说话,我又指着让他读,一句话有一大半的字不认识,我说:"老师教你,你标上拼音。"然后我发现,他连拼音也不会写。教会他,就成了我的烦恼。

每一件事后,我都在反思自己,反思的结果就是:我没有一视同仁地对待他们。可是,我该怎么做呢?

在朱永新教授的眼里,每个孩子都是天使。他说,孩子的不同,不能成为我们厚此薄彼的理由,教师的职责是让学校成为每个孩子的乐园。他还说,要无限相信师生的潜力。是的,有许多的智障儿童在他们父母或老师的坚持下,能够生活自理、甚至恢复正常。这些在我们眼里多多少少有些"问题"的孩子的矫正,需要的是我们老师的信心、耐心和用心。我们要相信孩子能够觉醒，相信自己能够唤醒他们；我们要耐心等待花开，给孩子自由、时间和空间，让他们找到自我、爆发能量；我们要用心帮助那些落后的孩子，帮他们从基础做起。有一句话说："人最可贵的不是锦上添花，而是雪中送炭。"那些缺乏关注、不惹人喜爱的孩子更需要老师的帮助。我们要肯沉下心来，改变观念，改变眼光，把每个孩子都当成自己的天使。

从转变眼光开始：调皮的孩子，我们看在眼里的就是他事儿太多了、惹祸太多了，但是我逐渐发现这类孩子往往干活积极、对班级活动热心；学习差的孩子，我们看在眼里的就是他什么也不会，还懒，照书上抄都不愿意，但是我逐渐发现他们可能是因为对待学习自己没有方向所以不知从何下手，而且这类孩子往往比较实诚。

我相信，我在改变，在潜移默化中我的天使们也会改变。终有一天，我会做到对待学生一视同仁，做学生喜爱的老师，做对得起自己的老师！

(作者系邢台县皇寺镇中心学校皇寺完小教师)

推进家校合作　让父母成为助手

刘立果

新教育实验中有"家校合作共建"的项目,《致教师》一书中提到《让父母成为你的助手》,"家校合作",能更好地促进学生健康的成长,让学生更好地享受到来自老师和家长的关怀,让我们过一种幸福完整的教育生活。

可是,由于家庭的千差万别,家长对教育子女的目标、成才的观念各不相同,这样"家校合作"就有了一定的难度,到底怎样做才能合理、有效地推进呢?在新学期,我做出如下计划:

一、拉近与家长的距离,从夸奖孩子开始

由于我们是寄宿制小学,周一送,周五接,遇见家长总是想告诉他们孩子做得不足之处,期待家长能好好教育孩子,可看着家长敷衍的态度,听着他们应付的话语,我就非常生气,心想:哼,反正是你的孩子,爱管不管。接下来的日子里,我还是这么做,学生也没见变得优秀,发生我期待的变化。直到有一天,我去接孩子,开家长会,才想彻底改变自己这种愚蠢的做法。事情是这样的——

要放暑假,我去接上初二的儿子,开家长会的时候,去的有点晚,等到教室的时候,大部分家长已经到了,班主任轻声地告诉我,孩子最近管不住自己总说话,昨天老师批评他了。我该怎么说呢?我能说什么呢?忽然觉得我的学生家长其实不是敷衍,不是应付,是真的不知道该怎么说,不明白自己眼中"优秀"的孩子,到了老师嘴里怎么就如此"不堪"呢?

儿子考完试回到教室看见我,脸上的表情非常不自然,我发现了儿子的不安,这一刻,我真的不想也舍不得批评孩子,我说:"儿子,班主任说你可聪明了,理科学得非常棒,老师可喜欢你了。"看着儿子怀疑的眼神,我内疚

地说:"你老师还批评妈妈了,批评妈妈光顾着管别人孩子,不管你。"孩子的不安渐渐消失了,我在心里默默地对自己说,以后要多表扬我的学生,多在家长面前夸奖他。

回到家里,孩子明显比往常活跃了许多,还帮着我一起做家务,讲学校里的、同学间有趣的事,看着孩子脸上纯净的笑容,我的心融化了,感觉自己是如此幸福。

有人说,赞美一个母亲的子女比赞美她自己还让她幸福。适当地夸奖孩子,一定会成为促进老师、家长之间关系和谐的润滑剂,有利于家校合作。

二、耐心为家长支招,帮助他们做好父母

父母是孩子的启蒙老师,一言一行都在影响着孩子,可他们却是世界上唯一不需要文凭,不需要知识,不需要考核,就可以任意上岗的老师。因此,他们就会在教育孩子时手足无措,而他们求救的对象往往就是孩子的老师,或许他们语无伦次不知从何说起,但我都会耐心解答。

在一次家长会上,我针对"孩子在家不爱说话,在家不跟父母交流沟通"的问题,提了个小建议,建议家长和孩子共读一本书,哪怕是最简单的绘本故事,这样,父母和孩子之间有了共同话题,就会有更多的语言交流,既有利于建立和谐的亲子关系,又培养了孩子的阅读兴趣,何乐而不为呢?

李小豪在期末考试中语文110分,数学49分,单科满分都是120,看着孩子的成绩,爸爸只会说"我督促他,我一定督促他"。可是,光督促有什么用呢?解决不了实际问题,发现不了失误所在,小豪爸爸发愁了,我先是建议他把上下册归类整理,他说"讲不透",我又建议他买两套期末试卷,大人做一套,孩子做一套,做题过程中寻找"讲不透"的解决方法,孩子爸爸表示一定要试试,我告诉他"我很期待小豪的好成绩,也很期待这个爸爸成为孩子的偶像"。

三、成立家长委员会,积极参加孩子的各项活动

学校组织的活动,学生的参与面较窄,只有部分孩子参加,如果是班级自己搞活动呢?全班同学都得动起来,各司其职,各展其能,鼓励家长参加学校、班级的各项活动,了解孩子在校的表现情况,从而调整自己的教育

方式。

　　我和班内和孩子商议，打算在新学期里，每月搞一次小型的活动，像"讲故事大赛""跳绳比赛"等，请家长来当评委，当然，每次活动的各项工作，都得小朋友们自己组织、分配、分工合作，我看着孩子们兴致勃勃地商议着，我很期待未来的日子里，看到不一样的他们。

　　瑞典教育家哈巴特曾经说过："一个父亲胜过一百个校长。"父母才是培养孩子真正的最基础的力量。"推进家校合作"围绕孩子搭建起教育的共同体；与父母协同合作，把他们的正能量充分发挥出来，当学生父母成为教师的助手，教师就像是有了三头六臂，能够在教育教学中从容发挥更大的力量。

(作者系邢台县皇寺镇中心学校教师)

教师如何用爱谱写教育篇章

张力红

"如果你能够真正地把爱给所有的孩子，真正地用心对待自己的每一次讲课、每一次与学生的沟通，你一定会感受到老师的乐趣、体验到做教育的幸福。"

——朱永新《致教师》

有人说："没有爱，教育就是一场苦役。"说实话，经过一段时间的教学实践我发现现实中的教育是缺乏爱的，真真正正做到对每位学生一视同仁是很难的。教学之初毫无教学经验的我，刚开始上课时满面笑容，对学生是轻声细语，引发的后果是课堂之上满目狼藉，学生上课嬉笑打闹，自由散漫，学生对我是喜爱，喜爱的原因是我间接给了他们自由。于是我收起了笑脸对他们怒目而视，严以相待，对于一些问题学生更是动辄批评，高高在上地对他们发号施令，不再对每一位学生和颜悦色，对他们也不像之前那么有爱心。在教育的道路上我走了两条极端的路，然而却忘了教育需要宽严相济，教育工作者永远不能丢弃的就是对学生的爱，教育者虽不是神但要有神一样的胸怀——关爱每一位学生，像爱自己的孩子那样，因为爱是教育的底色，但是作为教师仅有爱是不够的，真正的教师之爱当是有智慧的爱。

时代正处于风起云涌的变幻之中，教育所遭遇的问题是一切问题的集中体现。作为教师如果不能掌握相应的方法技巧，如果不能用慧眼的解剖刀去剖析，那么错误的爱，往往会成为伤害。伤了学生也伤了教师，关于这一点我深有体会。比如说我的学生不爱阅读，我认为教会他们阅读是爱他们，于是我强迫他们，束缚他们，我尽可能地把所有可以利用的时间都利用起来。我试图将那些阅读时毫不用心，匆匆作答的学生变成细心者；我试图将那些阅读时磕磕绊绊，像挤牙膏一样吐字的学生，变得口齿伶俐；我试图将那些身在曹营心在汉，两眼放空的学生变得积极认真去阅读，我想让他们快快乐乐地徜徉于文字，感受文字的魅力，然而我开始采取劝导的态度发现毫无效果后，开始训斥他们，甚至因为学生对阅读不关心而暴跳如雷、火冒三丈，结果因为没有用对方式，我最终将他们的阅读兴趣慢慢消磨掉了。

直到我看到《致教师》一书中，朱永新老师提到的关于如何让学生爱上真正的阅读一文后我才明白学生不爱阅读有以下几点原因：

一是课业繁重使学生缺乏阅读的时间和空间；二是学生们没有遇到过真正的好书，阅读兴趣没有被激起；三是我自己平时因为要赶进度重基础往往忽略了师生共读的重要性；四是平时阅读时没能切合孩子的特点展开，没有根据学生兴趣开展读书会、故事会。

根据以上几点原因，我明白了今后指导学生阅读的方向，首先就是尽可能地给学生提供阅读的时间和空间；其次，通过多换书提供更多的资源供学生选择；第三也是最重要的一点多与学生共阅读，引领孩子们去阅读、分享、剖析、对话，让阅读内容更能带动学生共鸣，让阅读的过程给学生更深刻的印象，也带给学生更多的思考；四是因材施教给学生他们感兴趣的书，让学生体会到阅读的乐趣。

但是不管今后的目标是什么，首先就是自己要做一个热爱阅读的老师，只有这样才能培养出热爱阅读的学生，用自己的阅读和爱心、耐心去带动指引学生，用热爱、用关爱去谱写教育篇章。

(作者系邢台县皇寺镇中心学校教师)

寻找幸福，实践幸福，享受幸福

张海芹

我有幸阅读了朱永新老师的《致教师》这本书，真正理解了教师幸福的含义。正如朱老师所说教师就是教师，每天都在平凡与神圣中穿行，他生命的价值在于"以现在求证未来，让生命幸福完整"。教师的幸福就是一种精神享受。

幸福的感觉不仅来自于与学生的共同学习，共同生活，更重要的是共同成长。教育是一项充满激情、关爱和生命体验的活动，是师生双方共同成长的过程。学生成长、进步甚至一点点改变都会使教师获得一种满足、收获一份感动。这种体验，本身就是一种幸福，唯独教师才会真正拥有真正体验的一种财富。

曾记得，有个学生，在大家看来是那种无可救药的孩子，性格内向，总是不愿开口说话，害怕自己说错了其他学生笑话。于是我就和孩子多次谈心并不断地鼓励他，我说："在上课时，当你会时可以举起你的右手，不确定时可以举起你的左手。"我通过一次次的观察，终于发现他的小右手举起来了，赶快给了他发言的机会，他缓缓地站起来，这时同学们也自发地鼓起了掌，因为这是他有史以来第一次回答问题，这是对他勇气的鼓励。虽然他的声音若蚊蝇，自始至终头也没敢抬一下，可是全班同学的掌声更响亮了。这是同学们对他的肯定，"你真棒！相信你下次会做得更好。"每当我批阅他的作业时，都会特意写上鼓励性批语，"你进步很大""相信你是个勇敢的孩子""能听到你的声音是一种幸福"……渐渐地课堂上能多次看到他回答问题，声音也洪亮了许多。在测试时，我教的学科他竟然得了优异的成绩，并且还超过了他班主任所任学科的成绩。看着他脸上开心、幸福的笑容，我也被感动了，心里美美的，感觉这是一种收获的幸福。这种幸福来自于学生的成长和进步。

作为一个教师，幸福感莫过于孩子从心里牵挂你。去年我因自己生病，需住院治疗，两个多月没给孩子们上课。开始一连几天没来学校，就有很多孩子给我打电话，问我怎么了。我知道孩子们担心，为了消除他们的顾虑，只给他们说，自己有点事，很快就会回学校的。时间一天一天过去，我还是没回到学校。孩子们猜测到了我是真有事，通过各种渠道打听到我是住院了，有很多孩子冒着严寒，顶着霜雪，坐着车跑到城里去看我。有几个孩子还需要换乘好几次车，还有几个偷偷骑着摩托车去的，真为孩子们担心。当他们推开病房门的那一刻，我惊呆了，他们一个个喊着老师，快速地走到了我的身边，亲切地问我的情况，都说："老师你到底怎么了，终于见到了你，真的想死你了……"赶忙拿橘子，又是香蕉的，还有一个细心的男生用热水给我泡了一盒牛奶……我拉住了孩子们的手，是那么的冰凉，又是那么的温暖，冰凉是被寒风吹得，温暖是孩子们对我的关心，心是暖暖的。后来我和孩子们一起吃起了水果，一人喝了一盒牛奶，这是我一生中吃过最好吃的橘子和香蕉，喝过最香的一次牛奶。这时我的眼睛掉下了晶莹的泪珠。这是感动的泪珠，这是幸福的泪花。这是一种幸福，是一种来自孩子心里牵挂我的幸福。当孩子们陆续离开后。病房中的其他人，都说，这么多学生来看你，你多么幸福，当老师真好！

作为一个教师，幸福感莫过于孩子从心里喜欢你。每天孩子高兴地挤在跟前跟我说这说那、谈论班级里的情况、假期里的情况……每当我请假的时候，会有很多孩子主动过来围着我问去哪里了，你去干什么了，你终于回来了，可是能给我们上课了……这时心里总是暖暖的。每当看着孩子们玩耍时的专注劲儿、看着他们饭吃得香香的、看着他们一天天长大，越来越能干……特别开心和满足。教师这个职业，既平凡又圣神，平凡中彰显伟大，普通中蕴藏幸福。

书中提到，教室就是幸福的源泉。关注每一个孩子，帮助落后的孩子得到最大的发展，让教育和孩子们的生活紧紧相连，给予他们最需要的东西，让他们成为主人。在一个班级里，孩子千差万别，当面对他们的时候，教师的职责就是让他们每一个人都能享受到在班级里的快乐，享受到学习中的快乐。特别是对待一些暂时落后和有问题的孩子，我们应该给予更多的关爱，相信他们每一个人都是天使。每一个普通的时刻，都会焕发不一样的光彩；每一个平凡的日子，我们都能与幸福相伴。

学生的幸福，教师的幸福，完美结合缔结成教育的幸福。为孩子，为社会，提高师生幸福指数，打造校园快乐内涵。过一种幸福完整的教育生活，我们期待，我们努力！

做老师，我自豪，我幸福！

(作者系邢台县皇寺镇中心学校教师)

做一个让学生瞧得起的老师

孔继芹

在我众多的专业阅读书籍中,我最钟情朱永新老师的《致教师》这本书。这本书中每一篇文章,均由一个一个具体的问题开篇,传递着普通基层教师的境遇与困惑,苦恼与烦忧。而朱先生对于每一个"问题"的回应,不是简单的方法破解,而是思维方式的照亮。所以整本书给我们呈现的不仅仅是一个个问题的探讨,而是思想的聚焦,心灵的呼应。

这些问题我都似曾相识,因为它们或多或少在我的教育生涯中出现过,而朱老师的回答正好解决了我心中的许多疑问,读后醍醐灌顶,心中豁然开朗。

当我读到第一辑第三个话题"先做个让学生瞧得起的老师"时,我被这个话题深深吸引了。怎么?学生还能瞧不起老师?学生还敢瞧不起老师?第一印象我觉得提这个问题的老师给自己定的标准太低了,甚至有些可笑,细细一想,是我的"师道尊严"思想作祟,要做一个真正让学生瞧得起的老师,真不是一件容易的事情呢!

朱教授对"如何做个让学生瞧得起的老师"给出了八个字的答案,那就是"学高为师,身正为范"。从教二十几年,我对这八个字有了深刻的领悟。

学高为师,要求教师要有渊博的知识,深厚的教学素养。"给学生一杯水,自己首先要有一桶水",教师有一桶水的前提就是要不断读书,不断学习,不断提高自己。"不善于读书学习的老师,总是拿着一张教育的旧船票,每天重复昨天的故事,而善于读书学习的教师,就能够从老教师身上汲取经验教训,通过阅读不断思考,在大师的肩膀上攀升。"朱教授这段话指明了教师读书的重要性。一个读书不多,知识面不广的教师,很难真正给学生以人格上的感召力。在孩子眼里,教师是无所不知的,如果教师是一问三不知,他们就会非常失望,如果是大一点的学生,他就会怀疑教师的学问,进而瞧不起老师。所以,教师一定要有足够的知识储备。教师还要上好每一节课,研究课程，研究学生，将每节课都上得生动活泼、富有乐趣，让孩子们都觉得每节课都是心灵快乐的旅行，并且都满怀期待地盼望下一节课的到来。这样的课学生喜欢，这样的老师，学生们佩服。

身正为范，就是言传身教，树立榜样。"教育之道无他，唯爱与榜样而已。"这句话道出了教育的真谛。作为一名教师，要以身作则，行为规范，要求学生做到的，教师首先要做到。教师的言行，是学生活生生的教科书。为人师表，才能引导学生向正确的方向前行。教师要有一颗善良的心，有一颗博爱的心。应该热爱学生，关心学生，尤其是关注班级里那些看上去最不可爱的学生。在我担任的班级里，有这样一个小女生，任性、霸道、不讲理，和同学的关系非常不好，今天这个举报，明天那个告状，每天她的事就得处理半天。和谁也当不好同桌，因为光欺负别人。有好几次，她在教室肆无忌惮地放声大哭，完全不顾及影响了别人。每次批评教育她的时候，总是一副苦大仇深的样子，仇视别人，不满老师。每次，批评她一顿，我自己也气得不行。过后，我认真做了反思：孩子的母亲在外打工，父亲脾气不好，也不管孩子，孩子经常奶奶家吃一顿，姥姥家睡一晚。这种不好的家庭环境造成了孩子不健康的性格。因为缺乏爱，导致她看到别的孩子幸福的样子，心生妒忌。因为害怕孤独冷落，所以她一直做出一些出格的行为，想引起老师和同学对她的关注。她这是心中渴望爱呀！而我，先前并没有察觉这些，带着自己的偏见，甚至嫌弃的态度对待她，我真是大错特错。我开始换一种方式去处理这件事，关心她、帮助他，让她选自己愿意在一起的同桌，并且召开了一次特殊的班会——我为同学画张像，让学生互相找找优点，并大声地说出来。这次活动后，我发现她阴沉的小脸上有了笑容，自卑的表情变成了自信，课间活动能看到她和同学们快乐地玩耍的身影了。而当我有一次把92分的语文卷子发给她，并且奖给她一支棒棒糖的时候，她天真的笑脸洋溢着幸福的微笑，面对着全班同学说："谢谢老师，谢谢同学，我会更加努力。"那一刻，做老师的幸福感满满地占据了我的心灵。

其实做一个让学生瞧得起的老师，归根结底就是爱，爱自己这份事业，爱自己所教的学生。当我们愿意努力成为一个让学生内心瞧得起的老师，当我们在这样的起点上，一步步坚持前行，当我们用心书写自己每一天的历史，也就意味着我们在慢慢地成长，收获着我们当教师的幸福。

(作者系邢台县南石门中心皇台底学校教师)

以现在求证未来,让生命幸福完整

黄玉红

怀着无比崇敬与激动的心情,我再一次打开了朱永新教授的《致教师》一书:对教育与教师真实的理解、对生命与生活的平凡诠释,每一句美妙而精彩的语句,每一处情感与神奇的论述,无不深深触动我那颗蓬勃向上的心灵。

全书共分四辑,即"给我一个做教师的理由""借我一双好教师的慧眼""愿我书写一部教师生命的传奇""让我们过一种幸福完整的教育生活"。前三辑都是与一线教师对话的问答式书信,最后一辑收录自2010年以来朱先生为寄语新教育同仁的5篇年度致辞。

《致教师》以书信体方式呈现。每一封信,就是一次问题的探讨,思想的聚焦,心灵的呼应。一个一个具体问题的开启,传递着普通基层教师的境遇与困惑,烦恼与迷茫。那些提问者有的是刚刚走上讲台的新教师,有的是遭遇职业倦怠的老教师;有的奔波于城市,有的坚守于乡村;有的教语文,有的教数学……所以,书中的那些涉及幸福价值、读书学习、职业境界、班级建设等方方面面的问题与其说是某一个教师的问题,不如说是某一类教师的问题,甚至是所有教师的问题。每一个问题都折射出他们的焦灼与期待,充溢着他们的渴求与信赖,因此,朱老师对于每一个"问题"的回应,不是简单的方法破解,而是一种思维方式、行为智慧的播种。

回顾书中内容,我更是深深折服于其中。

一、教师是什么?

从走上教师工作岗位的那一刻起,我们便被赋予了"太阳底下最光辉的职业,"是神圣的"人类灵魂的工程师",人们更是用蜡烛、园丁、春蚕等来喻其奉献与无私；也有不乏"臭老九、孩子王"等贬意之词汇。步入教师行业二十几载，我更是深有感触：做教师者，不易！拜读朱永新教授的《致教师》，我的眼前豁然开朗，心中一片清新：

"教师，不是园丁，教师本身应该是一朵花儿，教育是师生互相作用的过程；教师不是蜡烛，教师不能以化为灰烬做代价，以此去照亮学生……；我是教师，这是一份职责，更是一种使命；我是教师，以现在求证未来，让生命幸福完整。"

反复朗读着《我是教师》这首诗，它道出了多少老师渴望理解的心声啊：教师不是春蚕，不是蜡烛；更不是灵魂工程师，不是一个隐喻与一个标本，教师就是教师，每天都在平凡与神圣中穿行，他生命的价值在于"以现在求证未来，让生命幸福完整"。

二、我们为什么成为一名教师？

正如朱老师在第一辑所说："这是最简单的问题，也是最根本的问题。不同的人有不同的答案。这些答案会在不知不觉中深刻影响甚至左右着我们的行为。""一味将教师归结为平凡或者神圣，都是片面的。"首先，朱老师先以经师易得，人师难求为例，指出曼德拉就是一本教科书，就是一位好老师。并引用曼德拉的话"教育是最强有力的武器，你能用它来改变世界"来激励每一位教师，为之自省：教师是一个让人自豪的职业；是一个能够把人的创造力、想象力等全部能量与智慧发挥到极限的、永远没有止境的职业；是拥有自由支配时间相对较多的职业；是能够把专业知识最直接用于家庭，让家庭与事业双丰收的职业；它更是一个相对稳定的职业。所以，理解职业，发现教师职业的内在魅力，应该是做好教师的第一要务。

其次，应努力抵达教师的四重境界。第一，是让学生瞧得起的老师；第二，是让自己心安的老师；第三，是让学校骄傲的老师；第四，是让历史铭记的老师。其中，最基础的境界，就是做个让学生瞧得起的老师。如何做？"学高为师，身正为范。"

再次，教师是一个怀有教育理想的职业。理想教师的第一个条件，就是要有教育理想。不要以为我们在三尺讲台上没有什么作为，教师影响着几十个生命！所以，真正的理想，是需要扎根于现实的土地，在坚守中成就理想。与之相伴的便是行动：只要行动就有收获，只有坚持才有奇迹。

三、怎样使自己成长为名师？

关于如何使自己（特别是新教师）尽快成长为名师，朱老师提出了被称之为新教育教师的"吉祥三宝"，概括为"三专"模式：一是专业阅读——站在大师的肩膀上前行。他认为，一个人的精神发展史就是他的阅读史，一个民族的精神境界取决于他的阅读水平，一个没有阅读的学校永远不可能有真正的教育。一方面，没有教师的阅读，就不可能出现真正意义上的成长与发展，教师的创造必须建立在阅读的基础之上；另一方面，阅读能力也是学生最重要的学习能力。二是专业写作——站在自己的肩膀上攀升。这样的写作不以名利为目的，不为写作而写作，而是对教育生活的总结、归纳、剖析、反思和提升。三是专业发展共同体——站在集体的肩膀上飞翔。我们常说"一个人可以走得很快，一群人才能走得很远"，因此，建立教师专业发展共同体，是教师专业发展的捷径。所以，要想使自己也能够成为我们周围的那些"草根名师"，除了需要拥有一颗热爱教育的、年轻的心，拥有一腔充满智慧、责任的激情，更应学会利用各种机会自我培训、自我激励、自我成长。

四、如何过一种幸福完整的教育生活？

作为教师，我们常常要忙于上课、批改作业、解决学生的各种问题、应付那些没完没了的各项检查，工作如此疲惫不堪，幸福感究竟又从何而来呢？朱永新教授在书中指导我们如何享受你的教育生涯：譬如教师的幸福就是静静地做一份让自己沉醉的教育工作；幸福就是在平凡的岗位上创造自我、实现自我；幸福就是对所从事的教育事业有着强烈的信念和梦想……；所以，只要我们能够发现并认可每天平凡工作的价值与意义，坚持不懈的在工作中实现自我，那么，我们教育生活的每一个普通的时刻，每一个平凡的日子，都会焕发不一样的光彩，都能让我们收获到满满的幸福感。

朱永新教授让我们感受到作为一名教师自己生命的丰盈，让我们看到了润泽未来的新教育。一个教师撒下的优良种子,终将会在岁月深处萌芽、开花、结果。或许,这就是今天对于明天、现实对于未来的坚忍而美好的"求证"。

(作者系邢台县会宁完小教师)

走下神坛

赵荣旺

"天不生仲尼,万古如长夜"的嗟叹,将教师与天地君亲一起祭上神坛,在"史无前例"的年代,教师又被称为"老九"摔进臭坑,滑稽且悲情,20世纪末有戏剧般过山车的逆袭,似乎奉为神明,像蜡烛,似春蚕,辛勤耕耘,扑倒讲台,成就生前身后名……不胜悲哉,令人唏嘘。

从韩愈的"传道、授业、解惑"到朱永新教授《致教师》中再次定位的教师职业属性,"教师"不再是空泛的职业人群,而是一个一个鲜活的"人",读来让人颇感慰藉。书中提到了教师职业的四种境界,第一,是让学生瞧得起老师;第二,是让自己心安的老师;第三,是让学校骄傲的老师;第四,是让历史铭记的老师。其中最基础的是要先做个让学生瞧得起的老师。教师要成为一个探索自然、热爱自然、热爱生活、热爱人类的人,要培养这样一种心境,才能教育好孩子们。教育是永恒的事业,一代教师的追求,两代教师的追求,全体教师的追求,会在校园里燃起理想的火花,从而使我们的民族燃起理想的火花。捧读文字,朱教授形象渐行渐近,清晰高大,人文关怀、家国情怀,便自然流淌……

我也曾"不善于读书学习,总是拿着一张教育的旧船票,每天重复昨天的故事"。扪心自问,我是不是朝九晚五、三点一线,备、讲、批、辅、考……折磨孩子,劳累自己。我也曾慨叹教师薪资的低微,抱怨命运不公;也郁闷家长的误解,纠结家长的离心离德……教师的幸福何在,教育梦情系何方?怎么,我们的幸福会突然而至?

捧读《致教师》这本书,看到朱教授直面这些来自不同层面的真实问题——21世纪中国教师的普遍心声,朱教授告诉我们:"幸福是人类的永恒追寻,对教师而言也不例外。为了幸福,我们乐于做教师。人生为一大事而来——看风景。学习、工作,不经意间一定还会遇到很多不期而至的快乐。

让我们对生命尊严葆有最真挚的仰望———静静地，守望花开，聆听每一朵花开的声音，享受每一朵花开的芬芳，惊叹每一朵花开的娇艳！行万里路，遍赏自然风景；读万卷书，品味精神风景。这难道不是教师一大幸事吗？

是啊！每一个孩子都是一个天使，小学教师将给孩子起飞的信心和希望：教学中，优秀学生我让他们展示天赋，暂差生我单独辅导。基础教育重在基础，也许有的孩子不会走得太远，但是，我们要给予孩子们前行的信心和力量，给予他们将来安生立命的一点点本领。每每看到孩子有了进步，就与家长微信交流，分享那份喜悦。十几年里与学生相互依赖，每天都在神圣与平凡中穿行。以一颗平常、健康之心，用心做好自己的本职工作，用点点滴滴的温暖滋润孩子的心灵世界。

朱永新先生的《致教师》颠覆了人们以前对教师的形象比喻，但更具人性，是中国教师成长的精神图腾和前行路标。书中这样写道："归结为神圣，会过于强调教师的奉献与牺牲，容易导致神化和苛求，动摇了扎根于现实的坚实基础。"掩卷长思，"学高为师，身正为范"的教师就是一个好端端的人，何必装神！我们的教师生涯，应该充满理想、激情和诗意！

左手教书，右手阅读，行走在校园中，驻足教室，让岁月的坎坷过往飞扬进教育梦里。让自己依偎在属于自己的育人风景里，丰盈着自己的内心。告别蜡烛，作别春蚕，不做工程师，我们走下教师的圣坛，让一场场教育的琐碎经历，演绎成一个个盛大的遇见！

（作者系邢台县会宁完小教师）

书，我的知音

袁胜菊

提起"知音"一词，大家一定会想起俞伯牙和钟子期。在我读《致教师》这本书时，这种感觉油然而生，并吸引着我细细地咀嚼，反思，彻悟。

一、一份职责，一种使命

教师，是一份职责，更是一种使命，对教育要有深厚的信任与热爱。想想自己，从教二十年，平凡无奇，究其原因，是把教学当成职责，而不是使命。人生是一段旅程，只要我们能接受生命中的挑战，连最奇异的梦想都可实现，在这教育的旅程中，我的梦想和激情仿佛已被点燃。凡能发光的人，必定在内心燃烧了自己，只要上路，就会遇到庆典，有了这种信仰，以后在新教育这条路上，我会勇往直前，坚持不懈。

二、师生共勉，收获幸福

我们面对的是个性迥异的孩子，他们每人身上都拥有无限潜力，等着我们去挖掘。学生就像一棵树，需要阳光雨露的不断滋润，才能够郁郁葱葱，而我心甘情愿的去做那阳光雨露。扎根教室，不断汲取营养，和学生共读共写共同生活，并在课堂上共同分享，道出了师生的心声，加强了彼此的信任，激起了每个学生的学习热情和存在感，以前那些不爱阅读的学生，也开始抓住闲暇时间，课间，饭后，睡觉前十分钟，甚至有学生熄灯后还跑到厕所去读书。我感受到自己也回到了学生时代，活力四射，和学生一起成长，幸福指数一路飙升。

三、源头活水，缘于阅读

"世事洞明皆学问，人情练达即文章。"任何人的经验总是有限的，最伟大的经验，往往保存在最伟大的著作中。老师是学生鲜活的百科全书，身教重于言传，如果要想学生从心底佩服你，自己就要通过阅读，不断思考，站在大师的肩膀上不断攀升自己，使学生心悦诚服。世界上的书浩如烟海，经过时间大浪淘沙积淀下来的经典，是最值得读的。每个人都是自己生命的叙事的唯一主角，也是最重要的作者，能否把自己的生命故事写成一部伟大的传奇，在很大程度上取决于我们自己。让自己每天抽时间全神贯注地阅读，这样就有真正的源头活水。青吟读书会为我们提供了这样的一个展示平台，尤其是早晨睁开睡意惺忪的双眼，我看到青吟读书会的小编很晚发的文章，佩服得五体投地，更为我们老师们书写的生命传奇点赞，他们是我们的学习榜样。

四、善于思考，成就自身

法国著名思想家帕斯卡说："一个人不过是自然界一枝最脆弱的芦苇，但这是一枝会思考的芦苇，人因思想而伟大。"的确，人的肉体像芦苇一样脆弱，就像狂风巨浪足以摧毁芦苇一样，任何东西都能置人于死地。即使如此，人依然比宇宙任何东西都更加高贵。因为，人拥有一颗能思想的灵魂。是啊，这足以看出人思考的重要性，也是对我触动最深的地方，帮我找出了症结所在。我自认为认认真真地教了一辈子书，之所以不能得到更好的提升，就是因为经验并未得到提升，缺少专业写作，也缺乏别出心裁、独具匠心的思考，人云亦云。经验是璞，是藏玉之石，是未雕琢之玉，如果不能将其打磨、雕刻，璞和石头就没有太大不同。自嘲地说一句，我就是那块石头。苏格拉底说："未经省察的人生没有价值。"所以我没有体现出自己的人生价值，碌碌无为，毫不出彩。以后要做一株会思考的芦苇，用大量的阅读和勤奋实践，记录关于自己生命的隽永史诗。

五、与人为伍，共同前行

世界上最幸福的事情，就是与志同道合的人一起做事，智者千虑必有一失，愚者千虑，亦有一得，能够汲取别人之长为我所用，以他人之长补自己之短，互相汲取力量，会走得更远，和同事同行们，互相勉励，互相搀扶，不离不弃。今年我会积极地参与到新教育实验网络师范学院建设中，与未来的自己为伍，和新伙伴一起学习，开辟出自己的另一番小天地，和他们共同成长，也期待着自己精彩的表现。

《致教师》，我的知音，我的人生导师，引领着我以后在新教育这条路上，勇往直前，不管遇到何种磨难与考验，我都相信自己能在这条路上谱写出动人的乐章。

(作者系邢台县会宁完小教师)

用爱谱写精彩人生

郑铁桥

2016年暑假我拜读了朱永新老师的《致教师》一书，细细品读，书名中一个"致"字，让我有一种很贴心的感觉，似乎是一位长者在与我们亲切交谈，是一位智者在与我们心与心的沟通。朱老师畅谈了教学、学生、教育、成长以及学校工作的点点滴滴，分享了教师在教学上的苦恼，解读了教师成长的烦恼，解答了班级管理的困惑等，记录了教育生涯中的温暖与感动，反思与领悟，激情与梦想！从这本书中朱老师传授给我们教学和管理经验，充满了对我们这些后来者的谆谆教诲和殷切期盼，阐述了青年教师应具有的理想和素质。

朱老师把教师职业大致分成四种境界：第一，是让学生瞧得起的老师；第二，是让自己心安的老师；第三，是让学校骄傲的老师；第四，是让历史铭记的老师。

我经常问自己这样一个问题：要做一名优秀的教师，最重要的条件是什么？是优美的语言？是广博的知识？还是丰富的教学经验？通过读朱老师的《致教师》我发现：作为一名优秀的人民教师不仅要有优美流畅的语言、广博的知识、丰富的教学经验，最重要的是要有奉献精神，做一个让自己心安的教师，要一心扑在教育上，无私奉献自己的青春和力量。

首先要做一个"舍小家，顾大家"的教师。俗话说：人误地一年，地误人一生，我宁可耽误农田，也不耽误学生。我一家三口人，种了五亩薄田，2002年5月家里添了第二个小孩，妻子照看小孩，无法再种地，那时我也被调到离村二十里地的北良舍小学教学，早出晚归，起早贪黑，无暇管理农田，看着一年四五千元的收入，望洋兴叹，举手无措。和妻子一商量，为了减轻我的后顾之忧，不拖我教学的后腿，我们决定把农田让别人去种，这样她照看孩子，我教学，我才有了更充足的时间研究教学。当年北良舍小学的教学成绩在会宁中心学校名列第一，当时我心里非常高兴，虽然收入少了，学生成绩却提高了，这也对得住北良舍村的父老乡亲，对得起北良舍小学的孩子们！也不愧对自己的天地良心！

　　2007年8月我任会宁完小主任，同时担任六年级二班班主任和语文老师。2008年春天正好赶上家里翻盖房子，拆旧房盖新房对农村并不富裕的家庭来说是一项"巨大"的工程，当时我想：如果请假回家盖房吧，可是学校六十多名学生由谁来教，又由谁来管，顾大家还是顾小家，真是左右为难。妻子说："你不在家由谁来运料盖房，我一个女人家能行吗？"道理不错，可是耽误学生就是一生，他们就像嗷嗷待哺的婴儿，母亲怎能丢下不管呢？我横下一条心：决不耽误学生一节课！于是我白天在学校上课，晚上回到家备料盖房。每天傍晚回家，看到妻子双手都是血泡，累得腰都直不起来，心痛得我掉下眼泪。晚上找亲戚们来帮忙，一干就是大半夜，第二天接着上课，从没有落下一节课，我还利用中午时间备课、批作业，为了给学生打好坚实的基础，我吃、讲在教室，面批面改。就这样跑前忙后，房子盖好了，学生也快毕业了，三个月跑下来我瘦了20斤，但是在六年级升级考试中，我班成绩却名列前茅，真是欣慰呀！

　　自古忠孝难两全，是呀，我的父亲今年79岁，是一名退休的老教师、老党员，在教育战线工作了42年，最后落下颈椎病和颈动脉血管硬化，颈椎病压迫血管，使脑血管供血不足，造成小脑萎缩。2013年3月在邢台县医院住院治疗，伺候老人又是难题，我决定让别人白天在医院伺候父亲，晚上由我伺候。每天放学我骑着自行车一个小时赶到离校二十里地的医院，打饭、喂药，用热水给父亲擦脸擦背，伺候父亲睡觉，我只能趴在床边打个盹，早晨喂父亲吃饭，输上液再赶到学校上课，为了不耽误学校工作，不耽误学生上课，来回跑真是累呀！就这样整整半个月，父亲才出院，我累得也病倒了，老师的生活真难呀！

　　读书让我懂得如何热爱教师事业，读书让我懂得如何热爱我的学生们，我愿将我的一生都奉献给这个太阳底下最光辉的事业，把我全部的爱都倾注到教育事业上！让我在这个平凡、但又崇高的岗位上继续奉献，把我的爱，我的情，我的德都留下来。以爱为根，以德为本，用我们的热血去谱写孩子们美好的未来！让我们以人类灵魂工程师的身份，以人民教师的光荣形象，走过这段无怨的苦乐年华，走过这段无悔的精彩人生！

（作者系邢台县会宁完小教师）

我们都应是花儿

赵为丽

"春蚕到死丝方尽,蜡炬成灰泪始干。"在小的时候,对老师的印象就是这句诗句,老师就是要把自己的全部都奉献出来。于是在小的时候,一写到关于老师的作文,也一定是看到了老师两鬓的白发和老师深夜批改作业的身影。即便如此,我小时候的理想还是能成为一名教师,在家人的影响下,我也对教师这个职业有了越来越多的敬意。

长大后,当我正式成为一名教师之后,更加体会到老师远比我小时候的作文中写的不容易,对学生的教学与管理,不断地备课与批改作业,把老师们的4时间占得满满的,于是从未想过"幸福"这个词。翻开朱永新老师的《致教师》,书中朱老师这样告诉我们"教师不是园丁,教师本身应该是一朵花儿;教育是师生互相作用的过程"。这真的让我感受到,这才是真正的教师该有的样子。

在接触了新教育之后,它带给我的第一句话就是"过一种幸福完整的教育生活",幸福这个词在工作中第一次听到,我开始思考,我的教育工作是否完整,是否幸福。在思考的同时,我看完了《致教师》这本书,全书共分四辑,分别是"给我一个做教师的理由""借我一双好老师的慧眼""愿我书写一部教师的生命传奇""让我们过一种幸福完整的教育生活"。朱永新老师站在教师的立场上一一解答着老师们的困惑,看着书中这些我也曾有过的困惑,看着关于学生、关于自己、关于教学的或大或小的问题,我对自己教育生活的思考慢慢地有了答案。

我的教育生活是完整的,是幸福的,在我自己看来确实是这样。苏联教育学家马卡连柯说:"爱是教育的基础,没有爱就没有教育。"在以前我一直以这句话为自己教育的信仰,我要爱我的学生们,他们能感受到老师们对他们的爱,并且能给以回应。但《致教师》这本书中有一句话让我有了更深的感悟，深有共鸣：爱是教育的底色。但作为教师，仅有爱是不够的。真正的爱，一定包含着智慧。对呀，仅有爱怎么能够，我要学会有智慧地爱学生。在参加工作的几年中，我接触了很多学生，现在越来越能体会到，要怎么有智慧地爱学生，也明白了与学生之间的关系和距离要如何来把控。在课堂上，我与我的学生一起学习和探讨，在课下，我们互相分享着自己喜欢的书和故事。我以真心来待我的学生，当然也有了很多收获，有很多学生愿意和我说自己的苦恼或不知怎么处理的事情，也开心地和我分享生活中的喜悦。在春天，科学课上我们一起观察着校园中的紫叶李的花的结构。夏天，学生带来了在学校路上摘来的木槿花，看着那朵花，我想起了《城南旧事》中英子给老师带花，捧着烤红薯等在学校门口的场景。我真的感觉，我很幸福。

在快放假的时候，以前教过的学生带来了新鲜的树莓，红得鲜艳。想起奶奶在我刚上班时跟我说过一句话：人过留名，雁过留声。我以此警告自己，要不愧于自己的职业。在工作中我也越来越体会到，我的教育生活是完整的。书中提出教师职业的四重境界：第一，是让学生瞧得起的老师；第二，是让自己心安的老师；第三，是让学校骄傲的老师；第四，是让历史铭记的老师。对我来说，我首先要做一个让自己看得起的老师，先看得起自己，才能把自己放在学生前面。

我想，我们都应是花儿，和学生相互作用，一起成长。幸福完整的教育生活，是完整的，更是幸福的。

（作者系邢台县将军墓镇中心学校教师）

起码做个大家瞧得起的校长

——从《致教师》到"致校长"的一些思考

苗江辰

朱永新先生在年会上、报告里、著作(《致教师》P12-17)中不止一次提到过:"教师职业的四种境界:第一,是让学生瞧得起的老师;第二,是让自己心安的老师;第三,是让学校骄傲的老师;第四,是让历史铭记的老师。"其中最基础的境界,就是先做一个让学生瞧得起的老师。但要做一个真正让学生瞧得起的老师,也不是一件容易的事情。

按模脱坯,不自觉地便从《致教师》的"四种境界",想到了"校长的四种境界"。今天借鉴朱先生的思路,我也将校长职业分为四种境界:第一,是让大家瞧得起的校长;第二,是让大家心安的校长;第三,是让学校骄傲的校长;第四,是让历史铭记的校长。其中最基础的境界,就是先做一个让大家瞧得起的校长。

做个学生瞧得起、乐于亲近的校长

做个让学生瞧得起,乐于亲近的校长。陶行知说:"真教育是心心相印的活动。"教育是用生命影响生命,用灵魂塑造灵魂的高尚事业。校长本人身体力行,与学生的交往行为,胜过许多居高临下的苍白"号召"或生硬的要求。

案例:2016年5月27日,随李一慢老师到北京海淀区翠微小学听王虹老师的绘本课《米莉的帽子变变变》,下课之后,一个十几岁的小女孩,跑到他们的周校长跟前:周校长,你看到了吗,老师在课上表扬我了,来抱抱,奖励一下……周校长慌忙蹲下身来,幸福地拥抱了这个小女孩,并温柔地拍了拍小女孩的后背:继续加油!整个过程,校长和孩子是那么地自然、亲切、和谐。

做个孩子们乐于亲近的校长，让自己保持一颗纯真的童心，就要先亲近孩子，真切地了解孩子们的喜怒哀乐，包括他们存在的问题，尽可能全面而真实地了解孩子们的思想。

校长任课，并和学生打交道，就能掌握管理的第一手资料用教学管理引领指导教学。校长只有当教学的内行，才有威信，表扬、批评才能有针对性，才能真正提高广大教师工作的积极性。

做个老师瞧得起、感觉温暖的校长

一个校长，如果连老师都瞧不起你，就没资格做校长，也无法在学校里长期立足。这样的校长不可能从教育生活中得到幸福，就算勉强留在任上，也必将如坐针毡、痛苦不堪。

如何做一个让老师瞧得起的校长？我想从河北兴盛机械有限公司所有领导办公室墙上的一个警示牌"一流的管理者管心；二流的管理者管人；三流的管理者管事"说起，即管不好事，又管不住人的是不称职的管理者，也不是管理者。

举两个身边类似的案例吧（如有雷同，纯属巧合，大伙儿切莫对号入座）：

案例Ⅰ：A校刘老师的女儿很优秀，在本校上小学五年级，第二天要和一群小伙伴代表学校去参加县里的国学朗诵比赛，偏偏因为最近排练多，嗓子使用过度，扁桃体发炎、红肿，嗓子疼并开始发烧。刘老师很担心，因为女儿的扁桃体，已经属于"三级肿大"，医生早已建议手术。刘老师带着女儿去跟校长请假，A校校长很不乐意："咱们这么大的活动，能不能坚持完明天的比赛啊？"刘老师狠下心答应了下来。第二天，比赛取得了很好的名次，顺利步入决赛。可孩子却事后住院了，开始手术。事后，校长不仅什么话也没有，还对老师的请假甚是不满。刘老师很不是滋味，从此看见校长就觉得不舒服。

案例Ⅱ：B校王老师的儿子同样也要代表学校参加县里的讲故事比赛，也是因为嗓子肿胀疼，王老师跟B校校长请假，校长表示关心之后爽快地答应了下来，并给参加比赛的每一个孩子，发放了自家的小瓶蜂蜜。第二天，王老师的儿子，早早地归队，取得了第一名的好成绩。事后，B校校长在师生大会上表扬了参加比赛的同学，并着重表扬了王老师儿子带病参加比赛的团队精神。然而却在教师大会上批评了王老师：王老师不顾孩子的病痛，第二天让孩子带病参赛虽然给学校争了光，但这不是我们想要的，我们做老师的，学生是第一位的，可我们的孩子也是学生，虽然王老师的品格很高尚，但更希望大家都能照顾好自己的小家，这样学校的工作，才能没有后顾之忧。刘老师挨了"批评"之后，心里却很舒坦，工作起来更带劲了。

随着教育的改革、发展和进步，"温暖"管理，它也是一种学校文化。做个"暖心"的校长，使下属真正感觉到领导者给予的温暖和尊重，便会尽情地释放自己的能量，那么学校的各项工作便会不愁发展、创新和突破。

做个领导瞧得起、用着踏实的校长

去年我们的共读书目《为什么是抚松》一书里，摆在抚松陆世德局长面前的校长队伍平均年龄45岁出头，很多校长抱着"船到码头车到站"的念头，不求有功但求无过……这本书共十章内容，"打造校长铁军"就占了两章，一本书219页，仅校长部分就有75页，占全书34%还多。

说到"船到码头车到站"，说到不求有功但求无过，便想起大家并不陌生的故事。一位优秀的老木匠打算退休，老板舍不得他走，请求他再建最后一座房子，老木匠应允了。但是大家都看得出来，老木匠已经不像从前那么精益求精地工作了，他用的是软料，出的是粗活。房子建好那天，老板把大门的钥匙递给了他："嘿，老伙计，你跟着我干了大半辈子，这房子算是送给你的礼物吧。"

"为自己而工作。"事业和年龄无关，将职业当事业，把事业发展成产业，"新教育实验"带着我们"向着明亮那方"迈进……努力做好工作，不单单是为了学校，也是为了我们自己。这是一个简单的道理，今天的工作态度，决定着明天住进什么质量的"房子"；怎样对待学校与师生的琐事，就会拥有怎样的职业口碑。

把自己当成那个老木匠吧，想想咱们自己的"房子"，工作为自己而干，每天牢牢地敲进一颗钉，坚实地加上一块板，牢固地竖起一面墙，做个让领导瞧得起、用着踏实的校长，用努力和坚守好好建造属于我们自己的新教育、新乐园。

做个大家瞧得起、勇于担当的校长

桥的价值在于承载，人的价值在于担当。校长要有敢于担当的魄力，敢于担当不仅需要胆识、魄力，更需要无私无畏的勇气，校长应把担当精神内化于心、外化于行，把心思用在干事业上，把精力用在抓工作上，在突发事件发生时要当第一责任人，在第一时间到达第一现场、掌握第一手情况、作出正确的处置，才能真正赢得大家的尊重和认可。有这样一段"鸡汤"：

有位木匠砍了一棵树，把它做成了三个木桶。一个装粪，就叫粪桶，众人躲着；一个装水，就叫水桶，众人用着；一个装酒，就叫酒桶，众人品着！

桶是一样的，因装的东西不同命运也就不同。——人生亦如此，有什么样的观念就有什么样的人生，有什么样的想法就有什么样的生活！

做一个"众人用着"的，离不开的"水桶"吧！有担当、有能力、善学习、能成事，敢担当、能担当、会担当、善担当。作为校长，就该有不畏艰险，舍我其谁的担当精神，积极地承担起自身应尽的职责，做大家心目中那个"天塌下来为大伙儿撑着的高个子"。

当然，对于校长来讲，仅仅做到让大家瞧得起，还是不够的。这不过是四种境界的第一重境界。事实上，这四种境界，也就是四级阶梯，它是连贯的。起初你做一个让大家瞧得起的校长，然后就努力做只要有你在，大家就心安的校长，紧接着——成为让学校感到荣耀的校长，如此始终如一，行动着、坚持着……那么结果你很有可能成为一个让历史铭记的校长。

当我们不再浑浑噩噩地"混日子"，当我们不再得过且过地"熬日子"，当我们努力要成为一个让人"瞧得起"的校长时，一切便会发生改变，一步一步地改变。从学校的每件小事开始，用心书写自己的每一天，从教学上、在管理中得到成长，收获幸福，也就在不知不觉中沿着"校长四种境界"的阶梯攀升。

最后，同大家共勉——行动，就有收获；坚持，才有奇迹。

（作者系邢台县将军墓镇中心学校教师）

做新教育的行者

赵兰波

　　时光如梭，自2007年走上讲台至今，转眼我已经走过了整整十个年头。回首这十年的教育之路，有过雄心和壮志，也有过迷茫和彷徨，有过激情和拼搏，也有过消极和颓废，其中夹杂着欢声笑语，也充斥着辛酸和泪水。

　　早在学生时代，将教师比作"人类灵魂工程师"的这个比喻，早早地就进入到我的精神世界里。这个专属于教师的光辉的称号，也一度引领着我来到教育工作者的队伍中，使自己成了一名自以为是的"人类灵魂的工程师"。然而，在由学生的角色转变为"人类灵魂的工程师"的角色后，我慢慢地发现，"人类灵魂的工程师"的角色远远不像想象中的那么容易扮演，我也曾一度因为工作中出现的这样那样的问题而产生工作上的困惑和犹豫，进而对自己人生中"人类灵魂的工程师"这个选择是否正确产生了怀疑。正值迷茫和彷徨之际，我有幸拜读了朱永新老师的《致教师》这本书，朱永新老师在书中帮我解答了人生路上的这道难题。朱永新老师说："教师不是人类灵魂的工程师，没有谁的灵魂是机器，能用某种工艺任意修理完成。"乍一看到这个同我的知识结构中已有的不一样的观点时，着实令我吃了一惊，因为它使我从一个对我来说闻所未闻的角度来对自己内心深处的角色定位开始进行全新的思考。一直以来，我以"人类灵魂的工程师"自居，认为自己从事的是太阳底下最光辉的事业，因为我是"人类灵魂的工程师"啊，未来的若干年内，我将为多少人铸造其灵魂，那将是何等荣耀的事情！直到今天，我才有些回过味来，到底是什么原因使得自己在工作中举步维艰？习总书记说，要不忘初心。原来自己从一开始就将作为一名教育工作者的初心给定位偏了。现在想来，自己的"人类灵魂的工程师"这个角色定位着实很是幽默。

　　2016年4月，邢台县加盟新教育，正式成为新教育大家庭中的一员，作为邢台县教育系统的一名教育工作者，我有幸现场聆听了朱永新教授的精彩报告。此后，我对越来越多的新教育榜样教师有了更多的了解和接触。在他们身上，我感受到了他们对教育的疯狂迷恋，我感受到了他们对教育的独特的解读，可以说，当我遇到新教育，就如同井底之蛙第一次跳出井口的那一刻所感受到的震撼一般，难以言表。于是我就暗暗地下定了决心：我要做一个行者，一个走在新教育路上的行者！

世界上没有两片完全相同的树叶，也没有完全相同的两个人。是啊，每个孩子都是一个独一无二的存在，我们又怎么可能像对待生产线上的产品一样去批量生产呢，更不可能用某种工艺去对哪个孩子进行任意修理。教育工作所面对的工作对象是人，是一个个拥有着主观能动性和创造性的活生生的独立个体，所以我们的工作要建立在"立德树人"的基础上来进行，要建立在不断地思考如何把我们的工作对象当做人来尊重的基础上来开展。有了思想上的碰撞和灵感的生成，我在工作中的方向感也就逐渐明晰了起来。

苏格拉底说："未经省察的人生是没有价值的。"2015年9月份，我接手一个七年级新生班。从接班之初，我就提醒自己，一定不能再重蹈之前的覆辙。我一定要带出一个不一样的、焕然一新的班级。从我们这个团队建立的第一天，我就开始为实现这个"涅槃重生"张罗开了。我琢磨着，怎样的行动最能体现把孩子们当做人来尊重呢？思来想去，我把第一个具有标志性意义的决策定位在孩子们的生日上。因为生日对于每个人的一生来说，是一个具有特殊意义的日子，它意味着一个人人生的开端。我安排孩子们将自己的出生年、月、日详细地记录下来，然后我又安排了一个生日负责人，专门负责安排孩子们的生日事宜。当然，孩子毕竟是孩子，过生日不宜大张旗鼓，只是象征性地举行一个过生日的仪式，通过这样一个仪式，不仅让每个孩子感受到自己在这个团队中是重要的，独一无二的，同时，通过这个仪式，也让孩子们增强了团队意识。

朱永新老师说，没有精神的人我们没法跟他玩。中国共产党这个代表最广大人民利益的先锋队，如果没有马列主义作为精神的引领，恐怕是不可能领导中国人民走到今天的。我想，一个人是需要精神的，一个团队更是不能缺少精神的引领。精神的引领对于一个团队来说是至关重要的。于是，我踏上了为我们班建立班级文化的征程。一次偶然的机会，我听到我们班一个孩子哼唱了一句《西游记》里的插曲"刚擒住了几个妖，又降住了几个魔……"，正好我正在思考给我们班取个什么名字呢，瞬间我又想到了新教育的"只要行动就有收获,只要坚持就有奇迹"这个理念,同时受河南圣陶学校王天民校长"教师要做唐三藏,学生要做孙悟空"的启发,我灵机一动,干脆,我们班就叫"行者"如何?"行者",寓意有三:一、行动着的追梦人;二、相信自己,我能行;三、我们都是孙行者。我把这个想法跟孩子们一说,大家一拍即合,就用这个名字啦!我们班就叫"行者班"。有了名字,我们开始构建班级愿景。经过一年多的探索和实践,我们的班级愿景逐渐成型:

  我们的宗旨:为自己的成长而读书
  我们的班训:正心　修身　厚德　博学
  我们的密码:批判性思维、马上行动
  我们的信仰:不一样(与众不同)
  我们的信念:坚持做最好的自己
  我们的追求:让人们因我们的存在而感到幸福。
  班主任信念:传道,打造一批值得自己崇拜的学生。
  ……

  我们还逐渐建立起了"班级负责人机制""班级小分队机制""战队评价机制""行者贡献机制"等管理机制,用于帮助孩子们实现班级自主管理。
  在和孩子们共同生活的这两年中,我发现,这一届孩子们和之前的那些孩子们相比存在着明显的差异,他们不再像之前那些孩子那样难管,相反,每个孩子都奇迹般地成为我的得力助手,而且每个孩子都在自我教育,自我成长着。我也无意间发现,我自己的精神世界也发生了翻天覆地的变化。再也没有了看这个不顺眼、看那个不舒服的主观臆断,再也没有了无助的迷茫和彷徨,连消极和颓废也在不知不觉中消失不见了,取而代之的是说不尽的成长和收获,道不完的幸福和喜悦。虽然在其中付出过更多的汗水,也有过辛酸和泪水,但是面对自己的成长和收获,心中充满了幸福的喜悦。
  朱永新老师说:"当你无法改变社会,无法改变别人的时候,你唯一可以改变的就是自己。而只要你真正地去改变自己,其实你就是在改变别人,就是在改变社会。"其实我深深地明白,我身边这些实实在在的变化之所以能够发生,这都归功于孩子们的自我教育和自我成长,而伴随其中的还包括我自己的自我教育和自我成长。在过去的这两年中，我们行者班的每一个行者都在自己的人生路上留下了专属于自己的一串成长的足迹，而每一个足迹无不浸润着我们这个团队共同成长的汗水和泪水。这两年的行走实践，让我如愿以偿地实现了自己"凤凰涅槃"的重生，我终于不再天天手持一张"旧船票"一遍遍重复昨天的故事，而是每天都在用自己的双脚一步一个脚印地行走出全新的故事。在这两年中，不仅我们的行者班被评为"县级优秀班集体"，我个人也被评为"县级先进德育工作者""县级优秀教师""县级优秀班主任"。在新教育这个大家庭中，我感受到了前所未有的职业成就感、职业幸福感，我感觉我终于找到了组织，找到了温暖的"家"。

"教师，不是人类灵魂工程师，没有谁的灵魂是机器，能用某种工艺任意修理完成。"愿我们每一个新教育人在人生路上都能找到自己心灵的自由，愿我们和孩子们一起，都能找到属于自己的幸福，遇见更好的自己。愿我们大家一起，做一个新教育路上的行者，过一种幸福完整的教育生活。

(作者系邢台县将军墓中学教师)

愿与教育温暖相拥

李 扬

　　静观庭前花开花落，闲看天上云卷云舒；做自己喜欢的事情，并坚信付出就有收获，这是我一直向往的幸福生活。茶余饭后不驻足在家长里短的谈资里，不停歇在无休无止的抱怨里；而是停靠在字里行间的隽永里，拼搏在超越自我的行动里。就像《致教师》里描绘的那样，过一种幸福完整的教育生活。

　　说时容易做时难，2011年我被分到浆水这所熟悉又陌生的学校，这里让我魂牵梦绕且心存感恩之心。我从这里走出，带着对未来和远方的憧憬；我从这里归来，带着对过去和家乡的挂怀。我要在这片养我育我的土地上，挥洒我的一腔热血，放飞我的教师之梦。初次踏入乡村教师行业的我，在最初工作的几年中总显得有些局促。在琐事里忙忙碌碌，希望的事情总有些遥不可及，渐渐地竟也不再希望什么。不知这样的局面是从哪一刻真正地被打破，当再次敞开心扉，热情以待，我发现自己更加成熟，更加愿意去体验去尝试新的事物，更加坚定了对教育的信仰，经历了六年的教学实践，蓦然回首，却发现教育是一件多么温暖的事，我愿用一生与教育温暖相拥。

　　在越来越重人事、轻言语的年龄，我初次翻阅了朱永新教授的《致教师》，依然止不住内心的悸动。"教师，既是一份职业，也是一个志业；那既是一份职责，更是一种使命。让教师能过上幸福完整的教育生活，给教师带来职业的尊严与幸福感，点燃教师的激情，成为教育的追梦人。"这是朱永新先生写这本书的初衷。生活告诉我只有当一个人处在幸福中时，才有可能去爱别人。"世界上最复杂的，是人。教师职业面对的是最深邃的世界——人的心灵。爱是教育的底色。但作为教师，仅有爱是不够的。真正的爱，一定包含着智慧。"只有让自己的心灵充满激情与美好，才能更好地传递正能量。书中对话式的阐述，发人深省的警句，让人觉得亲切又真实。越往下读越能获得一种共鸣，仿佛久藏的心事呼之欲出，热情被唤起，困惑被扫除，我又重新爱上了教育这个行业，似乎就是在读《致教师》的过程中完成了自我的成长。正如朱永新教授在书中第一辑开篇在对曼德拉的看法中谈到"真正的信仰是最为恒久炽热的希望，能在厄运中鼓起勇气，激荡起乐观。信仰造就的乐观，是生命中的太阳，任何境况下的人生都会因此温暖明亮，并指引着生命中的明亮那方。"朱永新教授为我们提供了让人温暖又信赖的心灵依靠，同时为我们的教育实践不断地支招，激励所有同行向着没有污染的远方出发。这次的阅读激起了我内心的澎湃，燃起了教育理想的明灯，而更深刻的变化要从践行新教育实验开始。

自2016年起，新教育像一颗种子在邢台县教育这片充满生机的土地上迅速地生根，发芽，并在新教育艺术节上初绽芬芳。新教育不再是一句口号，而是凝聚了晨诵的启迪，午读的分享，暮醒的思考后自然形成的阅读习惯，也是千万颗播撒在孩子心中爱上阅读的种子，更是召唤起教师教育激情的号角。"过一种幸福完整的教育生活"成了我们对教育工作的追求。老师们开始重审自己，从起码做一个让学生瞧得起的老师，到努力做一个让学生崇敬的老师，一个让学生感到自豪的老师。虽然我是一名英语教师，但是成长不分学科，我的幸福就从认真上好每一节英语课开始，从认真地筹备一个社团开始，从每一次与学生的交谈开始，从珍惜每一个机会开始，爱教育就是爱自己。

再次捧起《致教师》，回想自己在教育实践中的种种，感慨良多。掩卷沉思，未来太多想做的事情开始变得清晰，面对未来的心变得更加坚定。我相信"挖掘自身的无穷潜力，就能激发不可限量的能量，就会让明天远远超出想象。"

最后我想用一首诗表达我的心情。

我愿与教育温暖相拥，
在与每个孩子相遇的眼神里；
我愿与阅读温暖相拥，
在每一页每一行跳跃的文字里；
我愿与艺术温暖相拥，
在每一次和孩子分享的绘画里；

我愿与每个孩子温暖相拥，
在每一篇发自内心的感悟里；
我愿与我的英语课堂温暖相拥，
在每一次认真思索后的实践里。

(作者系邢台县浆水中心学校教师)

做一名幸福的教师

郭玉霞

有幸拜读了朱永新老师的《致教师》之后，于身于心有一种深深的震撼。"时光缓缓显形，终见此生天命"，教师是职业、是志业、是职责，更是使命，这是世界上唯一一个可以与父母比肩而论的良心称谓，我荣幸并骄傲于此，所以我非常认同朱老师书中的观点——做一名幸福的教师，并且决心以此为信念一路前行！

朱老师的书中说："一个教师，如果能够真正地影响几个学生的生命，真正地走进他们的心灵，真正地成为学生生命中的'贵人'，他的生命就是非常有价值的了。"这句话，让我想起了自己的人生经历。

我于1989年出生于邢台县西部山区的一个小村庄，我的初中时代是在浆水镇二中度过的，那时候学校的教学环境不是太好，但是，我很幸运，遇到了我的启蒙老师——王洋群。在我眼里，他，正直，洒脱，多才，授业解惑颇有哲人之风，老师的言谈举止无不影响着我，启迪着我，感染着我，那时候我的心里慢慢地开出一朵幸福的花，想着等我长大后，也要像王老师一样做一个教书育人的好老师！

多年后，我回到了自己的母校任教，走在这片熟悉的土地上，想起当年王老师的谆谆教导，我感觉现在的自己是一个幸福的老师，也是一个幸福的学生。如今我虽然在教育事业上没有多大的成就，但我依然感恩命运对我的厚爱，"有一良师终生受益"，是王老师的引导让我拥有了一个做老师的梦想，然后在最美的年华再苦再难依旧朝着方向努力，最终拥有了这份幸福的职业，感恩我的"贵人"——王老师。

朱老师的书中还说："如果教师的幸福只是来源于学生的一张试卷、一个好的分数，来源于遥远的未来，那么教师就不可能成为一个享受教育幸福的人，也不可能成为一个受学生欢迎的人。"

如今我从事教育事业也有三年了，在这个"高分万岁"的畸形教育观念影响下，朱老师的这句话让我明白了，要想做一名幸福的教师，就不能只关注试卷，关注分数，在对孩子们做评价的时候，要做到尊重学生的个性差异，准确合理，促进学生潜能、个性的发挥，帮助学生悦纳自己，拥有自信，健康发展！

　　我们班里有一个学习不好的男生，考试成绩经常拖班级后腿，班里的学生经常在课下议论他影响班级荣誉，当我正苦思冥想如何引导班里学生改变对成绩不好的同学的看法时，一件小事儿触动了我，那天我到食堂打完饭要走出门口时，由于双手端着饭盆，无法撩开门帘，这时，不远处跑过来一个学生，迅速给我打开了门帘，我心里瞬间特别感动，心想"谁这么懂事儿？看到老师不方便，第一时间能过来给老师帮忙"。走出来一看，正是我们班那个学习不好的男生。

　　我把这个事例在班里讲了一下，告诫学生，要从多方面来评价一个人，不能只看学习成绩，有些同学虽然学习不好，但是他们乐于助人，爱劳动，不怕苦不怕累，我们也应该爱这些学生。讲完之后，我偷偷地发现那些成绩不好的学生眼睛里闪烁着幸福的光芒，他们似乎感受到了我对他们的关爱，也感受到了自己的价值，那一刻我的内心也震撼了！从那以后，成绩优异的学生也不再在分组学习时"排挤"他们了，进而愿意在学习上帮助，辅导他们，没想到一个小小的表扬竟让班里的学习氛围有了变化，成绩不好的孩子们也越来越自信，学习变得主动起来，成绩也渐渐地提高了！看到孩子们点点滴滴的变化，我的心里美美的，甜甜的，这应该就是幸福的味道！

　　朱老师在书中提到：如果你能够真正地把爱给所有的孩子，真正地用心对待自己的每一次讲课、每一次与学生的沟通，你一定会感受到老师的乐趣、体验到做教育的幸福。

　　我不敢说我做得有多么好，但入职以来，我一直在课堂上保持微笑，以便拉近师生的心，增进师生情谊，激发学生的学习热情；在兴趣中，推动学生的积极性，让学生轻松进入学习状态；在游戏中，点燃快乐的课堂火种。我用心上着每一节课，真心地对待我身边的每一个学生，彰显着一个老师的魅力。我爱我的孩子们，在陪伴他们的日子里，看到他们有进步，我就是开心的，幸福的；看到在我的鼓励下，孩子们的改变，我体会着做教育的幸福。

　　"如果你能够每天把你自己的课堂记录下来，把你和孩子们交往的故事记录下来，把你读书的心得记录下来，这样一来，不仅你每天的业余生活非常充实，而且你的进步会非常迅速。"这句话也让我很有感触。怎能忘记，在我结完婚返校的第一天，孩子们在黑板上用稚幼的笔写下密密麻麻"老师，希望您永远幸福"，"老师我们爱您！"等等话语，我流泪了，是幸福的眼泪！怎能忘记，在我生日那天，可爱的孩子们，在黑板上给我画了一个生日蛋糕，并写下了这样的祝福语："祝老师生日快乐，工作顺利，身体健康，合家欢乐！"我真感动，那是一个幸福的惊喜！怎能忘记，升级考试那天，我外出监考，回来的时候，学生们已经都走了，孩子们却给我留了小纸条："老师，来不及告别了，所以就只能写了一封信，如果有时间，我们会用插图、折东西来告别老师，希望下个学期您还是我们的数学老师，我们永不分开！"我的心痛了，我是最幸福的老师！

与孩子们的故事还有很多很多，很多人都说是老师感动着学生，但此时此刻，我想说是我的学生感动着我。为了更好地爱我的学生，我也在努力把握着每一次成长的机会，不断地提高自己的教学能力，踏踏实实地走好每一步，我愿意做一个有责任、有品质、有修行的优秀园丁，让我的每一个孩子过上一种温暖的、有爱的、幸福的校园生活，给他们最好的教育，不负家长、学校和社会的嘱托！

我立志，我愿意以一个幸福的姿态投入到教育事业，培养出一批批幸福的学生，以现在求证未来，让生命幸福完整。"令公桃李满天下，何用堂前再种花。"

(作者系邢台县浆水中心枣园完小教师)

用爱呵护每一位学生

胡晓芳

我拿到朱永新老师的《致教师》一书，简单地表达一下自己的心情：欣喜、激动！是的，每读完一本朱老师的书，都会有意想不到的收获，当然，更多的是动力！

这个暑假可以说是在读《致教师》这本书中度过的，充实而且有意义。《致教师》这本书单是书名就很吸引人，翻看里面更有惊喜，内容都是在解答一线教师工作、生活中的困惑，通过一个个生动的案例针对性地加以深入剖析。书中教师的困惑、故事等都是我们教师身边所遇到的，所思考的，所困惑的，所发生的，读了之后，我收获很大。

收获一：要对学生一视同仁

是的，我们大部分人会在无形中给孩子贴上不同的标签，殊不知"上天让每个人来到这个世界上的时候，都赋予每个人一个成功的机遇"。所以，"如果不能对学生一视同仁，那么教师最需要关注的，恰恰是那些缺乏关注、不惹人怜爱的孩子"。

记得新生入学时，有一个学生因为太调皮，入学没几天就成了学校里的"名人"。生活老师的评价、同学的告状，以至于这个孩子好像"无药可救"了。我是他的数学老师，他给我的印象是：头脑灵活、聪明活泼。只要能改掉打同学的毛病，应该是个不错的学生。接下来巧的是一年级的两个班要重新分班，他分到了我的班。真好，教了十几年的数学，我还就愿意跟这种聪明但不守纪律的学生打交道。当了他的班主任之后就方便多了：与家长打交道多，联系次数更多，了解学生的渠道也多。功夫不负有心人，经过半年的努力，孩子变化可大了，他妈妈一见面就说孩子多么多么懂事，感谢老师一类的话；继续努力，这次升级考试竟然考了全班第二名！只能说，孩子不管是思想上还是学习上都有了根本性的变化。如果当时我就以"无药可救"这个标签来对待这个孩子，真不敢想现在会是什么样子。这也说明了我们老师对学生要一视同仁，对"缺乏关注、不惹人怜爱的孩子"更要关注，给他们希望并相信他们！

俗话说："尺有所短，寸有所长。"班里的每个学生都是一道亮丽的风景，你给他一个舞台，他就能还你一个精彩；你给他一点空间，他就能为你创造无数辉煌。作为教师，就是要善于发现学生的特别之处，一旦孩子发现了自己，找到了自我，他就会爆发出我们难以想象的能量。"虽不能至，心向往之。"这些新教育的理念，我会一路学习下去。

收获二：如何对待问题学生

我班有一名女孩子，叫侯梦珂，小个子，大眼睛。教了一段时间我才发现她成绩不好的原因——脑子不笨就是懒得学，还有一个拿别人东西的恶习。于是我就注意起了她：上课从来不听课，留的作业也不做，经常有人告状看见她拿别的同学的学习用具或吃的，有一次还真在她那儿找到了同学丢的新自动铅笔。一切都是真的，该怎样帮助她，成了一个大大的问题。

我通过多方了解才知道：原来她父母离婚了，爸爸在邢台工作，把她托给奶奶照顾。奶奶年纪大，学习方面根本帮不上半点忙，所以她的学习从一入小学就落下了。另一方面，通过我观察，她虽然年纪不大，可心事挺重，虽然成绩不好，认识的字不多，可竟在本子上写满了"爸爸、奶奶、爷爷，想你们"，我看到后无比震惊，这么小的孩子啊！这一幕好像让我明白了她犯错误的根源。她每一次找理由让家长来，无非就是想从家长那里得到一些关爱。对于这样特殊的孩子，我采取了以下的方法：在思想上开导她，对其进行正确的引导。

我告诉她，老师和同学都很爱她。老师就是她的好朋友，遇到不开心的事就和老师说，老师会帮你的。她数学学得不够好，我就鼓励她说她很聪明，只要稍加努力，按时完成作业就可以取得好成绩。正如朱永新老师所写的"问题并不是问题，如何对待他才是最大的问题"。其实，学生的心灵是最敏感的，他们能够通过老师对自己的态度来判断老师是否真心爱自己。同时，他们也渴望老师能够时时刻刻关心爱护自己。

教育没有了爱,就成了无水的池,任你四方形也罢,圆形也罢,总逃不了一个空虚。爱为教育奠定基础,教育使爱得以升华。就让学生们幸福的一生,从爱出发,从爱的教育出发。

最后,我想以朱永新老师的一段话结束:"希望,就是阳光,就是蓝天。当我们深信希望的永恒存在,把希望变成理想去坚守,把理想作为志向去践行,我们就能过一种幸福完整的教育生活!"

(作者系邢台县龙泉寺完小教师)

读《致教师》所思

许瑞娟

窗外的雨淅淅沥沥地下，往远处看去像是罩着一层薄薄的雾，模模糊糊看不了多远，手中拿着朱永新教授的《致教师》一书，就仿佛看到他在灯下拆开一封封老师的来信，或早或晚地在灯下一篇篇给各位老师答疑解惑的情景。心中不免涌动着一丝丝感动，正是有这样的心灵导师，才让我们的教师之路不再彷徨无措，让我们的心境豁然开朗！望望窗外，仿佛一切又不是那么模糊不清了，因为心中有方向，前路便是光芒万丈……

朱永新教授在书中解答了老师们各种各样的问题，有的问题也正是我心中所想而不解的，听了他独到的见解，我内心也充满了力量，正如他所说："人只要活着，无论是否愿意，我们实质上都在影响着周围的人。我们积极一点就向周围多传达一份正能量。正负的比例，就是我们活着的价值。我们教师尤其如此，教师的一言一行，都可能直接给学生的生命带来不同，教师的生命价值、人生意义，都在于此。"

印象深刻的是一位教师提出的问题，他说："我是一名刚毕业的新教师，在一所农村学校工作。看到周围稍好一些的老师都纷纷往城镇去了，内心也经常会不安，会有坚持不下去的想法。怎样才能做到呢'恒'？"恐怕这个问题也道出了很多农村教师的心声，是啊，农村教师的教学环境和生活环境都相对来说比较差，怎样做到持之以恒？朱教授先是感同身受地表达了对农村教师的敬意，同时强调农村教育对中国教育的重要意义。同时他又很理性地告诉这位老师：所有的环境都能够产生教育家，所有的磨难都可能造就教育家。环境的好坏是相对的，不是绝对的。作为一名渴望成长的教师，要正确评估环境对自己成长与发展造成的限制。对于一个教师来说，要有坚韧不拔的意志力，要有坚定的恒心，坚持去做一件事，比如，天天写随笔，每天坚持读一二十分钟的书，这样坚持下来，你会发现你会收获更好的自己！

就像我们新教育倡导的十大行动，它不是空喊一句口号，这需要我们在每天的教学生活中持之以恒地做下去，师生共写随笔，学生每天的晨诵、午读、暮省，如果不能坚持下去，再好的方法都是空谈。

朱教授回答的一个个问题，让我看到他对教育事业的那份炽热之心，他想让每一位老师都能打心眼里去喜欢这份事业，去享受每一天的工作，从而感受到教育生活的幸福。他的话之所以让我们信服，是因为他不是站在自己的立场去指点，而是设身处地站在老师的立场去思考、去解惑，只是他站的高度更高、看得更远，才让我们顺着他指引的方向看到了远处更美的风景。我相信，能有如此渊博思想的人，定是有深厚的书籍内涵做依托，书读得多了，才能有着博大的胸怀，有着丰富的思想。

我也要从坚持读书做起，让我们去汲取那些书中的营养，来滋养我们的内心、熏陶我们的品格。我相信，拥有着丰富内涵的内心，是幸福的，满足的，我们也会越来越优秀，越来越豁达的！

（作者系邢台县龙泉寺中心学校教师）

带上激情进课堂

甄二翠

我是一名来自一线最基层的教师,有着近 20 年的教学经验。20 年来我最大的教育理念就是让学生学会做人,学到知识。我因看到学生的进步而备感鼓舞和自豪,学生每天的进步是对我最大的激励和肯定。读了朱永新老师的《致教师》,好像是在欣赏一道熟悉的风景,颇受感动,风景就如我熟悉的教学生活,道出了一线教师的心声,更加坚定了我作为一名教师的使命感和自豪感。

生活中,人都需要激情,没有激情的人肯定是得过且过,无所事事的。作为教师,激情满满地上一堂、一天的课是容易做到的,难以做到的是天天、年年都激情四射地上好每一堂课,而且是重复的,熟悉的。李吉林老师年逾七十,依然青春豪迈,她坚持不懈的动力是温和而持久的教育情怀,对教育的那份诗意和挚爱。结合我的教学实践,对教学激情的理解有多方面。课堂是最能展现教师激情的场所,幽默的语言、诙谐的比喻使枯燥的课堂生气勃勃,知识在学生轻松的状态下灌输进了他们的大脑,而且记忆深刻不易遗忘。每次我上完公开课,都会有同行说我讲课幽默,学生回答积极,课堂氛围热烈,这都是我诙谐的语言带来的效果。课下的批改作业也是激情释放的小小平台,我不把批改作业当成累赘,也不经常用"优、良、有进步"等简单的词汇来作为批改留言。批改哪个同学的作业,我都会回想他上课时的表现,再根据他在作业里的态度,组织批改语言。比如有个女生平时上课认真,回答问题积极,可是最近上课时精神恍惚,作业字迹潦草,我就在她作业后面写道:"人都会遇到烦心的事,而使自己变得焦躁,我们不怕困难,怕的是在困难面前低头。可爱的你,能否调整自己的状态,抛掉烦恼,带上激情投入到学习中呢?"第二天的课堂上,她的眼睛重新变得清澈,状态找回来了。作业批改语言能拉近教师与学生的心理距离,加深沟通,成为激励学生上进的有力武器。

与学生一起成长，不断地成为他们中的一员，才能让我们有更加年轻的状态，更加积极的姿态，从而使自己在课堂上有诗人一样的激情。我是英语课老师，有一次课堂上和学生聊起了一个国家，说到它的首都我想不起来了，卡片了，学生看出来了就一起喊了出来。我微笑着说："是故，弟子不必不如师。"学生会心的一起喊："师不必贤于弟子，闻道有先后，术业有专攻。"之后师生一起开心大笑，一笑泯"尴尬"。像这样的事估计每个老师都遇到过，遇到了我们就不能不懂装懂，不知为不知。课下我赶紧上网查阅了相关知识，做到解疑释惑。就像朱永新老师说的那样，与学生一起成长，我们不必在所有方面超越学生，这是不可能也没有必要的。与学生一起成长让我感受到了教师这一职业不同于其他工作的乐趣。

朱永新老师说的教师应有"三历"，其中的"经历"我认为也是增加教学激情的主要方式。经历就是我们的人生履历，是我们走过的路程。热爱大自然，亲近大自然是我一直以来的坚持，把在大自然中看到的、学到的带到课堂上，能打开学生探索未知、激发求新的阀门。我还给全家买了全国旅游的年票，周末节假日和家人到各地走走看看。行万里路不必走遍名山大川，但我通过探索自然、热爱自然、热爱生活培养了一种心境，增添了别样的教学激情。

做诗人是要有激情的，没有激情写不出诗，没有冲动做不成诗人。同样做教师也要有激情，有激情的教师感染学生，激励自己；没有激情的教师死气沉沉，课堂枯燥乏味，教出来的学生缺少血肉。

《致教师》让我爱不释手，解答了我内心的多重困惑，为我的教学带来了阳光和空气。最后引用朱老师的话："只要我们愿意秉承一颗赤子之心，努力挑战自我、活出最美好的自我，我们每个人都可以诗意地栖居在大地上。"

(作者系邢台县路罗中学教师)

穿越艰辛　　收获美丽

王海卫

一个优秀的教师，应该天生不安分，会做梦，具有强烈的冲动、愿望、使命感！我也希望我能把这个梦实现。我在教育这个岗位上奋斗了 30 年了，但如今的我仍然保持当初教学的热情。很多孩子也坦言，很喜欢我的课，因为课堂上的我比较幽默、亲切。

最近的空余时间，我都是在读《致教师》这本书，书名很吸引人，内容都是解答一线教师工作、生活中的困惑，通过一个个生动的案例针对性地加以剖析、深究。书中教师的问题、困惑、故事等都是我们教师身边所遇到的，所思考的，所困惑的，所发生的，读了之后，收获很大。很喜欢书中的这一句话："教育最重要的事情就是要相信孩子与学生，相信他们每一个人都能够书写自己的精彩；就是要发现孩子与学生，发现他们的潜能与个性，让他们真正的成为自己。"

班里的每个学生都是一道亮丽的风景，你给他一个舞台，他就能还你一个精彩；你给他一点空间，他就能为你创造无数辉煌。作为教师，就是要善于发现学生的特别之处，一旦孩子发现了自己，找到了自我，他就会爆发出我们难以想象的能量。

在 2015 年 9 月，我接手了这一届的初一，在开学之初，我就对学生进行了一次较长情况的摸底，发现了 209 班的路力鑫同学和 211 班的石春霞同学对音乐有很好的理解和感悟能力，感觉到她们二人有唱歌这方面的潜力。这样，我就开始在课外活动时间，每天对她们进行一小时的声乐练习。我知道，我没有经过专门的声乐训练，我完全是声乐类的门外汉，怎么办？我看到了朱永新教授的《致教师》中说的"大烦恼才能有大乐趣，大问题才能有大成就"，在他的激励下，我先后购买了《音乐乐理基础知识》《声乐入门》《如何科学发声》等有关书籍，闲暇时间利用网络、视频学习声乐，在微信平台上关注了《中国音乐大师》等音乐公众号,参加了邢台辰光歌唱艺术团。通过自己的努力,自己的声乐教学水平有了一定的提高。

在教学的过程中,我就对她们说你们就是我的孩子,我像关心自己的孩子一样的来爱护和关爱她们。我们山区的孩子到初中了一点音乐基础知识也没有,我就从零开始,学简谱、学视唱、练发音、找气息,经过一段时间的学习孩子们进步得很快,孩子们有什么心里话也和我进行交流,大家成了无话不说的好朋友。有一次,我让一位女生去喊她们,这个女生说,路力鑫、石春霞,你们的爸爸找你呢,她们二人一听都开心得笑了,有时也开玩笑地喊我"老师爸爸"。

除了学习,和孩子心理的沟通和交流尤为重要。有一段时间我发现路力鑫同学在练习的时候经常出错,心不在焉的,感觉到她好像有什么心事一样,我就沟通了其他的科任老师,发现她的学习成绩也下降很快,由原来的年级第70名下降到了100名,我知道后,就找到她的几个朋友从侧面进行了解,找到了问题的根源,原来是"失恋"了。现在孩子们早熟,早恋现象很普遍,如何解决好这个问题也是我必须面对的。又到了训练的时间了,我把路力鑫一个人留下,耐心地询问她的近况,我也告诉她早恋并不是见不得人的,是一种人到青春期的正常反应,但我们现在是学生阶段,对异性有好奇很正常,但要有度,通过不到70分钟的交流,她终于解开了心中的疙瘩,又成了那个活泼可爱的小百灵了,在检测中成绩上升到了年级的第57名。

为了检验一下自己的教学效果,我给孩子们报名参加了2016年第十一届"永远跟党走"全国少儿歌唱比赛。孩子们第一次走出大山,看到了那么华丽的舞台,那么多的参赛选手,从穿着和陪同人员来看,还没有比赛我们就没了底气,轮到孩子们上场了,她们的表现很好,获得了观众们的阵阵掌声,初赛获得了邢台市的第二名和第三名的好成绩,被推荐参加河北省的省赛。

去石家庄参加比赛,两个孩子的家庭条件都很差,路力鑫妈妈几年前就去世了,爸爸没有固定的工作,石春霞爸爸常年有病,妈妈在镇卫生院打扫卫生,家长都不能陪同孩子参赛,我就一个人自己驾车带着两个学生去参赛,由于对石家庄不熟悉,从早上六点开始化妆到参赛场地就快十一点了,刚好赶上了比赛,正好轮到她们上场。两名同学发挥正常,观众们给予了热烈的掌声,评委老师当场给予了肯定,现场打分,石春霞获得河北赛区少儿组第一名,路力鑫获得河北赛区少儿组第二名,被河北省组委会推荐参加全国的比赛，我本人也获得了最佳声乐辅导教师奖。能够看到自己的学生站到全国最高的舞台展示自己的风采，是我的梦想。但天有不测风云，因为天气和经费的问题，孩子们没有到北京进行比赛，这成了我心中一个难以抹去的痛！虽然过去了这么久，现在想起来心中还有隐隐的痛。

正当我郁闷彷徨的时候，我又打开了《致教师》这本书，看到了朱永新老师说的"人生没有最高峰，风景永远在路上。教育没有终点，我们永远在追寻中"。我明白了这也许是上天对我的考验，历史不会在后悔中改写，美丽只会在奋斗中绽放，此项活动结束后，我很快调整自己的心态，先后又辅导了路力鑫、石春霞、王莫琪、成静四名同学成功参加了邢台市首届少儿诗歌春晚，路力鑫、石春霞获得了邢台市最美声音奖，王莫琪获得最佳人气奖，成静获得二等奖。

作为一名普通的教师，我愿意在平凡的岗位上，永远保持一颗不安分的心，永远怀揣自己的梦想，用自己的执着和一颗不老的童心，像朱永新老师说的那样过一种幸福完整的教育生活，穿越艰辛，收获美丽！

(作者系邢台县马河中学教师)

在教育中诗意栖居

李青山

刚刚参加工作时,我喜欢读陶行知先生的诗意名言"捧着一颗心来,不带半根草去",这句话表达了一种对教育无私奉献的崇高理想,令初为人师的我颇为兴奋了一阵。岁月匆匆,转眼之间我走上讲台也已经有十七个春秋了,每天面对平凡重复的工作,当初的那些兴奋即将消耗殆尽,就在我彷徨迷茫之时,《致教师》如一个鲜活跳跃的火种,重新点燃了我内心的激情。

朱永新先生说过:世界上最复杂的是人,教师职业面对的是最深邃的世界——人的心灵。作为这个社会的一分子,教师肩负着既要为学生净化心灵,又要不断提升自己的双重任务。在工作中,教学成绩、职称和荣誉,是每一位教师迈不过去的心理沟坎,而这又势必降低教师职业幸福指数。那么,如何重燃教育激情保持教育理想?如何提高教师职业幸福感呢?朱永新教授的《致教师》和新教育理论作出了最响亮的正确回答。

这本书从教师职业本身出发,关注到每一个生命,每一个日子、每一个课程,每一间教室。朱永新先生围绕教师提出的教师关心和教师成长的关键问题,从"成为教师的理由""怎样具备好教师的慧眼""如何书写教师的生命传奇""怎样过一种幸福而完整的教育生活"四大方面,一一为教师解惑。其中,给我印象最深的是"在教育中诗意栖居——如何保持教育热情"一节。这一节朱永新先生以南通师范附小李吉林老师为模板,以教师的职业倦怠为切入点,响亮地回答了"如何保持教育理想"这一现实问题。朱永新先生在李吉林老师身上寻求出了四点秘诀:一、李老师拥有一颗年轻的心;二、李老师心中始终燃烧着激情;三、李老师怀有深刻的对教育的爱;四、李老师有创造的智慧。

年逾七十的李老师保持着年轻诗人的心理和激情,无瑕、天真、灵动的童心是保持理想永不枯萎的法宝。做诗人还要有激情,没有激情是写不出诗歌，做不了诗人的，就像郭沫若先生写诗要趴在地上深嗅泥土的芳香一样，做教育亦是如此。如果说激情是诗人外壳的话，那么爱就是诗人的内涵，是从事教育工作的动力之源。爱好比是一团永不熄灭的火，没有这团火，不光是自己缺少工作的热情，更无法将热情传递给学生。没有目标的教育是盲目的教育，没有创新的教育是没有生命活力的教育，朱永新先生提醒我们不能把别人的东西拿来直接翻用，一定要创新，才能内化为自己的风格。

"路漫漫其修远兮，吾将上下而求索"，教育工作是一段漫长的过程。拥有十七年教龄的我正处于职业的青春期，青春期产生的心理问题已在《致教师》中找到了答案。那就是摒弃一切私心杂念，保留最初的那份真情，永远保持一颗年轻有爱的心，装在激情的外壳里，以创新为智慧，像诗人一样永不褪色地，幸福地栖居在教育中。

（作者系邢台县马河中学教师）

不忘初心，方能守护理想

刘 欢

前些天和同学聊天，在省级部门上班的小旺，他说现在很迷茫，找不到工作的热情。随后，好几位同学表示赞同。突然就想到了朱老师在《致教师》中的一句话——当生活没有梦时，生命的意义也就完结了。工作失去热情，是因为还没有找到工作理想或者工作的理想之焰已然熄灭。

我很赞同朱老师的话，也非常理解同学们的职业倦怠，因为我也曾经对工作缺少热情。九年前，我曾是让亲朋好友骄傲的河北省第一届大学生村官，可是我在工作中找不到自己存在的意义。于是我遵从内心的选择，报考教师，如愿当上了一名小学教师，也逐渐在工作中活成了最好的自己。

很多人都说，在工作中我就像一个小太阳，永远充满能量和热情。从教的这些年，对我而言，每一名学生代表的都是一个独立的生命，而不是条框化的复制品；每一节课堂代表的都是学生对生活的感悟，而不是文化知识的灌输；每一句话代表的都是我的榜样引领，而不是师威压迫……我在乎的、看重的、视为教育之理想的，从来就不是那一纸成绩，而是提高孩子们的学习能力和帮助孩子们养成积极乐观的生活态度。

作为小学教师，如果没有特殊情况，我们可以陪伴学生六年。六年后，当学生回忆起我们，想到的是什么？是凶巴巴的责备，是机械重复的作业，还是灌输式课堂？或者，提到老师，学生会说："我那个老师要求特别严格，我写错一个生字，就让我抄写了30遍！"或者，学生会说："我的老师简直就是老虎，经常骂我们是笨蛋、说我们长大后没有出息。"又或者，学生会说："我的老师总是拖堂，一个问题翻来覆去讲好多遍。"这样的老师认真负责、一心扑在教学上，不放过任何一个提高学生成绩的机会，但可能会忽略了教育的"育"。教育是教学、育人的共同体，只重视教学，忽视对学生美好心灵的塑造，忽视对学生良好行为习惯的培养，他们就不能称之为朱老师口中的

"贵人"——"一个教师，如果能够真正地影响几个学生的生命，真正地走进他们的心灵，真正地成为学生生命中的'贵人'，他的生命就是非常有价值的了。"

我们都曾豪情万丈地要做"贵人"，也都怀抱着美好的教育理想去陪伴学生成长。但试问，我们心中还有多少理想的火苗？当你费尽心思陪学生阅读品析大师、名家们震撼人心的著作时；当你不着痕迹地在游戏中挖掘学生的学习兴趣点时；当你牺牲假期时间和学生一起到野外观察四季变化时……却发现身边的老师将学生的阅读时间、游戏时间、体育锻炼时间、甚至是睡眠时间，统统用来打题海战，你心慌吗？

你说，你不心慌！那好，我再举个例子。当你和学生进行了一段时间的阅读之后，你是否能够不被那些将阅读功利化的人同化？是否能够始终将阅读作为培养学生阅读兴趣、提高学生阅读能力、拓宽学生人生格局的帮手，而不是让阅读变相成为学生的负担？如果在种种诱惑前，你始终能不忘初心，守护理想，我敬你是好汉！

"你"是谁？"你"是夜深人静时的我。每当我开始动摇自己的教育理想根基时，我就会这样警醒自己，时刻提醒自己不要忘记最初的本心，不要忘记自己从教的意义。生活不是一帆风顺，实现理想的道路总有坎坷羁绊，不忘初心方能守护理想。当我教过的学生时不时地来看我；当我的学生称我为姐姐；当其他班的学生、其他班的家长，羡慕我的学生有个好老师……我就又有了前进的动力。

不忘初心，方能守护理想；守护理想，方能充满希望。致教师，致理想。

（作者系邢台县南石门镇中心完小教师）

用审视孩子的目光审视自己

赵 芳

近几天,一直在读朱永新教授的《致教师》一书。16万字的篇幅里,"我们看见真实,也看见真诚;遇见理性,也遇见理想;见证深度,也见证温度。"它针对普通教师的"问题之困",采用平等对话的形式,却让我们每一个教师聆听到了"智者之声"。其中,给我印象最深的是朱老师的《孩子身上有父母的影子》一文。

在这篇文章里,朱老师针对"如何同时成为好老师和好妈妈"表达了自己的看法。他说:"现在社会普遍关注的焦点是学校教育,父母更多的考虑也是学校教育,忽视了他们自己才是真正的教育基础,才是决定孩子命运的关键。通常,优秀孩子成为优秀人才的背后,总能找到温馨和谐家庭的影子,同样,一个人形成不健全的人格,也可从其家庭中找到充满冲突和矛盾的因素。"他还说:"孩子是世界上最伟大的模仿师。他的语言是模仿的,他的行为是模仿的,他的观点是模仿的。父母的兴趣往往会成为孩子的兴趣,父母的坏习惯往往会成为孩子的习惯。""要解决学生的问题,往往必须解决父母的问题。"

我是一个教师,同时也是一个妈妈。作为一名教师,我常常反思,也常常因为学生的一些问题多方询问,查找原因,发自内心地感觉自己欠缺的还很多。可是作为一个妈妈,从来没有意识到自己的教育存在诸多不足。我总是能从孩子身上看到他的很多缺点,也总是愤愤不平,感慨自己的孩子不求上进,做事拖拉,吹毛求疵,小肚鸡肠……

有一次,我对朋友抱怨自己的孩子,我对朋友说,我的儿子太刻薄,总是只看到同学的缺点,看不到同学的优点,而且别人做错了事,他不是去安慰,而是一针见血毫不客气地让同学难堪。这样的做法着实让人讨厌,长此以往谁愿意跟他交朋友。朋友听了,反问了我一句:"你平时是不是对他要求比较严苛，他一有错你就立刻指出呢？"朋友的话让我无语。反思平时，我的确是这么做的。我自认为，应该及时纠正他犯的每一个错误。有了缺点就要改正，这样才能更优秀。没想到，我在教育他的同时不知不觉地却给了他另一种影响。而这是我从未意识到的。我的孩子之所以总是指责别人，是因为他在模仿他的妈妈。可以设想：如果他的妈妈平时是心平气和、和风细雨地指出他的错误，想必他也会以此待人吧。

　　现在，当我读了朱老师的文章后，我开始逐步反思自己的家庭教育。虽然我是一名教师，在学校教育方面有一定的经验，可是这些经验很多并不适合于家庭教育。作为一名妈妈，我和别人的起点是一样的。我们都是"无证上岗"。

　　朱老师说："没有驾照不能开车，违规要罚款。做父母比开车要复杂一百倍、一千倍。一个孩子的方方面面，从生理到心理到养育方式，从知识的学习到人格的养成，是一门大学问。但是，我们不需要接受任何培训就可以做父母，就可以对孩子发号施令了。就像没有经过培训的司机，不需要证就可以开车，在高速道路上大行其道了。实际上，如果一个国家这样无证驾驶的'司机'充斥在我们的国土上，这个国家一定是危险的。"的确如此，我们都是"无证驾驶"，我们想当然地认为是我们给了孩子生命，我们会用全身心的爱教会他们成长。可是，我们的爱真的是"智慧"的吗？我们没有任何技巧的教育真的能引导孩子"平安上路"，"一路通畅"吗？

　　想到这里，我感觉自己并不是一个合格的妈妈，至少目前还不是。"影响孩子最有效的方式，是与他一起成长，为他做一个榜样。你要求他做到的，你自己首先应该做到。你要求他有理想，你自己就要是一个有梦想的人；你要求他阅读，你自己首先要成为手不释卷的人；你要求他写日记，你自己首先要成为一个每天记录自己生活的人；你要求他整洁干净，你自己就不能够邋里邋遢。""为孩子做榜样，不仅是作为母亲需要的品质，也是作为教师需要的品质。"这些话一针见血，它让我警醒，也催我奋进。无论做一名合格的妈妈还是做一名称职的教师，归根结底是做一个更好的自己。孩子身上的不求上进，做事拖拉，吹毛求疵，小肚鸡肠……都只不过是我的缩影罢了，与其审视孩子的缺点，不如用审视孩子的目光来反复审视自己。

　　用审视孩子的目光审视自己，或许会发现自己的努力早已蜕化，而我们却毫不自知，依然在孩子面前高谈阔论，告诉他奋斗会有奇迹；用审视孩子的目光审视自己，或许会发现自己懒于整理一屋子的狼藉，却对孩子说，一个人要懂得随时清理自己；用审视孩子的目光审视自己，或许会发现在夜晚我们一边沉迷电视和手机，一边厉声呵斥孩子，为何不能抓紧宝贵的时间学习；用审视孩子的目光审视自己，或许会发现自己好久都没有读一本书，却对孩子大谈阅读可以改变人生，提升自己；用审视孩子的目光审视自己，或许会发现自己也热衷于火锅、麻辣烫，却告诉孩子要远离垃圾食品……

当我不断地审视自己时，我感到肩头的重量。一个小小的生命来到了尘世，如同一张白纸，徐徐展开在初为人父、初为人母的我们面前。作为父母，要慎重落笔，作品有多精彩，都由我们决定！当我们下笔时，不妨想一想，我们的每一笔，将投下什么样的影子吧！让我们不断用审视孩子的目光来审视自己，为了孩子，让我们都成为家庭教育之路上的"好司机"。

(作者系邢台县南石门镇中心西小郭学校教师)

拿什么影响学生？

郭瑞霞

毫不夸张地说，女儿的字写得特别漂亮，这要归功于女儿初一的语文老师——石丽娜老师，一位知性、婉约、温柔、可亲的老师。记得女儿说过，石老师对她最大的影响就是让她喜欢上了练字，喜欢上了书法，喜欢上了坚持。因为石老师能写一手漂亮的字，还每天坚持练字帖。

去年暑假开学，我调到了南石门中心小学，和刘欢老师搭班，共同教五年级。刘欢老师是我们县新教育阅读的推广者，确实，她带动了我们班学生的阅读。学生喜欢上了读书，喜欢上了写作，一首首优美的小诗，一篇篇饱含着真情实感的作文，都不由得让我们对这些小学生竖起大拇指，我们班有的学生甚至开始了小说创作。这一切，都离不开刘欢老师带给学生的阅读体验。

我的女儿，我的学生，都受某一位老师的影响，让他们形成了一定的兴趣、爱好。我想，这些兴趣、爱好会陪伴孩子们一生，而带给他们影响的老师肯定也会让他们铭记一生吧！

此刻，我想到了我自己，从教已有十几年了，我有什么可以影响我的学生？我又有哪些作为可以让学生铭记一生呢？想到这些，不由得让我汗颜，也让我陷入了深深的思考。

朱永新教授《致教师》一书中有这样一段话——曼德拉说过："生命的意义不仅是活着，而是我们给别人的生命带来了何种不同，这决定了我们人生的意义。"这段话，对教师尤为重要。教育归根结底是人和人之间发生的影响，教师的一言一行都可能直接给学生的生命带来不同，教师的生命价值，人生意义，都在于此。

回顾自己以往的教学经历，工作历程，除了给学生知识上的传道解惑外，貌似在其他方面没有给学生带来深刻的影响，倏忽间，感觉自己这十几年来做教师特别失败。我自认为自己是一个学生瞧得起的老师——因为我喜欢上课，喜欢在课堂上与学生共同探索，而学生也喜欢上我的课；我也自认为我是一个让自己心安的老师——老师这个职业，是吃良心饭的职业，而我也能做到尽职尽责，善待每一个学生。

如果没有石丽娜老师，没有刘欢老师带给我的启发和思考，或许，我会一如既往地照着以前的思路工作；而现在，尤其是在阅读了一些教育著作，经历了一些亲身感受之后，我发现，作为教师，我们不能只把传授书本上的知识、让学生考高分为目标；而要想着用自己的言行、品质、兴趣、爱好等影响学生，让学生获得书本以外的更有价值的、更利用成长的"本事"，让学生一生受用。而我们也要向着教师职业的第三种境界"做让学校骄傲的老师"而努力。

"人生没有高峰，风景永远在路上；教育没有终点，我们永远在追寻中。"我想，我也会不断地追寻，追寻一种新的教育境界。

(作者系邢台县南石门中心小学教师)

我是教师

赵丽鸽

"师者，所以传道授业解惑也。"身为一名教师我很荣幸，同时我也希望有师者可以为我解惑答疑。读了朱永新先生的《致教师》，我便像遇到了一位睿智的师者，教会了我许多东西。

一、每个孩子都是天使

去年夏天，我接了小班，这可能是我接过最棘手的一个班。毫不夸张地说，有几个孩子都淘到可以"以一敌十"了。常规说了一遍又一遍，嗓子都说哑了仍不见起色。那段时间我每天都有一种心力憔悴的感觉。后来，我看到了朱老师的那篇《每个孩子都是天使》，想法就有了很大的转变。文中的妈妈们、老师们面对脑瘫智障的孩子都可以那么有耐心、有信心，再想想我面对的问题要简单得多了。"爱是教育的底色"，"作为教师，仅有爱是不够的，或者说真正的爱里一定包含着智慧"。于是我尝试再次努力，多从孩子的角度去想问题，从一点一滴做起。一天过去了，一周过去了，一个月过去了，渐渐地我发现孩子们有了改变。当我们可以正常地上课，当孩子们亲切地叫我"妈妈"，当我的桌子上放满孩子们送我的小野花，我觉得一切的付出都是值得的。朱老师说得对，每个孩子都是天使，只是需要我们去唤醒。

二、在阳光中创造更好的自己

我是一个没有什么争上心的人，一切随心，我只喜欢做我踮踮脚就能做到的事。我最喜欢的诗人是陶渊明。"五柳先生"描绘的"采菊东篱下，悠然见南山""榆柳荫后檐，桃李罗堂前""暖暖远人村，依依墟里烟"都是我无比向往的生活。我喜欢与世无争地活着，憧憬可以去到"桃花源"，人生信仰就是知足者常乐。但朱老师却教会我们作为一名教师，要有一点"理想的情怀"。人生苦短，只有怀揣梦想的人才可以给自己带来惊喜，我们的故事才可以更加精彩。他的思想打动了我，我意识到以前的我似乎有点懒，所以我正在努力地寻找自己的"生命原型"，虽然现在的我还不够好，但是我愿"坚守梦想，不改初衷"，我愿"更加从容坚定地做一个好老师"，我愿"在阳光中创造更好的自己"。

三、做好自己的国王

"每个老师都是自己教室的国王"，好喜欢这句话。关起教室的门，教师自己的智慧，自己的才华，便可以随意施展。人与人是不同的，所以创造的王国也是不一样的。我希望我的教室是一个充满童趣的乐园，是一个天真浪漫的王国。我希望这个王国的孩子都可以身心健康、思路开阔、思维敏捷，快乐地成长。但这一切还需要我更加努力。要达到这个目标路程或许遥远，过程或许艰辛，但那结果正是我想要的，所以，我愿意为之努力。和孩子们用优美的古诗词和快乐的儿童诗开启我们美好的一天，用师生共读绘本来学道理、长知识，用每月一事记录我们点滴的成长……这些都是我建造王国的基石。我愿慢慢打造我的王国，做好自己的国王，让我的孩子们都能自由自在，快乐地成长。希望孩子们都能喜欢我的王国，也希望这里会有孩子们美好的童年回忆。

最后以朱老师的几句诗结束我的这篇感想：

> 我是教师，这是一份职责，更是一种使命；
> 我是教师，时光缓缓显形，终见此生天命；
> 我是教师，以现在求证未来，让生命幸福完整；
> 我愿努力，静待花开。

（作者系邢台县南石门中心周公村学校教师）

我的教师生涯四部曲

霍海霞

一个婴儿成长为一个可以独立行走的人，需要经历爬、站、走、跑四步才能完成质的变化。当我读了朱教授的《致教师》，慢慢梳理出了自己教学生涯的四部曲。

寻找做教师的理由

中学毕业考取师范学校，成为一名教师就是为了得到一份稳定的工作。经历了18年的教学工作后，我需要重新寻找做教师的理由，我在《致教师》中找到了答案。教师是一个能够把人的创造力、想象力等全部能量与智慧发挥到极限的、永远没有止境的职业。世界上最复杂的，是人。教师职业面对的是最深邃的世界——人的心灵。作为一名小学教师，当面对一些留守儿童的一些棘手的问题，有时真的有一种"心有余力而力不从心"的感觉，但我从未想过放弃任何一个学生，坚持中找到改变学生的方法。当看到学生的成长之后，那种喜悦之情是无以言表的。教师职业的这种不确定性、挑战性固然为自己的工作增添了许多困难，同时也更增添了魅力。教师工作的魅力令我神往，不愿停下自己前进的脚步。除此之外，教师是拥有自由支配时间相对较多的职业。的确如此，我马上进入大约两个月的暑假生活，一直在提醒自己千万别让"暑假"变"睡假"，浪费了大好时光。我一定要充分利用这段时间去做一些有意义的事情，让自己获得收效与享受。

作为一名中青年教师的我，教师已经不只是一份养家糊口的一份职业，而是应该坚信自己所从事的是一个影响人生的、值得为之奋斗一生的事业。回首看看，一个个淘气孩子的成长、一个个学困生的进步、一张张的小卡片等等，这些教学中的细微之处不正彰显了教育的美丽吗？教师生活原来也可以如此美丽，只是自己缺少发现美的眼睛。我还有什么理由质疑自己的选择——教师呢？

转型做"科研型"的教师

我总是徘徊在教育幸福的大门之外，我也想成为擦亮星星的人，但我只是在"想"，没有行动的底气。《致教师》让我拥有了一双好教师的慧眼，找到了前进的方向。

我以前正如朱教授说的，我虽然有18年的教龄，但充其量只能说，我"教"了1年而重复了17年，每天每月每年都在重复自己。在我的心中，从来不敢奢望自己可以成为一名科研型的教师。我与许多老师一样，往往把教育科研研究视为非常神圣、非常神秘、非常困难的事，认为那是专家、教授们的"行当"，自己只要教好书就行了，自觉不自觉地使自己远离了教育科研。我也有研究问题的欲望，但不知从何下手、如何开展科学研究。当时，我看到这里的时候，深深地被感动了。朱教授的每一句话都是我的心里话，都是我的无奈之处呀！

朱教授下面的一段话让我醍醐灌顶、豁然开朗。教育的伟大之处往往就寓于平凡之中。从自己日常的教育生活出发，同样可以成为优秀的科研型教师。朱教授认为，只有经历这种"学院式或学者型"的科研训练，才能使老师们更敏锐地发现问题，更精确地处理资料，更有效地解决困难；也只有这种训练，才能使老师们超越感性、超越时空的局限，站在更高的层次来思考问题、研究问题。我作为一名一线教师，缺少教育实践问题意识，缺少的是提炼问题的能力。去年我看这段话之后，立刻向上级领导申请做一名课题主持人，积极参加邢台县教师发展中心对课题主持人的培训，并成功申报了县级课题《教学点小学生课堂消极行为的调查及策略研究》。《致教师》的解惑和指引增强了我前进的勇气，才使我有了一个小小的蜕变。

书写数学教师的故事

作为一名小学数学教师，曾经迷茫于数学教师怎样做新教育。书中告诉了我应该怎样书写出自己数学故事的新篇章。我的数学课总是停留在数学知识的浅层表面上，缺乏数学的文化底蕴。现在我才知道一位数学老师的阅读同样重要，因为好的数学老师不是简单地教给孩子 1 加 1 等于几，数学教师应该懂得数学发展的历程，应该懂得数学的历史，应该懂得数学的哲学、数学的文化。这样的数学老师才能真正走进数学，才可能帮助孩子像数学家发现数学那样去学习，孩子才能真正的学得深、学得实。难道只有阅读就够了吗？是不够的，新教育非常强调专业写作，实际上就是在很大程度上不断反思自己的课堂，反思自己的教学，从而帮助自己更好地成长和更好地发展。写作是我的弱项，不是词不达意，就是空洞乏味。为了发展，我一直在行动中，一直在改变自己。

过一种幸福完整的教育生活

普普通通的一名教师，上有校长，下有学生，两者都必须兼顾好，自己的教学工作才能顺畅完成。其实所有的一切，最关键的是做好自己。"做让学生瞧得起的老师；做让自己心安的老师；做让学校骄傲的老师；做让历史铭记的老师。"工作的时候，常常怕得不到校长的赏识而瞻前顾后。但朱教授说所有的校长最为敬重的是那种"知识和能力都胜人一筹、有见识、做事主动、关心学校与学校同甘共苦的教师"。我再也不需要有太多的顾虑，只有自己脚踏实地一步一步地提升自己做老师的水准，才可以逐步过上幸福完整的教育生活。

《致教师》让我找到了自己教育生涯前进的方向，指引着我缓缓走向幸福完整的教育生活。

(作者系邢台县宋家庄中心小学教师)

有问必答的老师

杨志红

新教育让我和孩子们在书的海洋里幸福地遨游，我初识新教育是在朱永新教授的《新教育》一书中，践行新教育是伴随着朱永新教授的许多作品走过的。《新教育》让我懂得我们要像农人一样扎根于教室、课堂，努力让师生过上一种幸福完整的教育生活；《我的阅读观》让我认识到阅读对一个人、一个社会、一个民族的重要性，让我开始了自我阅读并引领学生爱上阅读；《我的教育理想》向我们展示了理想的教育，并引领我们向着理想的教育努力。而《致教师》就像一位有问必答的老师，当教学中有什么问题时我都会翻开书，并从中找到答案，解决教学中的问题。

在《致教师》一书中朱永新教授回复教师们的是一些有代表性的问题，很多问题我也遇到过，却没有思考，错过了许多思考进步的机会。初读后我给这本书的内容进行了简单分类，主要可以分为四类，分别是学生的成长，教师的专业成长，家校合作共育，教师心灵成长四个方面，它给我们提供了解决教学工作中的一些问题的方法和建议，帮助我们更快成长。

关于学生的问题，如何对学生一视同仁，如何让学生爱上真正的阅读，如何了解学生，如何对待问题学生，如何开展期末庆典，等等对我们教学中可能遇到的关于学生的问题进行了分析并提供了解决建议。我认为解决学生的问题的基本点首先是去了解孩子，首先要做的就是阅读研究儿童的著作，帮助我们了解孩子的世界，走进孩子的心灵。然后就是在教学中学会观察孩子的表现，因为每个孩子都是一个独特的世界，我们必须认真地对待每一个不同的生命体，研究每个孩子不同的个性特点与生命潜质，把每个孩子当作独立的个体来对待。只有抓住这两个基本点，才能更好地解决学生的问题，帮助学生健康成长。

教师的专业成长，《致教师》介绍了如何进行专业阅读，如何抵达教师职业的四重境界，如何做科研型的教师，如何尽快成长为名师。专业阅读是教师专业成长的重要途径，善于读书的教师，能从前人的教训里吸取经验教训，通过阅读不断思考，站在大师的肩膀上攀升。但是我们总是以工作忙作为自己不阅读的理由，朱永新教授告诉我们重要的事情总有时间做，不阅读只是因为我们没有把阅读当作我们生命中重要的事情。朱永新教授还对教师的阅读进行了分类阐述，教师应该进行广泛阅读，看到朱永新教授的建议才发现自己的阅读量是那么地少，阅读的类别也很单一，我下一步努力的方向就是按照朱永新教授的推荐，分类阅读更多的书籍。费尔巴哈说，人是自己食物的产物，而我们的精神发育是由阅读的书塑造的，读什么就会成为什么，所以我们要多读好书，让我们成为更好的自己。

家校共育，如何寻找适合孩子的家庭教育，如何同时成为好老师和好妈妈，如何做好家校合作共建。从中我们知道无论是家庭教育还是学校教育，都要努力帮助学生成为他自己，因为做人的教育才是最好的教育。再次要努力培养孩子良好的习惯和兴趣，当我们用美好的东西去填充一个人所有的时间，他就会不断地走向美好，就像孙云晓老师提到的习惯是可以决定一个人的命运的，有了一身好习惯的孩子是走遍天下都可以让人放心的孩子，所以无论是父母还是老师都应当注重孩子良好习惯的培养。

教师的心灵成长，如何在压力下坚守，如何保持教育热情，如何让自己越来越坚定，如何自我心理调适。教师要拥有一颗年轻的心，要蹲下身子来看孩子，和孩子交流，才能保持教育热情，坚守自己的那份选择，当好老师，做好教育。教师还要有坚强的信念才不会在教育中产生动摇，这就要求我们学会寻找榜样，榜样的力量本身就是在坚定我们的信心，在树立我们的信念，同时我们要有乐观的心态，在遇到困难时，我们要有一个乐观的心态，能够看到光明，看到成绩，看到我们生活中的正能量，这样我们才能更坚定地做教育。

《致教师》就像是一位博学多才的老师，对于我们教学中的问题总能给出指导性的建议，帮助我们解决教学中的问题。就在这几天才发现班里的一位好学生，还是一位组长，竟然和他同组的一个男生互相包庇，因为他们两个互相检查作业，就谎报作业，说对方写完了，女生扫地时不小心弄翻了他的书包我才知道他有一个星期的作业都没有完成。知道这些，我真的好失望，我不知道一个好学生怎么会变成这样，我决定这次期末不给他发奖状，我要利用这次机会好好惩罚他一下。可是反过来想想是我对学生监督不够，以至于学生才有空子可以钻，同时反映出学生的自主管理做得不够好，学生的自觉性还是很差。我想最重要的原因还是我对学生了解不够，于是我找到了这篇《如何了解学生》进行阅读学习，希望能从中找到答案。书中这样说，我们只有让自己变成孩子，才能真正了解孩子的世界。是啊，当我还是孩子的时候我也喜欢玩游戏，我也想多玩一会，所以也会想办法逃避学习。了解学生这一点，我就能理解孩子的这种表现，我也不再那么生气了，我告诉自己以后在平时对学生多监督，对学生的作业进行抽查，这样才能避免学生蒙混过关的现象出现。希望学生往好的方向发展，我们就要把他说成是一个好学生，所以我决定原谅他一次，希望他经过这件事能有更大进步，做更好的自己。

作为一名教师，重要的修炼就是做读书人。朱永新教授说："人是由他读的书造就的。读什么样的书，你就会成为什么样的人。读最好的书，做有根的人。与最好的书对话，就是与最好的人为伍。"因此我们要多读好书，读经典，在读书中，把自己修炼成如一座图书馆的人。《致教师》就是这样一本好书，让我们有更深刻的思考，让我们在大师的肩膀上攀升，帮助我们做更好的教育，做更好的教师。

(作者系邢台县太子井中心学校教师)

教育无他，唯爱与榜样

范伟霞

我时常想：怎样才能幸福地做教育？

读完朱永新教授的《致教师》，我心里有一个声音：教育无他，唯爱与榜样。

"教育的源泉是爱。只有爱，才能赢得爱。你爱教师这个职业，教师这个职业也才会爱你，你才能获得事业上的乐趣。你爱学生，学生也才会爱你，也才会让你在和他们的交往中看见成长的美妙，忽略大大小小的烦恼。"这句话深深地印在了我的心上。

没错，你所拥抱的东西，总有一天，会反过来拥抱你。如果你懂得尊重，懂得从孩子的角度去考虑问题，抛弃那些所谓的"师道尊严"，学会放低姿态，蹲下身子，和孩子用心交流，你一定会永远保持一种向上的姿态；如果你能够真正地把爱给所有的孩子，真正地用心对待自己的每一次讲课、充分利用课堂的 40 分钟，你一定会感受到当老师的乐趣、体会做教育的幸福。

教师这个职业于我们而言，不仅仅是一份赖以谋生的职业，更是一份沉甸甸的事业。我并不想说教师多么神圣，就像朱永新老师说的，归结为神圣，会过分强调教师的奉献与牺牲，容易导致神化和苛求，动摇扎根于现实的坚实根基。但是我们必须意识到，我们真的任重道远。小到一个家庭的命运，大到整个民族未来的兴衰成败，我们重任在肩。

教育是爱，爱自己的学生，爱自己的事业。在教育事业上，我们应该选择这样的"三心二意"——爱心、耐心、责任心；乐意、创意。

这"三心"的底色是爱，爱我们的学生。爱我们的学生，就要真正地把他们当作人来对待，真正地理解和尊重他们，真正地走进他们的世界；爱我们的学生，就要敢于放手，敢于把课堂还给学生，把"话语权"还给学生，让每一间教室都成为生命发展的地方；爱我们的学生，就要相信岁月，相信种子，相信每一朵生命之花都会悄然绽放。

这"二意"的底色同样也是爱，爱我们的事业。爱我们的事业，就要把自己的职业当作学问来做，做学问来不得半点马虎；爱我们的事业，就要把自己的工作当成科研来做，努力做一名研究型的教师。"心心在一艺，其艺必工；心心在一职，其职必举。"只有对教育事业的热忱才能让我们的工作更加出色。唯有热爱，才有杰出！

教育是榜样，是一个生命作用另一个生命的过程。书中说："教育归根结底是人与人之间发生的影响，教师的一言一行都可能直接给学生的生命带来不同，教师的生命价值、人生意义，都在于此。"

没错，"其身正，不令而行；其身不正，虽令不从"。尤其是老师对学生的影响，日积月累，耳濡目染、潜移默化。所以，要求学生做的，我们老师自己要先做到。比如，要想让孩子写得一手漂亮的字，我们首先要以身作则，用自己的示范引领孩子的发展；要想让孩子写得一篇精彩的文章，我们老师首先要写一写下水文，切身感受一下写作时的问题。这只是最简单的例子。小事情，却蕴含大道理。不用我们滔滔不绝地讲，不用我们喋喋不休地要求，学生的眼睛是雪亮的，学生的心灵是智慧的，他们知道，他们更懂得上进，他们的模仿能力也是超强的。如果我们坚持这样去做，我们的学生会悄然发生变化。大爱无痕，无形中给了孩子榜样示范，无形中给了孩子前进的动力，无形中在引领生命拔节。所以，我们老师应该放下心来，需要做的就是榜样的引领。

除了让孩子习得学习上的本领之外，更重要的是培养孩子的品德——这才是教育的根！教育方针中也提出把"立德树人"作为教育的根本任务。所以在品德的培养方面，我们更应该给孩子树立好的榜样，让孩子真正地成为优秀的人。

百年大计，教育为本。教育大计，教师为本。因为爱，所以选择；因为选择，所以无悔。汪国真说："既然选择了远方，便只顾风雨兼程。"我要说："既然选择了做教师，就要幸福地做教师。"

教育无他，唯爱与榜样！让爱先行，让榜样紧跟其后！

（作者系邢台县太子井中心学校教师）

当老师，有瘾！

李 楠

《致教师》一书用书信体的形式，解疑答惑。提问的都是一线老师，问题都很实际。朱永新老师的回答，引经据典，却没有一句假话空话，十分接地气。这样简单的一问一答，我却读了很多遍。遇到问题的时候读读，思路不够开阔的时候读读，遇到挫折想要放弃的时候更要读读。它让我想通了很多事情。

最初站在讲台上，不是因为喜爱和信仰，只是把教师作为一种职业。眼光只是放在成绩、试卷上，自然就会枯燥，会迷失，得不到认同，没有幸福感。然而随着新教育的风吹进邢台后，读了朱老师所言的"教师的四重境界"后，我慢慢找到了自己的价值，眼界放宽了，教育有了奔头，变成了一件十分美妙、有成就感的事情。当老师，当上瘾了。

当老师，要有爱孩子的瘾

我从教这几年，机缘巧合，一直带的都是低年级。孩子们天真烂漫，童言无忌，和他们在一起，从来不觉得自己"美人迟暮"。有时面对特别调皮的孩子，我只要想到，他就是个孩子，我们怎么能拿成人的标准一味苛责孩子呢？心里就不会再充满愤懑。

为了鼓励低年级孩子保持对学习的热情和兴趣，我自费购置了个性奖状、积分卡、小印章和多种学习用品，开展班级竞赛，让他们你追我赶，既有前者，又有来者，形成良好的学习氛围。

我带领孩子们做各种活动，共读绘本、朗读比赛、讲故事比赛、户外晨读、诗词竞赛等。有的老师私下说，你做这些活动，费时费力，又一时在成绩上体现不出来，没用。我一笑了之。我明知道做活动对孩子的成长有利，但仅仅为了成绩，就让孩子们失去学习的乐趣，违背他们的天性，我不会这样做的。

对孩子的爱，还在未曾放弃每个孩子。每个孩子都有自己的特点，可能在学习知识上差点，在其他方面总有他的长处。一个人人生道路如此漫长，仅凭我们与孩子相守这一段时间就否决他，十分不公。有的孩子就像晚开的花，只有我们持之以恒地浇灌、精心呵护，总有一天他也能绽放。

因为学校在山村，很多孩子走出来的机会很少，有的孩子去一次镇上都很不容易。我就每隔一段时间，利用周末时间，带一到两名孩子，跟我回到市里，去逛逛公园、超市、游乐场，坐坐公交车，感受一下城市的不同。

做个老师，站在这个讲台上，不是要对自己的工资负责就可以了，而是要对每一个孩子负责，对良心负责。爱孩子，是有瘾的，当课上他们聚精会神看着你，伸长了小手等着你，课下一群一群围着你，那个时候你觉得自己多么幸福，成就感源源不绝。

当老师，要有上课的瘾

每天早晨起来，还没走进课堂，想想今天要上的内容，自己就先充满期待，期待孩子的表现，期待学生有所收获，期待自己从中有所感悟，这就是上课的瘾。

为了能够上好课，我总是琢磨应该如何把课上的更有趣，更有品质，尽量用更好的方式给孩子们传授知识。上课时候，如果在自己启发下，学生们说出一个非常棒的回答；或者有哪个环节进行的特别顺畅，取得很好的效果；亦或者板书来源于当堂的灵感，很美观；这些都会让我感到非常快乐，享受课堂的感觉。

新教育推进以来，我和孩子们的课堂更丰富了，绝不局限于日常教学。我们晨诵的时候，走出教室，来到操场上，男女生交换朗读、比赛读、小组读等方式让我们尽情享受清晨。午读的时候，我们多是选择绘本，在一个个故事中感受爱和美好。傍晚，用画笔来暮省，一幅幅画那么稚嫩又五彩缤纷。

这样的课堂谁不喜欢呢？孩子们喜欢上课，我也喜欢上课。每次走进教室的时候，是我最开心的时候。有时，参加完一项培训，就期待回到学校，把自己所学运用到课堂上，让孩子们也享受到大师的智慧结晶。

当老师，是有瘾的。无论课上课下，享受自己的教育生活，享受和孩子们相处的每一课，才能让孩子们享受学习，过一种幸福的教育生活。教育是脚踏实地的坚持，是从未放下的热爱。

(作者系邢台县西黄村中心学校教师)

我的读书日记

张伟英

题记

去年暑假学校赠送了三本书给老师,《致教师》是其中的一本。因为在假期我就认真地读了这本书并写下了一万字左右的读书心得。这本来都是我自己的随笔,可没想到一年后的今天学校竟要求上交这本书的读后感。于是就想和大家分享一下认真的读一本书的感觉,就这样把真实的自己,真实的读书感受拿出来展示给大家了,虽然有点儿啰嗦,但都是读书之悟,读书之获。

2016. 7. 14

用诗开启心灵的自由

《致教师》是朱永新教授的又一部力作,我看到卷首的小诗《我是教师》就有一种很亲切的感觉,就好像是终于有一个人理解了我这几年的不易和辛苦一样。总以为自己的职业被别人抬得很高大上,也总有一种达不到的困惑,一首小诗就这么轻轻松松地解开了我心头的疑惑,呵呵,原来我什么都不是,我只是我自己呀!

"为自己赢得心灵的自由。"虽然我觉得曼德拉离我很遥远,但他面对困境的方式还是很受用。"我们可以从痛苦中汲取积极的力量,从困境中学习超越的本领,这样强大的心灵就会无所阻碍。"近两年里我的身体出了一些状况,从而也影响到了我对工作的热情,而我把这些都归咎于"职业倦怠"。曾有那么一瞬间我想辞职,我想好好地休整,因为我的心灵里有了桎梏,我不想这样浑浑噩噩地过下去。可我还没有潇洒到不管不顾的资本,于是就这么不甘地工作着却又找不到释放的途径。"新教育"的理念,曼德拉的实例，让我似乎是慢慢地找到了答案。"生命的意义不仅是活着，而是我们给别人的生命带来了何种不同。"我是一名教师，我的一言一行将直接给学生的生命带来不同，我的生命价值、人生意义原来在此！我好像一下子释然了——"人生没有最高峰，风景永远在路上。教育没有终点，我们永远在追寻中。"

2016．7．15

魅力为师　身正为范

"因为魅力所以美丽"作为教师，我们每天拥抱一轮新的太阳，同时，我们更是每天面对着个性迥异的孩子，拥有无限潜力的生命。我想象着工作中的挑战性和不确定性还真是有点儿畏惧，可一想到那是鲜活的生命，哎，还有什么困难可以畏惧的呢？只有爱才能赢得爱，爱学生，学生才会爱你，才会让你在和他们的交往中看见成长的美妙，忽略大大小小的烦恼，我的生活原来可以如此美丽！

陶老先生的"学高为师　身正为范"这句话一直被我奉为至理名言。虽然我实在是成不了知识渊博的人，但我有着求知的热情与能力，我还怕什么呢？老师"身正为范"的言行，是学生活生生的教科书。为人师表，才能引导学生向正确的方向前进。我不想当一个连学生都看不起的老师，虽然现在的我应该还算得上是一个让自己心安的人，但我更想成为一个让学校都骄傲的老师。今天的我或许还有很大的不足，可我已经看到了努力的方向！

"当理想遭遇现实，总会有碰撞，总会有较量。"到底是谁能胜出？那就要看你的付出，你的坚守了。朱教授对理想的坚守都还是"戴着镣铐跳舞"呢！我们是不是更要去改变自己，永葆一颗年轻的心呢！"教育是我生活中最重要的内容，教育也是我生命中最重要的事情。"我再次在心里默念这句话并默默地为自己鼓劲："我要坚持，我要努力！"

2016．7．16

坚守梦想　不忘初心

看着看着这本书我都会不由自主地笑出声来，怎么我在工作中的困惑都有人提出来了呢！真是非常感谢那些勇于提出问题的老师，你们怎么就知道我有遇到哪些问题呢？真是想不明白！当然我更感谢为我解答了如此多问题的朱教授。《致教师》这本书真的就像是一场没有彩排的现场问答，看着看着就会让我的嘴角不由得上扬。

"好教师是培训出来的吗？"对于这个问题我觉得我还是深有体会的。因为我应该算是一个经常参加培训的老师了吧！我觉得那些培训还是有价值的。记得李一慢老师的绘本培训、窦桂梅老师的《大脚丫上跳芭蕾》对我的教学帮助还是挺大的，对我的专业发展也有很大的引导。至于那些无聊的培训我也时有参加但谈不上有收获。所以朱教授说的"培训就是教育，而最好的教育是自我教育"看来就是你对待培训的态度，如果你是主动敞开心灵进行自我教育，那培训就有收获！

"身教比言传效果更好。"这是我们都明白的道理，可工作中有时候却做不到以身作则。明知道我们就是孩子最好的榜样，也是他们最好的模仿。但常有一种我是大人了可以不拘小节的放松思想，其实这样的放纵只会害了自己。所以我们要时刻铭记做老师：一要拥有一颗年轻的心，二要心中始终燃烧着激情，三要有深刻地对教育的爱，四要是有创造的智慧。

"生命原型"我对这个词的理解为"心中的偶像"。我一直是一个"西迷"，就是很迷恋李镇西老师的上课风格，很迷恋他说话的幽默和犀利，很迷恋他与学生的至亲关系……总之是觉得像他那样当老师就是我的梦想。直到我真正的见了他本人之后发现他没有我想象中的帅，一点儿都不高大，更谈不上伟岸。虽然有一点儿小失望不过我还是"西迷"！因为课堂上的他风采依旧啊！所以我也会继续向他学习，像他那样坚守梦想，不改初衷，这样才有可能书写生命的传奇哦！

"每个孩子都是上天派来的使者。"每当我遇到调皮捣蛋的孩子，我都是用这句话安慰自己。我也知道教育应该公平，应该一视同仁，可是现实中我真的做不到。我常常会面对那些学困生着急上火，虽然最后依旧是摊开双手哭笑不得。我也常常会对那些问题生抱怨发脾气当然最后也是我无奈地妥协。所以我就很是困惑，直到看到这句话"只有你不放弃，孩子才不会自弃。只要你还相信，孩子就会自信"才有点儿释然原来我还是缺少耐心！

"什么叫基础教育？就是为孩子的整个生命奠基的事业。"我从事的工作原来这么地任重道远，突然就有了小压力了呢！其实小学的工作远没有大家想的那么简单，孩子的吃喝拉撒习惯培养统统都需要老师的示范与引导。且不说它有多繁杂，单单是一遍又一遍的重复都需要挑战你极大的耐心。可想想是为了孩子的一生我又怎能掉以轻心呢？记得每年送学生毕业的时候我都会对他们说："看着你们又要走出我的视线还真是不舍，想想过两年你们又都会把我忘光还真是心疼啊！"他们叽叽喳喳的叫着"不忘，不忘"，我却只是笑笑。我知道小学的老师做的工作就像是盖好的大楼的根基，它早早地就被埋在地下。至于大楼顶层的辉煌是照不到它的，而孩子们也只会记住他们初中的高中的乃至大学的老师，又怎么会想起给他擦鼻涕的我呢！我突然伤感起来，不写了先去郁闷会儿。

2016. 7. 17
　　　　学做科研　重新成长

"不想当将军的士兵不是一个好兵。"每每听到这句代表所有军人梦想的话，我就想那我一个当老师的应该想当什么呢？当校长？还是教育家？可我真的只想当个好老师！为什么朱教授却说做老师就要做一个"科研"型的老师呢？不能成为一个教育家就不是个好老师吗？看了"根都应该扎入泥土里"我突然就惭愧了。原来我所谓的"好老师"就是一个教书匠啊，教案常常是二十多年一成不变，年年讲老内容，年年用老方法，每年每月每日都在重复自己，我还有什么理由说我是一个好教师呢？我不想说我有多慵懒，可我实在是算不上勤奋啊，唉！追求卓越，渴望成长，就从现在做起，哪怕终究成不了什么教育家，也要年年备新课，年年出新教案，每年每月每日都要根据学生的变化而改变自己的教法，我就把这个作为我下学期的一个新目标吧！

放假了，心也空了，几乎所有的外人都认为当老师最大的好处就是这个长假了吧！可"业余预言未来"，我这个假期是不是也该设想一个"未来"？先来个阅读吧，我原本是打算用五天时间读完《致教师》这本书的，可现在看来计划又落空了，因为书的内容和我的工作结合得这么紧密，我还是想精读一下！今天要记住的就是"人的生命有两种计量办法，一种是生理的实际生命长度，一种是时间的实际利用长度"。至于这个暑假，我是不是可以利用这充裕的时间按第二种办法来计量呢!

"一个热爱阅读的老师一定能够培养出热爱阅读的孩子。"我应该算是一个热爱阅读的人了吧,可为什么还是有些孩子不跟上来呢?看来引领阅读的方法和技巧还是需要改进的。突然就想起我"独创"的每年的开学第一课,(感觉自己挺有才的)我叫张伟英,每次接一个新班,师生都会有一个互相介绍、互相认识的过程。为了能够让学生快速地记住我,并对我任教的语文学科产生兴趣,我常常对他们说我姓张,弓长张的张,伟大的伟,英雄的英,我爸给我起这个名字就是期待我长大后能成为一位伟大的英雄。学生也就会照着这个方法介绍自己,当然他们还不懂得自己名字的含义,我就叫他们回家问父母,并安排了一节《名字的故事》的演讲课。这样既让他们对汉字产生了兴趣,又懂得了父母的殷切期望,还在潜意识里学了好多的生字。真可谓一举多得呢!这个方法我已经坚持了好多年,如果一直坚持下去,我是不是还可以把它作为一种小课程探究一下呢,有点儿小窃喜了!既然不想再用那张旧船票去重复昨天的故事,我是不是该学一学《大西洋来的飓风》,也用字来记录记录以后这每天发生的教育故事?

"要走得快,就一个人走;要走得远,就要一起走。"我对自己究竟能坚持多久真的是没有信心,因为我还真不是一个坚持不懈的人。所以我选择了新教育,因为"与谁共舞,你就会成为谁"!

2016. 7. 18
从问题生开始到有"问题"结束

今天我精读与思索了《致教师》中的六个大问题:"如何对待问题生""如何形成个人风格""如何做好听说读写""如何成为优秀的舌耕人""如何做好创新教育""如何提出有价值的问题"。这六个问题以及朱教授精彩的解答,我反反复复读了几遍。我对每个问题都有自己深刻的体会,这可能是因为我一直都工作在教育的第一线吧!

问题生的教育可以说是我从教以来一直都伴随的问题。针对如何教育和感化他们我也一直都在苦苦地思索和寻找方法和技巧。今天的阅读让我更清楚地认识到两点:一是"一把钥匙开一把锁。"每个问题生的背后都有着不同的原因,如果用同样的方法去解决不同问题的孩子那是不可能的。想想自己在以往的工作中记录下来的方法忽然就有点儿惭愧，当然他们对我的工作还是有帮助的，只是我那样的死板教条显得有点儿凌乱了。"冰冻三尺非一日之寒。"其实我们都知道这个道理，可是在问题发生时还是缺乏耐心，现在想来要让一个孩子能够产生"爱的移情"，又怎么是一次两次的说教就能解决的问题呢！我常常期待着用一天两天就去改变一个孩子，甚至一次两次的家访就觉得该有成效，怎么就没有想到那是一颗"冻僵"的灵魂啊！他怎么可能在短时间内融化，而那么快速地融化岂不是又变成了一次伤害呢！耐心，足够的耐心，加上足够的爱，才能让一颗"冻僵"的心灵逐渐被滋润，逐渐被温暖！要记住"逐渐"。

"风格"在我眼里是个动词，一个人要形成自己的教育风格或许很难，但在日常生活中有自己的风格应该是一件很平常的事。这就是人与人的区分啊！而教师本身就是教育的载体，你"身正为范"做人的风格就是学生的榜样，就是他们的模仿。所以不管你这个老师是靠什么征服了你的学生，而你做人的个性风格才是对他们最好的引领。

"语文教学其实挺简单的！就是教会学生听说读写的能力。"这句话不知道被专家们重复过多少遍。作为一个有着25年教龄的小学语文老师，我太清楚这四个字的真正分量了。"听"之所以放在最前边，其实就是告诉我们它是"说"的前提，没有认真的倾听哪来的慷慨激昂。一个人最基本的美德应该就是能够认真的倾听吧，所以当看到学生在别人动情表述的时候表现出一副认真倾听的专注模样，我常常会露出欣慰的笑容，那可是学生学会尊重他人的第一步哦！

我不是一个善于表达的人，至于演讲参加的也不多，因为我的普通话真是不太好。特别是现在因为年龄的问题我更不愿意站在舞台上和一些比我小的美女们去进行同台演说，以至于我们县举行了两次读书会，我都无意参加。直到那次在邢台师范学院的体育馆里我听到了来自大西洋飓风的声音，当时真的是被深深地震撼了，你说与一个六十花甲的退休老师相比我才四十不惑，我有什么理由言老呢！就在那一刻我有了一种小小的冲动，我想说，我想讲，讲一讲我和学生的故事，讲一讲我和书的渊源，所以我在等待机会，因为"一个优秀的教师都是一个有心人"呀！

"学问，学问，要学'问'，只学'答'不学'问'，非学问。"看似简单的一句绕口令，却蕴含了深刻的大道理。作为老师一定要记住：创造的起点是问号!

2016. 7. 19
　　　　回忆过往　　找寻激情

　　幸福是什么？这个问题我相信大家都思考过，也都有不同的理解和感受。如果再具体地说，幸福的工作是什么或工作中的幸福是什么，我觉得我们可能就要低头沉思了。工作了二十多年，要说我幸福了二十多年那绝对是不真实的，特别是近两年里，我的身体出了一些状况。但既然回想起我的教育生活，我觉得还是幸福的事情多而不如意的瞬间反而都想不起来了，这是不是说明我还算是一个有幸福感的老师呢？

　　记得刚参加工作不久，也就是九几年的时候吧，县教研室的人来我所在的村小听课（那个学校就我一个老师）。当时教的还是一到三年级的复式班，一、三年级讲数学，二年级就讲语文，记得二年级学的是《日月潭》一课。为了提高学生的兴趣我就在课前采用导游介绍式，课堂上采用问答式，没想到收效甚好，也一下子引起了教研员的注意。后来在他们的帮助指导下我的讲课水平有了很大提高，现在想起来还有点儿高兴呢？

　　还有那次排演《采蘑菇的小姑娘》的课本剧，也应该是幸福的点滴吧！为了让孩子们背课文，我就对他们许下承诺，全背过了就给他们拍一部剧，就像电影一样。那个时候山里的孩子哪见过自己拍的剧啊！他们一下子兴奋地找不着北了。由于自身没有音乐和舞蹈细胞，我就邀请了放了假的高年级孩子教我们跳舞，挑着灯和家长们一起制作头饰和服装，等过庙会的时候叫他们演……哎呀，现在的他们都抱着小孩了，还会不会还记得那个难忘的午后？

　　看着电脑的屏幕，手在不停地敲着，思绪又飘到了那些难忘的瞬间。最开心的应该是和学生一起采山韭菜花的事了，那也是发生在我老家的那个村小，我和二十多个孩子组成的学校。夏天白昼时间长七八点了天还不黑，而学生也不愿早早回家，放学了我们就一起去山上采韭花。年轻的我和年少的孩子在夕阳的余晖中一路高歌一路欢笑，尽情挥洒着生命的热情而不知疲倦……

　　回忆真是个好东西呵，能让我打字的手都开始跳跃！我抿着嘴微笑地思索着从教路上的点点滴滴，好幸福哟！

　　曾几何时，我变得不再有那样从容淡定的心境了呢？我已记不起来。但我清楚地知道现在的教育生活已没了那时的味道，当学校一条一条的规定出台，当家长一次一次的无理取闹，当师生之间不再是那么的坦坦荡荡，我的幸福感也在逐渐地变淡……直到加入"新教育"，我似乎又看到了曙光，我们是不是还会重拾那些并未破碎的时光呢？深思，再一次抬头凝望，好像有细碎的脚步响起，幸福是不是近了？

"幸福通过分享而愈发丰盈""教室就是幸福源泉""生活情趣让教育更有趣味"……今天我看了《致教师》中的五个问答，这些却引发了我无限的遐思。人活着的意义，或许就在于活出独特的自己。作为一名普通老师单凭我的一己之力或许也改变不了什么，可我能做我教室的女王啊！关住教室的门后谁还能把我怎么样，"你强大了，整个世界都会向你低头。"虽然这话说的有点儿狂妄，可说的是真理啊！"新教育"倡导的幸福完整的教育生活，的确是给我们带来了职业的尊严与幸福感，让我丢失多年的激情又重新被点燃，也义无反顾地成为了一名教育的追梦人。

2016.7.21

美好的生活从健康开始

新的一天开始了，虽然天还是有点儿阴但毕竟没再下雨，河里的水也下去不少，电通了但网络还不能用，在一个多雨的暑天这些应该也算是正常吧！所以看书成了这样的天气里唯一能做的事了。我今天看了《致教师》中的五个小问题，用心思索了一下，感觉每个小问题我都有自己的深刻体会呢！

"管理好时间就是延长生命。"看到这句话我的脑海里就会浮现出雷锋说的那句"生命是有限的，我要把有限的生命投入到无限的为人民服务当中去。"我们小的时候都是学着他长大的，那个时候讲究奉献是不被人笑话的。而我们也都在用自己的行动践行着对他的崇高的敬仰。可随着时间慢慢推移他渐渐淡出了我们的生活，曾几何时我的学生竟不知他是何人，此时又谈什么无私奉献默默帮助呢？生命是有限的，但专注于自己事业的心是无限的，时光如水一去不返，在同样长度的时间里用心去做每一件事，不仅拓展了自己的生存的空间，其实也延长了相对的时间，能用这样的方法来歌唱自己的生命，何乐而不为呢！

"健康是我们的第一财富。"对于刚刚步入中年的我更清楚知道，在这个上有老人需照顾下有小孩需抚养的年龄，健康是多么地重要。职业在无形中带给我很多隐形的疾病，但我却不能就此放弃职业啊！如何更加合理工作，我也进行过长时间的思索却终不得法，现在看来除了"管住嘴"除了"迈开腿"还真是没什么更好的办法呵！

"学生是最伟大的观察家。"因为他们都有一双"火眼金睛"。不知道大家有没有这样的同感，越是我们把事做不好的时候，越是怕学生看见的时候，他越是会上前叫一声"老师好"，你就越是尴尬得不知所措，他越是瞪着一双无辜的眼睛把你看得面红耳赤。"金无足赤，人无完人"，这个道理大家都懂，可我们还是希望把自己最好的一面展示给自己的学生。虽然不能做到最好，做到表里如一，做到问心无愧应该还是可以的吧！

"命名就是埋下心愿的种子。"我今年送走的那个班名字叫"百合花班"。起这个名字的渊源是一篇叫《百合花开》的课文，学生是感动于百合花的坚持与执着，我是感动于林清玄的平静与淡然，于是我们就一致通过了这个名字。并确立了花瓣形的班徽，花开形的班旗，花语式的班诗，课文中心句的班训和班级承诺。有了这样一个有机整体，我常常在日常生活中有意无意地提醒大家的言行习惯，让他们在潜移默化中把自己当作是一株坚定而又淡然的百合，并努力地朝着自己的方向去绽放。

"每天都是美好的时光。""晨诵午读和暮省"，这既是我们的一种努力，又是培养孩子珍惜生命，亲近母语，善于反思的一种好习惯。我们为什么不去坚持呢？梦想就在远方，坚持就有收获！

2016. 7. 22

坚持与思考

天又下起了雨，心情也随着天气而变得空寂。身边就放着书，一本《致教师》，一本《37度女人》，拿起这本翻翻，再拿起那本看看，终究是看不进去，因为心思不在这儿。我在等什么呢？是阳光么，还是网络？我并不是一个特别爱上网的人，离开手机也不觉得缺点儿什么。可为什么不能打电话不能上网的日子还是觉得少了点儿什么呢？总认为有书有时间的日子就是舒适的，看来这还不准确，手机和网络已成了我们生活中的一部分，突然间的失去还真是不适应呢！

"让最机灵的羊走在前面，其他的羊才会跟着走，而牧羊人自己则安静地跟在最后。"这句话的描述像极了我的职业——老师。我觉得聪明的老师就是一个好的牧羊人，每天都在放牧。想让学生自由发展又独立成长，做个好牧羊人还真是个不错的选择。"要么吃苦，要么吃土。"朴素的老话揭示着这样一个真理，天下没有免费的午餐，不吃苦的人生怎么会有甘甜？"前进不必遗憾，若是美好，叫做精彩；若是糟糕，叫做经历。"有这样的勉励我还怕什么走得正或是歪呢！

"我们常把风筝的离开归咎于风，事实上，你不松手，风是很难把它带走的。"我是不是也可以认为我无奈放弃的东西都是我不该拥有的呢？

1983年，80岁的文艺理论家黄药眠坚持要给学生上最后一课。那天，他走进教室，在讲台旁坐下，然后把手伸进书包。学生以为他是要拿讲稿，出人意料的是，他拿出三个药盒子，在讲台一字排开。之后，黄药眠把一个学生叫过来，说："如果我在讲课中突然倒下，请你帮我把药放到舌下。"说完，他从容地开始上课。我一直想我到什么时候就可以离开讲台，是退休时还是在某一个不想上课的午后？可我是一个老师啊，离开了讲台我还会干什么，那我会不会像黄药眠那样坚持到生命的终结呢？

学者王汎森说："一个正常的社会，应该容许有第一名、第二名、第三名、第四名……现在的教育，想把全部的学生都训练成第一名，这就存在'过度教育''过度规划'的问题，他们忘了社会是多样性的，我们应该在多样性社会里面生存，这样才会有很多籍籍无名而又各具优长的人冒出来。我们生活在现实中，现实生活不是可以完整规划出来的。"校长会看到这句话吗？他还会以成绩来论英雄吗？唉！还是先教好书吧！

有人说，思维方式关乎一个人的成败。经科学考证，几乎所有的成功者都有共同的思维技巧，他们都是卓越的思考者。

卓越的思考者，总是在反复研究他们的思维过程。他们觉得思维不是自动的，不认为卓越的思维方式是与生俱来的。他们十分注重自己的思维过程，不断对其进行修复和调节。卓越的思考者都有其明确的目标，他们还会借助一些思维工具来提升自己的思维质量。卓越的思考者，还常常分离他们的思维与感受、需求并分解、剖析自己经历过的事。要做一个卓越的人，首先就是要学他们的思维方式，看来教给学生思考比什么都重要啊！

2016.7.23

被我替代的家长

哎！阳光照到屋里了，不能发呆了，还是接着看《致教师》吧！要不朱教授该不高兴了（偷笑偷笑）。"好的教育是一种合力"，是家校共进的一种合力。想想我周围的父老乡亲我真是欲哭无泪，每次的家长会他们挂在嘴边的一句话就是"把孩子交给你了我放心，教育就是你们的事我们帮不上忙，你该打就打，这就是你的孩子……"我放心吗？什么是我的孩子，我敢打人吗？山里人淳朴而又实在，在对待孩子的问题上也是如此，只是他们真的不知道该怎么做，只知道让孩子吃饱了穿暖了。以往的我也没很好地和他们沟通，致使自己真的就包揽了本该让他们插手的事情。好的教育就是一种合力，如果没有家庭社会和学校的通力合作，就不可能有学生的健康的成长。或许我无法改变我身边所有的家长，可我还是想在下一个学期试着去影响他们，不能让他们在腰包鼓了之后思想还停留在原来的时代。"最好的教育是帮助人成为他自己。"我是不是可以就从这句话开始与家长进行交流，让他们明白：认识孩子，理解孩子，相信每个孩子都有一个独特的世界呢？

今天的书看看停停地还真是没看进去，是不是昨晚的那个离奇的梦？梦里的我突然生活在一个陌生的环境里，身边再也没了熟悉的人和风景，却多了那个奢望不到的——小女孩……嗨，梦醒了！早已过了做梦的年龄这是怎么了？实现不了的永远都是奢求吗，是上天的残忍还是我的自虐呢？

2016. 7. 24

同样的大师不一样的优秀

阅读的方式有多种，归结起来也不外乎这两类：精读和略读。终于在略读之后又精读完了《致教师》这本书，在长长的呼吸过后，我想说我最大的感受就是"真实"。书的字里行间都是对一线老师如何应对工作中困惑的解答与指导，虽然没有华丽的词藻但浓浓深情还是扑面而来。曾记得在很久之前也精读过苏霍姆林斯基的《给教师的一百条建议》，当时读后的感觉和现在很有同感，就是觉得很实在。不像是什么大教育家，就像是身边的同事抑或是一位老大哥在面对面地教你如何教书一样。呵！突然想笑，怪不得俗语说"官大无架子"呢，看起来这些教育家还真比我们地方官还接地气呢！

"教师本身应设法让知识吸引学生。"这是我在《给教师的一百条建议》里记住的一句话，也是印象最深刻的一句话。苏霍姆林斯基用这句话作引子，旨在告诉我们老师经常将一些老掉牙的知识灌输给学生，让学生机械地记忆，教学没有实用的价值是多么得荒唐。今天的学习就是为了明天的忘记，那学还有什么意义呢？学生被动地接受知识，缺乏主动性和创造性，对这样轻而易举得到的东西，他们又怎么会去珍惜呢。所以他提出应该让学生自己来找知识，探求知识的形成过程，在探索的过程中，让学生有了对知识的亲和力，而且实现了自己幼小的生命价值，他们才会越学越有劲。就因为这句话我在后来的工作中努力去改变自己的教学方式，力争让学生自己去发现知识，探求知识。直到现在我依然奉行一条原则：学生自己能学会的我绝不再教，学生自己一时不会经过讨论交流能会的，我也不教，我只引导他们迷茫时的方向但绝不决定他们要走的路线。也正因如此，我的课堂毫不谦虚地说还真是没有多少重复的东西，也还是能够吸引学生的目光的。

　　"每天拥抱一轮新的太阳"是我在《致教师》中记住的一句话。朱教授用这句话抛出了一个大问题："如何做好教育创新"，并用对比的写法诠释了教育家和教书匠的区别。"一个优秀的教师，应该是一个不断探索、不断创新的人，应该是一个教育上的有心人。"我有一种想做优秀教师的奢望，于是我就记住了这句话并以此付诸行动，我这不已经坚持了十天写读书心得，还希望一直坚持下去，没有什么大的目标，就是想做最好的自己！

　　苏霍姆林斯基曾说："教师的时间哪里来，一天就24小时。"他是让我们在有限的时间里去实现自己的价值，更注重我们的无私付出和奉献。而朱教授的"管理好时间就是延长生命"却是在教会我们如何合理地安排时间。苏教育家还说"做自己的主人昂着头自信地走路。"这是告诉我们要正确地认识自己，认清自己，这样才能做到自我选择，自我设计，自我评价，从而完成自我完善的过程，最终成为一个真正的自己。而朱教授的"为自己赢得心灵的自由"却直接把老师放在一个为人师的高度，从而去提高自己的境界，达到为人善良，谦和宽厚的目标。我无意要比较这两个不同国度，不同时代的教育家有多大的区别和高度。只是在看过这两本书之后，我一时兴起就有了这样写的冲动，从中我们也可以窥探出教育发展是多么飞速！如果我们不去学习，不去改革和创新，又怎能跟上时代的步伐呢！

做一名幸福的教师

陈 云

首次翻开朱永新教授的《致教师》这本书，我就真切地感受到了这位教育大师的渊博知识、对教育至真的感悟和高瞻远瞩的理想追求，我的敬意油然而生。

教师的伟大，人们习惯归结于奉献和牺牲。是啊，"春蚕到死丝方尽"是歌颂教师无私的付出和不求回报；"人类灵魂的工程师"是夸赞教师身份的伟大与崇高；"辛勤的园丁"是形容教师兢兢业业的工作精神。然而，身为教师的我们，也是一个个普普通通的人，我们生活在真实的现实中而不是虚无的精神领域，我们有寻找幸福的权利。

在《致教师》这部书里，没有冠冕堂皇的大道理，没有长篇累牍的议论，而是以书信体的方式，探讨问题，聚焦思想，呼应心灵。在朱永新教授的娓娓道来中，我们感受到了一个教育者的亲切、智慧和包容，那是作为一个"人"的温度，正与他的新教育思想遥相呼应。

书的开篇，就以《曼德拉传》树立了一个光辉的榜样。朱教授说："曼德拉就是一本教科书，就是一位好老师。"作为南非历史上的第一位黑人总统，曼德拉经历过27年的牢狱之灾，可谓历经磨难，可是他却这么说："当我走出囚室迈向通往自由的监狱大门时，我已经清楚，自己若不能把痛苦与怨恨留在身后，那么其实我仍在狱中。"这样强大的心灵，就是我们对于理想追求和自身认识的最好注解。朱教授继续论述："对现实责怪、抱怨是容易的，想要超越现实的表象，对人性、对教育有着根深蒂固的信任与热爱，是艰难的。但后者才是教师这一职业的真正使命所在。"热爱才是教师这一职业的情感基础，有了爱，我们才有投身教育的信仰和勇气；有了爱，我们才能欣赏荆棘路上的风景；有了爱，我们才有力量托举明天的太阳。

作为教师，有了理想和热爱就足够了吗？在现实中，我们经常会遇到这样那样的问题：生活太平淡、没有激情；生活太机械，没有情调；生活太繁琐，没有成就感……加上各种检查评比，孩子们出现的各种问题，真的让人身心疲惫。空喊口号很容易，难的是脚踏实地坚守每一天，对于这些问题，朱教授同样耐心地阐明，他说："我们不能只看到做教师的风险与困难，看不见做教师的优势。不要忙着备课讲课，也不要着急抱怨，此时此刻，最重要的是培养对学生的感情，激发对教育的感觉。"我们每天面对的是个性迥异的孩子，他们的生命充满了无限的潜力和可能，如果通过我们的精心照料和教育，激发他们的正能量，培养他们成为可塑之才，将是多么有成就感和有意义的事情！所以，教师职业虽然很繁琐，很平淡，却是充满魅力的，这种魅力，恰似繁华落尽见真纯的境界，简单却不平凡。

　　著名哲学家冯友兰先生将人生分为四个境界，分别是自然境界，功利境界，道德境界和天地境界。当老师也分境界吗？答案是肯定的，在朱教授笔下，有四种老师：第一，是让学生瞧得起的老师；第二，是让自己心安的老师；第三，是让学校骄傲的老师；第四，是让历史铭记的老师。第一种老师，相信我们都能做到，第二种和第三种老师，我们需要对自己要求高一点才能做到：拥有一颗善良的心，关爱学校的孩子们，尽力做好本职工作，无愧于家长和社会的重托，热爱并扎根于自己的学校……第四种老师，是要我们在学识上成为大家，在思想上成为巨人，在行动上成为先锋才能做到，路漫漫其修远兮，吾辈还须上下而求索。被历史铭记，意味着这种人生传奇与精神生命将会长久地陪伴和鼓舞着更多人前行。

　　教师如何享受职业生涯带来的幸福感？这是贯穿全书的一个问题。任何一种职业，满足生存需求容易，获得心灵上的幸福与自由很难，不然，为何会有那么多的"职业倦怠"？在回答这个问题时，朱教授先讲了一个富有禅意的小故事：对于"幸福在哪里"？神答道："有一样东西是别人永远都无法拿走的，这才是真正属于你自己的东西——那就是生命中你曾经爱过的、恨过的人和经历过的所有事情。而这些，才是真正永久属于你的幸福！"推及到做教师，朱教授的话充满哲理："幸福应该是在创造中的，幸福应该是在服务中的，幸福应该是在研究中的，幸福应该是与别人分享的。教育，恰恰是具有这些共同的特征，因此，教育是让人们幸福的事业。教师从事着这个让人幸福的事业，自然也应该从中得到幸福感。"幸福不是一个宏大的愿望，不是一个标榜的口号，它甚至无关物质，无关他人，只在于自己的精神和心灵。当我们在教育的荆棘小路或是高山峻岭中前行跋涉，也许，梦里寻他千百度的幸福，就在我们脚下，就在我们走过的每一步路。

在《致教师》这本书里，探讨的问题还有很多，在朱教授耐心、理性和温情的叙述中，我们的疑惑渐渐清晰，我们的心灵渐渐轻松，我们的信念渐渐坚定。最后，我想以朱教授的一句话作为文章的结尾："我想，幸福是人类的永恒追寻，对教师而言也不例外。为了幸福，我们乐于做教师，作为教师，我们要深刻理解幸福的缘由。"

（作者系邢台县职教中心教师）

不忘初心，继续前行

郭爱英

轻轻打开《致教师》，一下子就被开篇这样朴实美妙的文字深深吸引了：教师不是园丁、不是蜡烛、不是春蚕、不是人类灵魂的工程师，教师就是教师，每天在神圣与平凡中穿行，以现在求证未来，让生命幸福完整。打开书细细品读，朱永新老师认真回应着每一位教育者困惑着的平凡而细碎的问题。在这些因问而答的文章中，充满着朱永新老师对我们一线教师生活、生命与生涯的深切关怀，着实让我感动。回想起我这些年来的教师生涯，我脑中的画卷一幕幕打开了。

小时候我就对教师充满了崇拜，立志长大后能当一名人民教师，让自己桃李满天下。20年前，我收到师范录取通知书的那一刻，我的心快乐得要飞起来，我知道我的梦想就要实现了。毕业后，我走上了三尺讲台，如我所愿，成为了一名初中英语教师，我真的很自豪。我深深地爱着这个职业和我的学生。我勤勤恳恳，努力工作。我认真备课，上课，批改作业，课外辅导，我不放弃每一个学生。作为教师，我真心实意地关心学生，尊重、信任他们，与他们谈心，交朋友，了解他们，研究他们，尽量缩小师生间的心理距离。我的努力换来了一个又一个惊喜。

记得我的第一届学生里有个逯双狮，他是我班里年龄最小的学生，个头不高，却调皮得很。上课听讲不认真，下课完不成作业，久而久之，英语成绩就落了下来，我看在眼里，急在心上。于是我找他来谈话，他却满不在乎，说自己不是学英语的料，况且英语落下了很多，学不好了。我给他讲英语的重要性，鼓励他不能放弃英语，和他谈理想，和他一起制订学习计划，并一起去执行学习计划。经过半年多的努力，他的英语成绩有了起色，慢慢地对英语也产生了兴趣，越来越努力，成绩也越来越好。后来他考上了重点高中，又考上了大学。直到现在每次和我联系的时候，对我的感激之情，溢于言表。

我总是很自豪，我成就了一个孩子的人生。

　　第二届学生里有一个女孩，来自一个重组家庭。刚入学的时候我对她并没有印象，因为她少言寡语。随着我对学生的慢慢熟悉，我才开始注意到她，她很少与人讲话，总是独来独往，上课从来没有回答过我的问题，也没有问过我任何问题，第一次英语小测验考了班里倒数第一。我多次找她谈话，她总是垂着脑袋，默不作声。她把自己裹得很严，我没有办法走近她，我隐隐地感觉这个姑娘是个有故事的人。有一次她感冒发烧得厉害，我想通知她的家人把她领回去，但是遭到了她的拒绝，看着她那倔强的眼神，我只好作罢，让她在宿舍休息。我给她找来校医，还为她做了病号饭，在宿舍陪着她，照顾她。她手里端着我给她做的饭，泪水一大颗一大颗地落到碗里。从此向我敞开了心扉，告诉我她来自一个重组家庭，她也渴望友谊，渴望关爱，但是害怕别人知道她的家庭会瞧不起她，所以她很自卑。听了她的故事，我的心很痛：由于家庭的变故，让这个小小的心灵承受了那么大的痛苦。从此我给了她更多的关爱，更多的偏心。她渐渐开朗起来，成绩也出奇得好起来。后来她也考上了大学，考上大学的第一年冬天，她寄给我一条毛围巾，她告诉我这是她亲手织的，她非常感激我在中学阶段给她的关爱和力量，让她有了前行的勇气，让她有的人生的信念。我手捧学生寄给我的围巾，我觉得我是那个冬天里最幸福的老师。直到今天，我也会常常收到她寄来的让我感到温暖和幸福的小礼物。

　　有一年的冬天来得特别早，当人们在睡梦中的时候，雪悄悄地下了整整一夜。早晨5点多，我被闹钟叫醒了，我要早起去上早自习的。当我拉开门的那一刻，一阵冷风向我扑来，我不禁打了一个寒战，同时也注意到了半尺厚的积雪，但更让我惊奇的是，我的门口已经扫出了一条小道，我顺着这条小道走了出去，却发现这是校园中唯一的一条小道，从我的办公室门口一直到我的教室门口。当我来到教室里的时候，发现学生们都已经坐在座位上开始了晨读，好像什么事情都没有发生一样，我站在全班同学的面前，泪如雨下。我打断学生，深深的向他们鞠一躬，他们站起来异口同声："老师您辛苦了！"那一刻，我感觉我拥有了全世界。事后，学校的老师都非常羡慕我，说我是最幸福的，我骄傲地点点头。

　　像这样感动我的例子在我的教育生涯中不胜枚举，我的努力也换来了回报，我的学生在县里历届考试当中都名列前茅，频频在全市、全省、全国英语竞赛中获奖。当我收到学生的捷报时，我特别有成就感。

朱永新老师倡导我们过"一种幸福完整的教育生活"。但是我这一路走来的何尝不是一种幸福完整的教育生活呢。为了学生，为了自己，我会不忘初心，继续前行。

轻轻合上《致教师》，心中默默祝愿：愿每一位和我相遇的孩子因我而更加优秀！

（作者系邢台县晏家屯中学教师）

享受教师生活的幸福

宋 丽

学生的懵懂无知、工作的琐碎繁杂、生活的平淡无奇，打破了心中美丽的肥皂泡，我对教师这一职业的期待逐渐变成了倦怠。我徘徊于"山重水复疑无路"的无奈，迷茫之时，朱永新教授提出了"引领教师过一种幸福完整的教育生活"的理念，"柳暗花明又一村"的喜悦涌上心头。于是，满怀着对朱教授的崇敬和对幸福教育生活的憧憬，我拜读了《致教师》这本书。

又找回了手不释卷的感觉，又寻到了如沐春风的体验，大饱眼福之后，我不禁掩卷深思，原来教师生活可以如此幸福。

从课堂中寻找幸福

三尺讲台洒汗水，一方教室育英才。面对着一张张稚气的小脸，面对着一双双探索的眼睛，面对着一颗颗求知的心灵，我无法拒绝孩子们对知识的渴盼，平时的沉默寡言顿时变成了激情四射。

我引领着孩子们一起陶醉在美文的赏读中，感受文字的魅力；引领着孩子们一起参与到激烈的讨论中，感受集体的力量；引领着孩子们一起加入到精彩的表演中，感受剧情的风采。学习了朱自清的《春》，学生美美地读，美美地诵，美美地写——"盼望着，盼望着，北风来了，冬天的脚步近了""盼望着，盼望着，鞭炮声响了，春节的脚步近了"；学习了契诃夫的《变色龙》，学生积极地编写，积极地排练，积极地表演，课堂上宽松和谐的气氛使得孩子们敢于大胆释放自我，做真实的自己。

我喜欢孩子们琅琅的读书声，那是我听到的最美的声音；我喜欢孩子们争先恐后抢答问题的画面，那是我眼中最美的风景；我喜欢孩子们一丝不苟的听讲状态，那是我无悔付出的动力源泉。作为老师，我教给了孩子们丰富的知识，教给了孩子们做人的道理，教给了孩子们积极乐观的人生态度，我是幸福的。

从成长中收获幸福

初一新生的试水作文让我大跌眼镜，词不成句，言不达意，虽然我有时会失望抱怨，但细细想来，自己又何尝不是在用初中生的标准去评判小学生的作文。静下心来，我开始引导学生进行写作。先是读，课前五分钟学生深情地诵读自己钟爱的文章、片段，课堂上饱含感情的读书声不绝于耳，有时我也会将自己看到的美文佳句读给学生听，学生在不知不觉中爱上了阅读，班里爱读书的学生渐渐多了起来。

读是写的前提，看到时机成熟，我开始引导学生去写。面对学生最不愿意写作文的现状，我首先考虑的是培养学生的写作兴趣，让学生大胆地、主动地进行写作。于是，我尝试着运用"润物细无声"的"创作熏陶法"来进行言传身教。

学完朱自清的《背影》，我用自己仿写的一首《山坡羊》作结：

山坡羊·感恩父爱

华发如霜，腰背似弓，千苦万难藏心中。爱子意，满腔胸，平安团圆最享用。劳苦奔波岁月倥偬。喜，为儿女；忧，为儿女。

一场春雪染白了大地，看着门外的美景，我不禁赋诗一首：

春雪

许是春色美不艳，巧问仙女把花添。
轻挂槐梢染苍干，远眺大地绣白练。
……

当有感而发时，我就会进行点小创作，然后读给学生听。听着同学们热烈的掌声，看着他们眼中放射出来的跃跃欲试的光芒，我明白写作的星星之火即将被点燃，有些同学开始"蠢蠢欲动"了。

一天，班上的张娜同学写了一首《致亲爱的同学们》让我看：

亲爱的同学们
我们是清晨的朝阳
懒惰带来的是无边的黑夜
早起迎来的是四射的光芒

亲爱的同学们
我们是向阳的花蕾
躲避带来的是枯萎败落
昂首迎来的是绽放收获
……

我将这首诗作为晨诵材料之一，让张娜领读。燎原之势自此形成，学生的写作热情如火山喷发，或诗歌，或片段，或稚嫩，或流畅，学生的作品如雨后春笋般涌现。《班级口头禅》《张爷爷戴上了新手表》《我读书，我快乐》《读书成就梦想》《趣味宿舍》等多篇文章在相关刊物上发表并获奖。

看着孩子们的成长，我幸福满满。

从改变中感悟幸福

学生来自不同的家庭，接受着不同的教育。尤其对于一些有问题的学生，老师更是煞费苦心。

王军原本成绩不错，后来不知怎么变得迟到、旷课、上课睡觉，老师严慈相济，家长恩威并施，都无济于事。实在没办法了，王军的父亲来学校陪读。深知家长的殷切期望和良苦用心，再看看孩子的不思进取，作为老师的我又怎能袖手旁观？

"冰冻三尺非一日之寒。这类孩子的问题不是一天两天形成的，所以不要期待一天两天就能改变他们，不要期待一次两次谈话就能让他们蜕变，不要期待一件两件事就能让他们新生。足够的耐心，加上足够的爱，才能让一颗冻僵的心灵逐渐被滋润，逐渐被温暖。"我做好了打"持久战"的准备。课下，我找王军谈话，谈父母的不易，谈学习的重要，谈老师的期待；课上我的提问使他集中了注意力，领读自己写的优美语句，这些都使他信心倍增。慢慢地，他变了，开始重新拿起课本背诵古诗文，拿起试卷做练习，试卷上的作文不再空白。我惊喜于他的转变，更欣慰于他爸爸告诉我的一句"语文老师对我这么好，我说什么也要好好学语文"。

"师者，所以传道授业解惑也。"能帮助学生解决问题，我是幸福的。

在惦念中享受幸福

朱永新教授说："要做一个让学生一辈子记住、一辈子怀念的老师，这样的老师才算可以心安理得，也就对得起这一生，对得起做老师这么一个良心活儿了。"

一届又一届的学生毕业了，教师节，学生发来短信问候；春节，学生打来电话祝福；聚会时，学生围坐在我的周围谈生活，聊工作，忆过去，那种"桃李满天下"的自豪感油然而生。

出差在外的学生打来电话："老师，我在广州出差，这儿的荔枝很新鲜，品种又好，我给你寄了些回去！"

在青岛工作的学生打来电话："老师，放假了来青岛玩吧，我给你当导游。"

孩子们的话语虽短，却令我心中温暖无限。毕业了，孩子们依然记着我，惦念着我，这种划破时空界限的幸福，除了老师，还有谁能享受到呢？

朱永新教授说："只有当教师在工作中找到职业尊严的时候，当教师在发现自己和孩子们的生命在小小的教室里开花结果的时候，他才会感到幸福。"现在的我，找到了教师生活中的幸福，并且很享受这种幸福。

带着积极的心态走进教室，用耐心和爱心去对待每一位学生，用审美的眼光去看待生活，做一个阳光灿烂的幸福教师，做一个让学生记住的幸福教师。

——后记

(作者系邢台县晏家屯中学教师)

不忘初心，时刻追梦

何三敏

我从事教师的职业缘于我的父亲。父亲是一名从教40多年的小学教师。他对教育的热情，教学的严谨以及融洽、和谐的师生关系，深深地影响着我。

1999年，刚刚参加工作的我，精力充沛、激情四射、成绩骄人、赞誉如潮。随着儿子的出生，工作单位的调动，我开始任教音乐学科，到现在已有十年之余。各种荣誉与我无缘相见，时间久了，职业倦怠感油然而生，教师的幸福指数开始下降。我扪心自问："教师到底最需要什么？是金钱？是名利？是学生好成绩？还是家长的尊敬、社会的推崇……"我一时找不到前进的方向。

2016年，新教育在我县教育的大地上生根、发芽并迅速成长。我与新教育相约、相遇、相知。暑假里，我拜读了朱永新教授的《致教师》。书中朱老师对每一位教师的疑惑都给予了真诚的回答，每一篇回答对我都有所启发。重要的是解决了我最大的困惑，为我指明了前行的方向。朱老师说："每个岗位都可以做得精彩，每个舞台都可以创造辉煌。每一个岗位，每一个科目，只要用心去做，都可以成为让学校引以为荣的人。很多人做不到这一点，只是因为经常这山看着那山高。要学会从自己的职业，从自己的岗位中提升自己，把工作做到极致，就能够让学校永远记住你，以你为傲。"这一句句真挚、朴实的话语打动了我的心，是啊，作为教师一定要淡泊名利，具有奉献精神，寻找属于自己内心的那一份净土。从此刻起，我认真做好教师的常规工作，用心设计每一份教案，用心去教每一节课，对自己一言一行要求高一点。不等别人为你提供机会，努力为自己创造条件。在工作中创造自我，实现自我，这何尝不是一种幸福？

朱老师还说："当你无法改变社会，无法改变别人的时候，你唯一可以改变的就是自己。而只有你真正去改变自己，其实你就是在改变别人，就是在改变社会。""只要行动就有收获,只有坚持才有奇迹。"这些激人奋进的话语赐予我无穷的力量。我们教师如果行不了万里路,至少可以读万卷书。提升自己、改变自己就从读书开始吧!每次读完,我都会把精彩的文字和深刻的感悟记录下来。参加学校读书社后,我更加坚信自己的选择是对的。每一次阅读都像是一次旅行,是我与先哲们的一次探讨、与大师们的一次心灵沟通,更是我塑造品格、净化灵魂的一次精神洗礼。同社友们的每一次分享,都是一次心灵的碰撞、思想的提升。一个人走可以走得很快,一群人可以走得更远。我相信我们读书社这一群人可以走得又快又远。读书让我有了一个宁静的心态,从容的心理,理智的头脑,开放的胸怀。每一天工作、生活都是充实的、快乐的、幸福的。

不忘初心,继续追梦,做一个让学生一辈子记住、一辈子怀念的老师,和学生共同成长,收获幸福。

(作者系邢台县晏家屯中学教师)

用理想点燃火种，用坚守呵护希望

冯笑梅

我时常在深夜因工作疲惫不堪，或是全心付出却得不到理解时问自己：你为什么选择了教师这个职业？你的人生就如同你手中的清茶，一眼就被别人看穿了你的清苦，纵使你拼尽全力为人们沁出一缕清香，你最终不过是坠入杯底的枯叶，一生清苦平淡。于是我在自己平凡的岗位上苦苦挣扎，屡屡徘徊。

当儿时的我看到老师在讲台向我们投来母亲般温柔的目光，看到老师用知识填补我们内心的一处处空白时，我心中有一粒理想的种子已经坠入土地，生根、发芽。当我迈出校门，怀着对教师职业的无限憧憬真正踏入教师的职业领域时，我才发现我一直以来只看见了教师职业的无限光环，却不知如何面对这份工作带来的压力和沉重的责任。它们像无形的枷锁紧紧地束缚着我，禁锢得我无法喘息。师者，传道授业解惑也。社会、家长对老师寄予了无限的期待，希望通过老师的教育让每个顽劣的孩童都成为懂事的乖孩子，希望经过老师的点拨成就一个又一个的天才少年。社会各界对老师的要求越来越苛刻，认为你为人师表必须是完美的，才能对学生起到师者的楷模作用，我们被标榜成"时代的推动者""文明的传承人"。我们被迫去让学生追求高分，升学率，好像成绩才是衡量学生好坏的唯一标准，是考察一个老师是否合格的最终标尺。于是我对学生施压，对自己施压，使出浑身解数企图给每个孩子都贴上"好学生"的标签，只要看到学生成绩上的进步就欣喜若狂，却越来越无视孩子们在道德路上的偏差。直到有一天我听到班里的一个好学生故意打破了班里的花盆，却有恃无恐地对同学说老师不会责怪他，因为他学习好时，我犹如被人当头打了一棒。这就是我苦心教育出来的好学生吗？这就是家长老师喜欢的好孩子吗？这样的孩子走入社会能成为社会的栋梁吗？我疑惑了，我对我的工作产生了质疑，我到底该教给孩子们什么？到底什么是孩子们最需要学习的？一时间我失去了方向，就像被拴在了磨盘上，即使一直在奋力奔跑却始终围绕着一个错误的原点停滞不前。

现实仿佛是压垮我的最后一根稻草。我是一名乡村教师，这里到处是贫瘠的土地和文化程度不高的人，在连绵不断的大山中日复一日地看着日出日落，觉得自己已经被埋没在这群山和土地中。我以为自己可以是星星，哪怕只有微弱的光也可以照亮自己脚下的一方土地，可原来我只是尘埃，已经被现实淹没得不剩一丝一毫。看着身边很多人纷纷离开，到条件更好的地方去，我真的不知道我是否还能坚持下去，我的坚守是否还有意义。

与新教育的邂逅也许是我职业生涯的一个转机，我在朱永新教授《致教师》一书中看到了无限的正面力量，这种影响让我在与自己的博弈中增添了坚持的力量，也让我重新审视自己的内心，去寻找我对教师职业选择的初衷。

在朱教授的《致教师》一书中，我仿佛又重拾了我人生的罗盘，给了我一个走下去的理由：理想和坚守。著名作家雨果说过："世界上有一种东西比所有的军队都更强大，那就是恰逢其时的一种理想。"回想起我第一次被教师这个职业吸引时，不就是被教师传递给学生那种无形的力量所吸引吗？不是被教师这个职业的光环吸引，而是被教师职业的本质的魅力所吸引，那就是传道授业解惑，成为学生人生路上的指引者。这不仅仅是让学生掌握知识，更是让他们成为正直方正的人。这才是我人生理想的初衷，是我选择教师职业的原因。在漫漫人生路上，少不了迷雾和荆棘，理想就是一块块指路牌。朱教授告诉我们理想就是正确的方向，只有正确的方向，加上灵活应变的策略和锲而不舍的坚持，才能够到达理想的码头。而坚守是与理想相伴的另一个词汇。在当今的大环境里，在抱怨和牢骚里放弃自己教师理想的人大有人在。随波逐流，人云亦云总是容易的事。教师这个职业本身就不是那么光鲜亮丽，它不是一杯色泽诱人，包装高档的红酒，教师确实像你手边的一杯清茶，清清寡寡，却韵味甘醇，沁人心脾。就是因为教师职业的清苦，才更要求我们教师能在功利现实的社会里耐得住寂寞，淡泊宁静，守得住自己的理想。稻草人的工作最是枯燥无聊，而正是由于他的执着坚守和心中的信念，才有了丰收的希望。人们认为他机械地工作，从未去过远方，却不知道他眼中尽是繁花似锦，耳中都是鸟语花香。拥有理想的人永远不会老去，拥有理想的人就拥有丰满鲜活的人生。

至此以后我豁然开朗。眼中的群山不再是我人生的阻碍，光秃秃的山体都有了鲜活的色彩。我不再迷茫自己的选择，因为我重拾了心中的理想，我不再怕被人误解甚至嘲讽，因为我学会了坚守。"行动，就有收获；坚持，才有奇迹。"怀着永恒不变的信念，我将勇敢前行，只要坚守住希望的火种，我就能去憧憬拥有无限可能的明天！

（作者系邢台县北小庄完小教师）

在时光中创造那个更好的自己

赵 娜

朱永新老师说:"教师的生命,真正意义是与孩子一起成长,扎根在教室里不断汲取营养,一个真正的教师,当他停止专业发展之时,也就是他的教育生命开始衰老之时。"而我刚参加工作两年,在这两年里有过迷茫,有过抱怨,有过不甘,但更多的是成长的收获,我期待在时光中创造更好的自己,也期待在时光中塑造学生更美的灵魂。

初遇到三年级的他们时,他们还是一群小魔王,吵闹,告状,没有规矩,没有纪律。更有甚者,晚上不睡觉瞪着水汪汪的大眼睛看了一夜的月亮,我询问原因时,她告诉我她想家了,看着月亮就不那么想了。好吧,我彻底被她的诗意打败了。于是,用了仅剩的耐心去慢慢安抚。我想教师真是一种内心的修行。终于告别"兵荒马乱"的时代,孩子们一步步进入了正轨,但我慢慢地发现,他们永远都在慢吞吞,当一个急脾气的老师碰上了慢吞吞的学生,整个课堂都充斥着一股火药味。所以,很长一段时间内他们都对我避而远之,我更觉得他们朽木不可雕也。不过,某一天下课时,我发现几个学生"鬼鬼祟祟"地翻开我的语文书又合上,我感觉莫名其妙,但当我上课翻开自己语文书,看到上面的他们自己画的画,看到他们稚嫩的写着:"老师,您辛苦了",我的心顿时融化,于是,两年来我一直称自己牵着蜗牛在散步。

"用思想的火花照亮教学的时光,用精彩的文字记录教育的岁月,成为一株会思想的芦苇,成为一个善于思考的教师,成为一个勤于书写的教师,应该是一位优秀教师发自内心的自觉追寻。"这是《致教师》中让我感触很深的一句话,做一株伟大的芦苇,做一株会思考的芦苇。于是,当传统的读写做激发不了孩子的学习热情时,当我们的课堂一片死水时,我举行了一次"诗词大会",所谓的诗词不过是我们课本上的诗词,语文园地的诗词和孩子课下积累的古诗。要知道平时让他们背诵古诗需要大量的时间,更需要老师片刻不离的督促。但这次却出乎意料，他们欣然接受并且踊跃报名，背诵效果也远远超出我的预期。于是，一鼓作气，我们把各种大会尝试个遍。"汉字听写大会""辩论会""课文背诵大会""课前5分钟演讲大会"……每看到他们在各种大会中载誉而归，手捧冠军、亚军、季军的奖状笑靥如花时，我总是欣喜不已。

我满足于他们一点一滴的进步，也苦恼于如何才能让他们的潜能无限发挥。写作一直都是他们的弱项，尽管一再鼓励他们多读书，多观察，但他们往往无话可说。于是杏花初来的时候，我告诉孩子们"春光乍暖，我们赏杏花去吧"。孩子们一片欢呼，伴着暖风，我们出发了。我们沿着山路向山中前进，孩子们兴奋地看到一朵刚开的小花，一棵冒芽的小草都欣喜不已，山是浓墨重彩的画，路是欢快的乐符，树是绿色的精灵……一切都是美好的，尽管那时树还是光秃秃的，山是沉睡的，但在孩子们的眼里，他们是有色彩的，有温度的，这是他们眼里的春天。当踏春归来时，他们愉快地把自己一篇篇的文章拿给我看，他们说："老师，原来写个文章也没有想象中那么难。"我们一起来赏析好的文章，评论他们的不足，一起去发现生活中被我们发现的美。渐渐地，我发现作文可以在课文里找到，可以在口语交际里找到，可以在我们共读的每一本书里找到……

在教育中诗意地栖居，做一株伟大的芦苇，在漫漫时光中创造那个更好的自己！

(作者系邢台县北小庄中心学校教师)

实践出真知，幸福你我他

薛 坤

"幸福"在哪里呢？朱先生说："它在创造中，在服务中，在研究中，在分享中。"

——引言

创造、服务、研究与分享教育的"幸福"，让每一个平凡的时刻，都焕发出不一样的光彩；让每一个平凡的日子，都能让幸福伴你我左右。有想法，去实践，每一次小小的进步都是我们幸福的砝码！

在当前全面实施素质教育、弘扬中华传统文化的精神引导下，我经过思考实践，摸索出陶瓷印章的制作方法，并利用学校的陶艺室展开了制作陶瓷印章的陶艺之路。这个过程恰是对朱先生所说的"幸福"的完美体验。

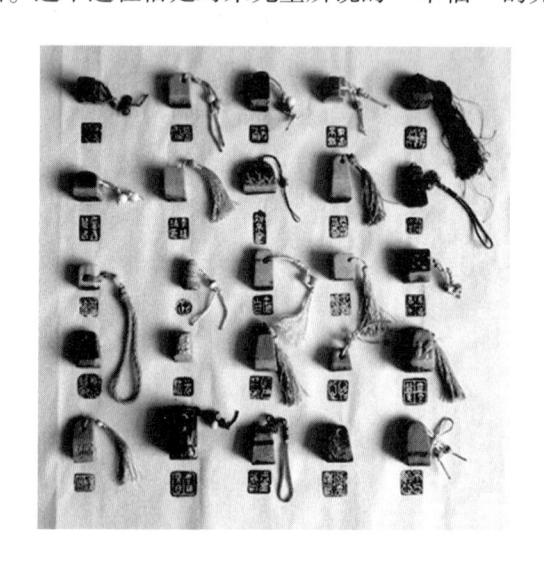

在陶印的制作过程中，同学们欣赏与研究，并尝试制作陶印。用感情、灵性、技巧将松软的泥土变成坚硬、厚重，变成浸润着人类精神的艺术品。这个过程是人与自然的一次对话，且能不断地带给我们惊喜。每一次上课对每位同学来说都是一次对生命的感悟，大家陶醉其中，眉宇之间都能感觉到一种无比欣慰的真性情！

孩子们根据设计好的印稿把柔软的泥土通过捏、塑、雕、拍、刮、刻、粘等手法做好，阴干后进行修坯，调整，让自己的印章趋近完美。然后把印章送入窑炉中经过700℃-800℃炙烤，进行人生中第一次历练，让自己变得坚硬起来。接下来就是篆刻环节：细磨印面、设计印稿、书写上石、冲切镌刻、钤印。同学们那专注的眼神、思索的表情、质疑的瞬间着实让我感动，让我陶醉其中。制作印章好比磨炼自己，通过文字托物言志，抒情达意！其次是通过绘、拓、喷、点、漏等手法进行施釉。印章进入窑内进行人生中的第二次洗礼，也是最能让大家体会到惊喜的时刻！因为能不能完美出关，不只和釉料有关，还跟温度、湿度、时间等有密切关系，所以一半人意，一半天意。这也正是陶印让人着迷的地方。最后就是装饰了，同学们可以根据自己的喜好给印章做装饰，有各色的中国结、流苏、把玩手串、彩绳、配珠等。听着过程不是特别复杂，但对于孩子们来说每个环节都需要我这个大朋友的帮助，我很乐意服务于他们的创造过程，愿意分享自己的知识储备。对我们来说这些都是进步的，教学相长，我们体会着师生之间那种淡淡的幸福。

同学们把玩泥土，感受泥土的芬芳，用最质朴的感情与大自然交流融合，尽情尽兴地显示自己的天真志趣，我觉得他们是幸福的没有苦楚的。正如诗人鲁藜说："老是把自己当作珍珠，就时时有被埋没的痛苦。把自己当作泥土吧，让众人把你踩成一条道路。"踏实前行，不经历风雨怎能见彩虹，制作陶印的过程实际就是做人。这一点同学们真真切切地体会到了，他们根据自己的实践感悟，用文字和图片的方式把自己的艺术品的生产过程记录了下来，并在我校的校报上进行了刊登。在这个过程中有十几位同学在河北省组织的"校外教育杯"和县艺术节上获奖！这不仅是对孩子们的激励，更是对我教育生涯的肯定。幸福满满，我会再接再厉！

幸福在实践中，实践出真知，幸福你我他！

(作者系邢台县皇寺中学教师)

教师就是教师，彩虹一样的教师

李慧燕

有人说"教师是园丁"，也有人说"教师是蜡烛"，还有人说"教师是春蚕"……要我说，教师就是教师，彩虹一样的教师。世界上没有任何东西比彩虹更绚丽多姿，在读过朱永新老师的《致教师》之后，我更加确信没有任何一种职业比教师更让人感觉幸福。

彩虹——坚定信念

我们之所以成为教师，或许是因为各种各样的原因，但无疑都对教师这个职业充满了憧憬，我成为教师是因为梦想，那个曼德拉口中"教育是最强有力的武器，你能用它来改变世界"的梦想。

刚开始以教师的身份出现，心里有书上学到的千万种教育理念想要实施，幻想着多年以后真的可以改变世界，可事实上在课堂上面对一个个调皮捣蛋的学生时，检查作业中面对一本本的几乎空白的习题册时，考试后面对一张张乱七八糟的试卷时，下课后面对一堆堆教学任务时，甚至听到学生们因为不愿学习找的各种借口时，感受到外界各种各样对"梦想"实现的嘲讽甚至阻碍时……我就会想，教育，真的能改变世界吗？

"之所以理想屡屡被人误解甚至讥嘲，我想，那是因为很多人忽略了与理想相伴的另一个词汇：坚守。"书中这样写道。我仿佛看到了雨后的彩虹。

是啊，梦想是每个人都有的，可是却不是每个人的都会实现，因为追梦的路上会遇到各种各样的"绊脚石"，有的人选择了放弃，有的人却选择了坚持。遇到挫折时，也许我们会给自己找一万个理由放弃自己的教育理想，可只需要一个理由去坚持——我们的职业是教师。所以，无论实现理想的路上有多少挫折，我们也必须坚守，我们的教育理想值得坚守，因为彩虹总是出现在暴风雨之后。

彩虹——不断创新

"教师是一个能够把人的创造力、想象力等全部能量与智慧发挥到极限的、永远没有止境的职业。"朱永新老师这样写道。教师的职业是比较稳定的，这来自于精神和物质上的稳定，可日复一日，年复一年，一个教师的激情会慢慢消磨，久而久之，就会产生职业倦怠，要想改变这样的情况就需要不断创新。

首先教师自己要变成"彩虹"。通过不断学习来充实自己，让自己的课变得丰富多彩，让每一节课都趣味横生，让自己遇见更美好的自己；然后将教室变成"彩虹"，一改单调的白墙和标语，给自己的班级设计自己的名字和班徽，加上彩色的点缀、有趣的标语，各种各样的活动都会让学生充满学习的欲望，收获学习的快乐；最后学生自己也会变成"彩虹"，每个学生都有自己的个性，每个学生都会拥有自己的精彩人生。这不就是每一个教师的理想吗？

世界上没有两片相同的叶子，更不会有相同的"彩虹"，教师就是教师，彩虹一样的教师，应该用自己不同的方式去不断创新，让教育生活变得更加美丽。

彩虹——沟通合作

彩虹是桥梁，一端是教师，另一端——

是学生。每个班多多少少都会有几个"问题学生"，有的是学习上有问题，有的是性格上有问题，有的是习惯上有问题，有的是品质上有问题……各种"问题"都需要教师去解决，解决好了皆大欢喜，解决不好变本加厉，而且"问题一多"便会感觉分身乏术，毕竟教师就只是教师。朱永新老师说过："问题本身不是问题，如何对待它才是最大的问题。"所以，作为教师，尤其是班主任，在面对这些"问题"时首先应该勇于面对，然后谨慎沟通，用自己的爱心、关心、耐心去解决问题，像彩虹一样，面对不同的"问题"，选用不同的方法去沟通，沟通让"问题"不再是问题。

是父母。孩子是教师的学生，学生是父母的孩子，对每一个学生的教育都应该是学生和父母的合力，缺一不可。与学生的父母沟通不是"告状"，而是通过家长更加了解学生的成长环境、脾气性格等,以便更好地因材施教,在这一个层面上教师的沟通就至关重要了。当然,到目前为止我做得还不够,不过我会努力做好"彩虹",尽可能与父母协同合作,让父母在孩子的教育中发挥更大的力量。

桥梁的另一端是学校,是社会,是自己……要想做好教师,需要去沟通的人太多了,对不同的人要选不同的方式,好的沟通会让教师工作事半功倍,彩虹是桥梁,一端是教师,另一端通向美好的明天。

彩虹——遇见幸福

我们要成为一名怎样的教师?是像园丁一样一味浇灌花朵,收获芳香的教师吗?是像蜡烛一样燃烧自己,照亮学生前方路的教师吗?是像春蚕一样尽职尽责,从春到夏日复一日终此一生的教师吗?是的,可又不全是。

教师毕竟不是真正的园丁,因为要浇灌的不是花朵,而是一个个鲜活的生命;教师也不是真正的蜡烛,不能只做到照亮前方的路就可以,照亮的应该是学生的人生;教师更不是真正的春蚕,有生之年不只是重复做着同一件事,讲着千篇一律的课,这样的教师跟不上时代的脚步,终会被时代所淘汰。

因此,教师首先要自己努力拥有幸福完整的人生,才有足够的能力让每个学生获得幸福完整人生。教师在教育里如何才能感受到幸福和完整呢?"是因为爱",朱永新老师在《致教师》最后一篇《2015:爱教育就是爱自己》中这样写道,"这种爱,是对生命的珍惜,对自我的珍重。这种珍惜与珍重,转变为对教育的渴望,最终体现为对新教育的热爱——因自爱而自强,而努力追寻;通过自我教育,改变了自己;通过美好自己,最终美好了世界。"以此共勉,让我们一起努力过上一种幸福完整的教育生活。

教师就是教师,要做彩虹一样的教师!

(作者系邢台县浆水中学教师)

多问几个"为什么"

左晨芳

朱永新老师说"创造的起点是问号",这让我想起我们学过的一篇课文——《真理诞生于一百个问号之后》,课文通过列举谢皮罗发现洗澡水的漩涡和地球的自转有关、波义耳制成了石蕊试纸、奥地利医生发现人睡觉时眼珠转动和做梦有关三个例子强调了善于发问的重要性。的确,在科学史上,许多伟大的发明和发现都是由一个问号开始的,并在不断地解决问号之后发现真理。对于我们来说,同样需要善于发问的精神,学生需要,老师也需要。

学生在学习中要善于发问。

在我们的课堂上,通常是由老师抛出问题,然后引导学生去分析问题,解决问题,在解决问题的过程中,教授给学生需要掌握的知识点。这些问题一般都是老师提前给学生预设好的,学生只需解决了老师的这些问题就可以了,长此以往,学生只会被动地接受老师教授的内容而缺失了质疑的能力,这是一种被动的学习方式。朱永新老师在书中提到的李政道教授的一段话:做学问,一定要先学"问",自己能提问题,再经过自己的思考探究问题,自己求得答案。这才是一种创造性学习,才能真正掌握学问,增长学问。(《致教师》,第142页)我们要想让学生有创造性的思维,就要鼓励他们自己提问题。我在课堂上尝试着让学生自己提问题,这也是他们非常喜欢的一个课堂环节,每个小组在经过自学、群学后可根据组内学习情况,向其他小组提出一个自己认为最有价值的问题,并能对这个问题说出自己的观点。学生对他们自己提出的问题都表现出极大的兴趣,积极表述自己的理解,在这个过程中也常常会碰撞出思维的火花,给他们带来不一样的体验。学生对于文本的理解也远远超出了我的想象。当然,有时候学生对于提出的问题也有失判断,因此,引导学生提问出有价值的问题、培养学生追根溯源的精神、寻找有效解决问题的方法和途径还是我应该努力和不断探索的方向。相信会提问题的学生，也一定是一个具有创造精神的人才。

老师在教学中要善于发问，还要引导学生学会发问。

虽然教师教学不是搞科学研究，但是教学同样是一项需要有创造性的工作。当我们在设计教学时，多问几个为什么，并在解决疑问的过程中有所感悟有所创新，那么我们会成为一个受学生欢迎的老师，我们的教学也会达到事半功倍的效果。

《我最好的老师》一文中的怀特森先生的创造性课堂教学就是我们很好的榜样，他通过教授给学生有意编造的错误知识，培养学生大胆质疑，独立思考和判断事物真伪的能力。我们在日常教学中是否也注意培养了学生的这些能力呢？

我常常会想：小孩总是会有那么多的问题要问，可是为什么越大我们就越少问"为什么"了呢？是因为我们懂得多了，不需要再问那么多"为什么"了吗？显然不是，而是随着年龄的增长，自身的惰性正在让我们的大脑丧失多问几个"为什么"的能力。而经常问"为什么"也正是我们思维活跃，大脑年轻的表现。

多问几个"为什么"，说到底就是要有一种打破砂锅问到底的精神。多问几个"为什么"还要有追根溯源的精神和毅力，这样，我们就会在不断发现问题，不断解决问题的过程中有所成长、有所收获。

（作者系邢台县太子井中心石坡头完小教师）

读书引领精神成长

姜锦泉

朱永新教授在《致教师》第二辑中《爱上阅读需要多管齐下》一文中指出：教师要想引领孩子真正爱上阅读，除了让孩子有阅读的时间和空间外，还要"和孩子们进行一些师生共读共享的活动"，"要开展切合孩子特点的、孩子们感兴趣的各种阅读活动"。对此，我深有感触。

进入初二后，由于学习习惯、学习能力、家庭环境等方面的差异，学生的两极分化现象也渐趋明显。有些学生学习基础差，成绩不理想，渐渐丧失了学习进取心；处于青春期的学生逆反心理严重，听不进老师与家长的劝告，有些学生甚至与家长、老师对着干；有些学生处于青春骚动期，情窦初开，对异性产生好感，注意力分散，学习成绩下滑……面对一个个可塑性很强的孩子，作为教师，我们该怎么办？如果不分青红皂白地请家长、粗言恶语地责罚孩子，能起到教育效果吗？我想到了一个办法：以读书来引领学生。我结合自己的阅读经历，向全班同学推荐了刘墉的《超越自己》《肯定自己》和《创造自己》。

这几本书中没有什么了不得的经世伟略，却充满一个父亲殷切的叮咛，透过书信的方式，教导他那走向成年的孩子，如何战胜自己的惰性和童年时期的依赖心。刘墉针对自己的儿子刘轩，在成长过程中所遇到的各种问题，以书信的方式，启发孩子奋发向上，坚持不懈，勇敢地面对现实……亲情之间洋溢着关爱和鼓励。超越自己与生俱来的弱点，创造自己美好的人生！

我们班上的王星宇同学读了《超越自己》后，写了一篇读后感。他在文中写道："刘墉引用的西方哲学家赫伯特的几句话让我震撼不已：一个人如果二十岁时不美丽，三十岁时不健壮，四十岁时不富有，五十岁时不聪明，就永远失去这些了！每一个人生阶段都有这个阶段应该做的事情，我现在处于学习的黄金阶段，错过了就再也无法弥补，我要好好珍惜时间，不能把美好时光浪费在游戏和看闲书上。"之后，他主动把电脑中的游戏软件删掉了，把平时偷偷看的《武神》《龙族》等闲书上交给了家长，在学习上也用功多了，学习成绩有了可喜的进步。

读书之后，除了让学生写读后感外，我还定期举办读书报告会，让学生交流分享自己的阅读收获。记得班上的程煜甜同学在报告会上说了这么一段话："我的学习基础较差，成绩在班上一直落后，每次考试一直拖班级的后腿，我觉得自己对不起辛勤耕耘的老师，对不起朝夕相处的同学，对不起养育我长大的妈妈。我一直很自卑，逐渐丧失了进取心，在学习上浑浑噩噩，做一天和尚撞一天钟。读了《肯定自己》，我深深懂得了：如果我们自己都不能看重自己、肯定自己的存在，又怎么要求别人来肯定自己呢？作为一名体育委员，我也有自己的长处，我不应该自暴自弃。姜老师前几天推荐我读了毕淑敏的《我很重要》一书，我也向同学们推荐这样一句话：'对于一株新生的树苗，每一片叶子都很重要，对于每一个孕育中的胚胎，每一段染色体碎片都很重要。'对于我的父母来说，我永远是不可重复的孤本，我真的很重要。同学们，我们每个人都很重要！"她的发言赢得了同学们热烈的掌声。从学生深情的眼眸里，我知道，读书让学生进行了一场荡涤灵魂的精神洗礼。

进入初三后，学习任务变重了，但班上学生阅读的习惯没有丢掉，我们利用早读和晚上阅读时间，一起读了《林清玄散文》、周国平的《幸福的哲学》，很多同学还根据自己的爱好，读沈从文，读迟子建，读巴金……在一次次的阅读之旅中，我和学生一起增长知识、提高修养、丰富情感，我们的精神在成长。

朱永新教授说："有思想的教师才能培养出有思想的学生，富有创新精神的教师才有可能培养出有创造力的学生。"我要说，一个热爱阅读的教师才能真正引领学生热爱读书。我们都是很普通的教师，虽大多数成不了名师、名家。但作为教师，一定要有思想，要有境界。而思想和境界，以及教师的思辨能力、创新精神和人格修养，都是以丰富的读书来承载的。

让我们邂逅在阅读的路上，聆听生命拔节的声音。

（作者系江苏省海门市实验初级中学教师）

慧眼识英雄

施 静

朱永新教授说过:"爱是教育的底色。但作为教师,仅有爱是不够的。真正的爱,一定包含着智慧。"是的,自从加入《致教师》共读小组后,每一天我都会抽时间细细品读这本书,真的是受益匪浅。这本书围绕我们教师最关注的问题,总结了践行者的一线经验,让我们在分享他人成长故事的同时,更学会了用他人的经验来武装我们的头脑,使我们自己的教育教学水平更上一层楼。

记得这本书第二辑的大主题是"借我一双好教师的慧眼",是啊,"一百个孩子就有一百个特点,一百个孩子就有一百种教育方法"。每天穿梭于孩子中间,观察和体验着每一个孩子的成长历程,在教育方式上除了我们做老师的要正确引导外,更应该拥有一双慧眼,去努力发现孩子身上的闪光点。

我的班上有个孩子叫小杰,当他心情好时,就对学习感兴趣,成绩往往能令同学刮目相看;当他情绪低落时,在课堂上或是沉默不语,或是若有所思,课后作业就马虎潦草、错误百出;生气时他会大发雷霆,甚至又哭又闹,不听任何人的劝阻。任课老师无法摸透他的情绪变化规律,对他很是头疼。而小杰呢,因为学习成绩起伏不定,在许多次的失败中越发放松了对自己的要求,有时似乎对什么都无所谓。

作为班主任的我通过观察发现,其实小杰也有不少的优点和长处:喜欢读书,写得一手漂亮的钢笔字,尤其是他画的画很有个性,课本上也留下了不少"杰作"!"能把你书上的画给老师欣赏下吗?"我温和地说。小杰瞪大了眼睛看着我,一时有些不知所措。"别紧张,我只是觉得你画得不错!"也许没有人这么夸奖过他,孩子显得有些羞涩。我拿起他的语文书翻翻,只见每篇课文的插图上都有他添改过的痕迹,有些地方还穿插着人物的对话,很有意思。听着我的赞扬,小杰乐了,也不再像刚开始那么拘谨了。"我从小就喜欢画,心里怎么想就怎么画。不过老师你千万别告诉我爸爸,否则他又该教训我了。"骄傲之余他又不无担忧地说。"这是好事，老师向你保证！"

家长会上，小杰第一次因为他的画受到了表扬。几天后，小杰激动地告诉我："老师，我爸爸给我报了少年宫的绘画班！我终于可以实现我的梦想啦！"一段时间，他的表现出奇的好，专心听讲，认真作业，因为他要省下时间来给他的作品。其间，我正在班上进行"愉快作文"的实践活动，鼓励孩子们在日记、作文中畅所欲言，可以图文并茂，自由表达。小杰写了一篇《我眼中的可爱小猪》，在这篇作文里，他表达了自己对猪这种动物的独特认识，最有意思的莫过于他对形态各异的猪的描绘了：有流着口水呼呼打鼾的；有长着翅膀自由飞翔的；有单脚点地跳芭蕾的……在他精心绘制的插图的映衬下，可谓栩栩如生！我在班上朗读了他的作文，表扬了他大胆的想象、精美的图画，一时间，小杰成了班级里的"小名人"。

眼见时机成熟，我找他聊天，然后话锋一转："最近经常有同学反映说你脾气暴躁，动不动就和同学吵架，刚开始我还不相信，我想表现这么好的你怎么可能……""老师，我知道错了！"我的话还没说完，就被他打断了。"当时我很生气，他们老是冤枉我，又不听我解释，我一急，就发起了臭脾气。""哦？你也知道是臭脾气？"我立刻反问道。"是的，妈妈经常说我的，可我老控制不住自己。""现在同学们都很佩服你能画这么精彩的画，难道你要因为自己的臭脾气而破坏你在大家心目中的形象吗？""那我该怎么办呢？"他急了。"老师这儿有专治'臭脾气'的灵丹妙药，你想要吗？"我故意卖关子。"真的？"他半信半疑地看着我。"每次你想生气的时候就在心里默默数到十，然后看看自己是不是还想发火。""如果还想呢？"他调皮地问。"那就数到一百！"我也"调皮"地回答。"哈哈哈哈！"我俩都乐了。于是，为了拥有更多的"崇拜者"，他的"臭脾气"果真改了不少，不过偶尔还是会发作一下，我想这种反复应该是正常的，毕竟他还是个孩子嘛！

每个孩子都有自己的长处和短处，作为教师，就要像根雕艺术家一样，用自己的"慧眼"去发现孩子的长处，促其"依势就形，扬长避短"。但凡有成就的古今名人，无一不是从自己的优势方面突破，通过艰苦的努力才脱颖而出的。注意发现和发展孩子的长处，让孩子在不断成功中获得信心和动力，将学习日渐变为自觉自愿的行为，这才是成功的学习和真正意义上的学习。

(作者系江苏省海门市能仁小学教师)

让教室成为"温情"的幸福天地

张海英

共读《致教师》一书有两个多月的时间了,那46个来自于教育一线生活的问题交流,给了我太多的感慨与共鸣……一天天地写话题,想表达的很多。作为班主任,作为较早开始缔造完美教室的实践者,我对书中关于教室关于师生成长的话题尤其有感触。教室是师生幸福的源泉,教室也是师生快乐成长的地方,我更期待在无可避免地激烈竞争下,在孩子们的成长逐渐趋向世俗化的现实中,能用等待、用真诚、用实践让教室成为"温情"的幸福天地,关注每一个的生命成长,关注美好情感。

在《教室就是幸福源泉》一文中朱老师指出:"当教师感受到自己真的在拔节成长的时候,他才会感到幸福。"教师常常在与孩子的交往中,得到拔节与快乐,当发现自己抓住契机的教育成功地扭转了一个孩子的认知,我也体会到成长的收获和幸福。

带着期盼的等待,处理一件案子

那一天,我外出教研,学校打来电话,说教室里发生了一件"案子",等我回校处理。情况是一位女孩子上完体育课回教室想喝水,却发现自己杯子里的水有异味臭味,疑心是龌龊之物,感到受侮辱,学校在查看录像后,尚未发现是谁作案。我听了,怒火满腔,究竟是谁,会这么做,做出如此卑劣的行径。细细排查后,目标渐渐锁定了一位男孩,但又想:这孩子是调皮些,不够懂事明理,但还不至于如此恶劣。可现在,我在外地,鞭长莫及,如何做呢?沉思之后,我对自己说:等一等吧,在查案之前,先让孩子们自我反省,期盼他们的成长。

于是,在家长群,我上传了一段话:

还记得上周六我们举行的手拉手活动吗？老师、父母和孩子真诚交流，换位思考，两手相握，亲切拥抱，温暖无比。那一天，孩子们知道了师生间、同学间该如何友好相处。初中阶段只剩下一年多日子，如何尊重他人，好好对待自己的青春年华，值得我们深思。今天，张老师不在校，同学们过得如何？今晚，就请父母让孩子想想，把个人审视自己的话语上传到班级群。提醒：如果，今天孩子做好了什么，鼓励他们继续努力。如果做错了什么，那么明天好好地向他人（包括老师、同学）真诚道歉，无论是否得到原谅，都要拿出诚意，用自己的行为去弥补。我们有一个充满温情的大家庭呢。（尤其当老师不在校时，更要约束自己，体现出应有的风采。）

　　没多久，父母把孩子的话语陆续上传了，我仔细审读孩子们对自己一天生活的回顾。我发现了之前我怀疑的那位男孩写下的是：我一度任性，常与同学开玩笑、恶作剧，可往往结局不乐观，我要自己认识不足并改进。15岁的我，也该明白什么能做什么不能做了。从今天起我会守住自己，不放纵自己，过好每一天，为班级成为充满温情的大家庭而努力。

　　虽然，他并没有写当天发生了什么事，但我却读出他内心对恶作剧的自省，我似乎感受到他内心的后悔。我期待着他第二天的表现。

　　第二天，我还在返校的途中，学校再次打电话过来，告知我：班上有一位男孩承认了错误，并解释了情况，是在那个女孩的杯子里倒入了怪味饮料（并不是污物），并真诚地道歉了。

　　我知道，我的等待，给了孩子自我拔节自我面对的时间，这样带着温度的自省让他的内心丰润起来，这次的教训也将刻在他的岁月中。我想这也是我的一次教育经历吧，有收获有启发。

带着拼搏的激情，踢好一场球赛

　　小小的教室里，每天上演着直播剧，抓住每一次活动的平台，成长的契机，教师与孩子们的生命总会开出独一无二的美丽，情感的投入，也会收获意外之喜。

　　初二下学期，学校举行校园足球联赛。但是，孩子们平时打篮球积极，足球却很少有喜欢的，组队时，找不到人，硬是拼凑了五六个人。面对紧张的赛事，孩子们开起了玩笑："我们都不会踢足球，一定会输，就这么坐等失败吧。"教室的气氛异常沉闷，我想实力不行是事实，但缺少拼搏的激情却不对。

我举出导演吴京的例子，给孩子们讲述：吴京曾导演了《狼牙》电影，并且跻身大片云集的贺岁档。有人劝他改档期，但是吴京认为：赶上了贺岁档就勇敢地去争取。拼还有赢的可能，输也要输得轰轰烈烈。正是这种不服输的精神，让2015年后的吴京爆发出绚烂的光彩。

"孩子们，我们实力不够是事实，但是输也要输得轰轰烈烈。输比赛，不能输气势。走啊，我们一起去操场。"我的振臂高呼，让孩子们的脸上绽放了笑颜。我们奔向操场，带着期许，带着欢乐与拼搏。

到了准备阶段，懂一点规则的孩子认真地教着从未玩过足球的队员，体育委员把几个大男孩聚在一起，商讨着策略。那股认真劲儿，让人感动。比赛开始了，场上的选手一次次冲击，一次次失败，却再二再三地向前冲着，场下的我们高声呐喊着："加油！加油！"寒凉的风吹过每个冻红的脸，激情却依旧充盈着每颗欢乐的心。

下半场，我们被罚点球了，对方罚球的是技术娴熟的足球运动员，我方守门员凝神屏息，紧盯着他脚下的足球，我和啦啦队的加油声异常响亮。奇迹出现了，对方球员的点球竟被扑了出去，"哇！耶！"孩子们的欢呼声响彻云霄，那就是我们轰轰烈烈的胜利呢！

这一场足球比赛，带来的精神营养，滋养着每个师生的心灵。比赛过后，我们共同写下了：前方的路上，有再多的困难，我们都不怕。带着拼搏的激情，轰轰烈烈地向前冲，胜利终将属于我们！

带着真诚的善意，投入每一堂课

进入初三，学习生活渐趋单调，教室里更多的是课堂学习和课后作业，孩子们显得有些浮躁，坐不住，静不下来。

一天傍晚，同级的李老师借班上课，所上的是诗歌诵读，一上课，孩子们就呈现出松散状态，读诗不投入，听讲不经心，前前后后的同学随意转头，还有的嬉笑不止。坐在台下的我，觉得难堪，恨不能站起来大吼一声。终于，熬到下课，我快步迈上讲台，"啪"的一声，把书甩在讲台上。

看着孩子们不知所措的眼神，我渐渐平复了一下心情。"我给大家讲一段经历。有一次，张老师比赛上课，看到下面的学生总不在状态，不读不听不看，还有些小声讲话。大家猜猜这时候的老师心里是什么感觉？什么滋味？"眼光扫视全场，我看到多数孩子的头低下了。请了刚才上课最心不在焉的几个孩子说说看法，他们的脸红着，不敢抬头看我。

"大家再说说，这时候老师该怎么办呢？""老师，说一个有趣的故事。我们都爱听。""老师，喊不认真的回答问题，就会好很多。""老师，组织比赛，有积极性。"……

孩子们说得有些道理呢，我心中暗想着，当然我要的不仅是这个结果。我说："感谢同学们的出谋划策，下回老师遇到这种情况，可以试试这些办法了。不过，同学们上课认真听讲是规矩，也是一份善意呀，是对老师辛苦付出的回报呢。你们说对吗？"所有的孩子点头，同意。

我知道这一堂课，已经留在每个人心中了，我们都将学会带着真诚的善意，投入每一堂课的学习，用这份温暖带给每位师生迎接成长的力量。

正如朱老师所说，在一间教室里，如果老师和学生的生命都得到丰富的滋养和最美的呈现，那就是教室中的幸福之泉悄然喷涌的时刻。我想带着真诚上路，带着真情出发，让教室成为"温情"的幸福天地，让岁月记下每一个成长的幸福时刻！

（作者系江苏省海门市实验初级中学教师）

听孩子的

俞润梅

我们没有魔法棒,从生理上,我们无法真正"变成一个孩子"。我们唯一能够做的就是从心理上真正走近孩子,走进孩子,理解他们的需要,尊重他们的个性。朱永新教授在《重返童心的世界》里这样写道。

正如苏霍姆林斯基所说的那样,你面对的是儿童极易受到伤害的、极其脆弱的心灵,学校里的学习不是毫无热情地把知识从一个头脑里装进另一个头脑里,而是师生之间每时每刻都在进行的心灵的接触。

教师最喜欢听话的孩子,但是常常忽视我们也应该做一个"听话"的老师。在平时的教学工作中多听听孩子的心声,了解学生的感受,以便更好地开展教育工作。

作为英语教师,我提醒自己要时时做个有心人,要无限相信倾听的力量。开学第一周,结合 8A 第一单元的内容即描写人物的品质,我提出一个问题"What are qualities of a good English teacher?"请孩子们说说曾经的英语老师的优点,这样我就知道孩子们喜欢的英语老师所应具备的品质,也可以从中了解到学生学习英语的一些习惯了。如有的学生说,英语老师很温柔;发音很清晰;对家长很热情;对学生一视同仁,做她的学生能经常享受到成功的快乐。听到孩子们的回答,我知道孩子们喜欢温柔的老师胜于严厉的老师。魏巍笔下的蔡芸芝老师的形象出现在我眼前:她从来不打骂我们。仅仅有一次,她的教鞭好像要落下来,我用石板一迎,教鞭轻轻地敲在石板边上,大伙笑了,她也笑了。做蔡老师这样的老师,成了我的追求。像这样的教师,孩子们怎么会不喜欢她,怎么会不愿意和她亲近呢?

《致教师》中讲道:既然每一个孩子都是天使,作为教师,就一定要相信每一个生命都有着与生俱来的力量,只是有待于教育来发掘和唤醒。如果我们发现孩子还没有开窍,一定是时机还没有成熟。

初二学生出现了两极分化，进入英语 8B 的学习，随着学习内容的加深，特别是学习现在完成时这一难点时很多学生掌握不了。一周下来，学生犯了很多知识点错误。我找一个英语基础比较好的学生家栋谈话，让他谈谈学习现在完成时的感受。他说现阶段各门功课难度都在增加，语文上学习词组结构和句子成分，数学学习平行四边形，物理题目的计算量变大变难。他突然感觉到了进入初中阶段从未有过的压力，他上课很紧张，做题频频出错。他向我提出，可不可以把难点进行逐日呈现，比如现在完成时中过去分词的背诵，可以每天背 10 个，而不是不规则动词的整张表格要求一时全部掌握。当了解了这个孩子的学习困惑后，我决定听从家栋同学的建议，放慢教学的进度，对学生加强个别辅导，容忍学生初学难点时犯下的所有错误。以一道选择题为例：

Anna, have you _____ seen the film?
Yes, I _____ it last weekend.
A. never; saw   B. ever; have seen
C. ever; saw   D. never; have seen

这道题，全班 60% 的学生错了。按照原有的试卷讲评方式，我会告诉孩子们，因为答句中 last weekend 是表示过去的时间，所以用一般过去时，因此正确答案是 C。但是为了听到学生学习现在完成时过程中的困惑，我认真听取了出错同学的错误分析，原来选 A 的同学是把句子翻译成中文后再选择的，译文是"你从来没有看过这部电影吗？"选择 B 的同学说，我以为上下文时态要一致。选择 D 的同学说，这几天在学习现在完成时，所以我找到 have done，就选上了。听到孩子们的错误成因，我明白了教会学生英语解题中"情景大于规则"的重要性，更坚信"授之以渔"的教学铁律。

教师要与学生一起成长，要努力理解孩子的世界，成人世界和孩子的世界是不一样的。教师要缩短师生之间的距离感，才能与他们沟通，才能得到他们的热爱与尊重。

学生最关心的是家庭作业，特别是长假时的作业。国庆长假，如何布置英语作业，我征求学生的意见，不同基础的孩子提出了不同的建议，最后我觉得应该综合考虑孩子们的需求，在班级里建立了"作业小超市"。首先请全班同学针对自己的九月份学习情况，列出长假作业清单，学生们列出了很多的项目。如：背出两个单元的单词，准备每日演讲的 PPT，上网收索旅游景点，精讲每日一题，背出新概念两篇文章……五十位学生的作业清单放入班级"作业小超市"，然后同学们博采众长，结合自身特点选择了长假作业。开学检查时，我发现学生完成作业的质量都很高。利用长假，他们做到了查漏补缺和拔尖提高。

当我们倾听孩子本真的心声，满足孩子的发展需求，遵循孩子的发展规律时，我们就会让孩子感受幸福，享受成功，创造奇迹。

一个教育工作者永远要记住陶行知先生的名言："你的教鞭之下有瓦特，你的冷眼里有牛顿，你的嘲笑中有爱迪生。"让我们抱着"听孩子的"思想，来打量孩子的世界，那么我们会发现，孩子的世界是具有多么独特的色彩，同样我们的世界也会充满旋律和内涵。

愿我们耐心倾听的姿态，温暖孩子的素锦年华，成为他们最美的记忆。

（作者系江苏省海门市实验初级中学教师）

做一个幸福的小教师

许二峰

朱永新先生倡导的新教育强调我们要过一种幸福完整的教育生活！作为一名教育工作者，我深感教育的艰辛，同时也为能从事这样一份事业而感到幸福。每个人都渴望幸福，有人会把幸福和富裕联系在一起，有人会把幸福和出名紧密结合，而作为一名教师，既不可能有优厚的待遇而享受富足的物质生活，又不可能人人都成为名师大家，而我就想做一个幸福的小教师。正如北师大肖川教授所说的：心中有盼头，手中有事做，身边有亲友，家中有"余粮"。

做一个幸福的小教师，首先要怀揣教育的理想

如果没有理想，任何一种职业都会是无趣的，更何况是教育。教育不能没有理想，有理想的教育注定精彩纷呈。教师职业毕竟比其他职业有更多憧憬，因为我们的工作对象是一个个活泼可爱的孩子。也许我们的工作不像一些人说得那样有诗意，更多的是周而复始的机械劳作、无休无止的鸡毛蒜皮。但是当我们想到，我们的工作会在不久的将来起作用，就能使我们感到美和幸福。当我们看到一个个无知小儿经我们耐心教导，成长为一个彬彬有礼的少年；当我们看到一个个怀揣梦想，意气风发的少年在不久的将来成为国之栋梁。我们何曾不为我们的理想而感到幸福？十年树木，百年树人。但凡那些成功人士或在本职岗位上做出不平凡业绩的人，都是源于有梦有理想，而有梦有理想的教师才能培养出现代化建设所需要的人才。

做一个幸福的小教师，其次要坚守教育的阵地

电影《集结号》主人公谷子地在没有听到司号员的集结号时，坚决不撤

退,直至战斗到最后一人,仍坚守阵地,等待上级撤退的号声,直至电影的结束,他仍坚守着集结号的梦!我们的教育生活没有梦时,生命的意义也就完结了,教育也就没有了意义。在中国教育的现实中,教师的忙与苦毋庸置疑。教师除了教书的工作外,还涉及德育、智育、体育、美育、安全等诸多方面的工作,还要应对教育活动中的各种突发事故、问题学生,可谓千头万绪,如果我们稍有畏难的情绪,就不会热衷于我们的教育。教育阵线上也不乏"逃兵",但我们应直面教育现状,不断探索解决问题的方法和途径,只有你帮助学生理解了记忆的方法与过程,才不会有学生背不出课文了,你也就不苦了;当你真正去因材施教,理解了所谓"学困生"的形成过程时,就不会为"学困生"们的存在而生气了,你也就不累了;当你理解了学生的生理成长过程时,就不会把学生的叛逆当作对自己的反抗,也不会简单地对自己的教学能力产生否定,你也就幸福并快乐着。很多教师都以"恨铁不成钢"来对待自己所教育的学生,这个恨不能简单地理解成对学生的爱,正因为我们没有掌握铁如何成钢的规律,所以我们急功近利地把爱转化成了恨。读《致教师》后,从朱先生的话语中可以看到,面对教育教学事故时,我们要学会自信与从容,用他山之石,攻击面对的璞玉,当我们把握了教育的规律,就能让事故变成故事。

做一个幸福的小教师,要对教育生活充满爱

生活中有许多的无奈,工作中也有许多的困惑,但我们决不能因日常的苦闷而迁责于自己的职业。作为一名教育工作者,要明白教育本身就是一项爱的工程,因此我们要热爱自己的教育生活,热爱我们的课堂,不断去追寻属于自己的梦想。做一个充满激情和爱心的教师,用我们犹如岩浆的心,让每一个孩子心底里沉淀的情发酵,释放;用我们的爱,去滋润每一位孩子,让他们感受到教育的力量,从而不断地提高自己,不断地成长。

为了教育理想,让我们做一名幸福的教师,这不是教师的自我鼓励和慰藉,而是教育本质的要求。因为离开了教师的幸福,就没有学生的幸福!没有学生的幸福,也就没有社会的幸福。前段时间,网络上充斥着弑师、辱师、殴师的负面新闻,而网络水军们的评论让教育工作者感到心寒,有不少教师产生了消极的情绪。如此种种,把从事光辉事业的人员欺凌到"体无完肤",

笔者也哑然。幸而朱先生倡导的新教育在我们海门大地上生根、发芽并茁壮成长，幸而有朱先生的谆谆教诲，海门教育一路高奏凯歌！因此，为了我们自己，为了我们的社会，为了我们的孩子，我们应该做一名幸福的教师，我们期待着过一种幸福而完整的教育生活，并为之不懈努力。因为幸福完整，教育不再仅仅是一种行业，而是融入生活，成为人生重要的组成部分；因为幸福完整，教师不再仅仅是一种职业，而是激发潜能，在不断成长中绽放自我的光芒。

(作者系江苏省海门市万年初级中学教师)

第四辑　读者热议

在浩瀚网络上，从三言两语言简意赅，到洋洋洒洒下笔千言，对《致教师》的评价成千上万，迄今热潮仍然没有消退。

网络掩盖住了人们的面孔，却袒露出了人们的心灵——

"曾经断断续续地读过朱永新老师关于教育的一些文章，那时都是囫囵吞枣、走马观花似的浏览，如今，当我第一次静静读完这本书，内心不尽感慨万千，受益匪浅。"

"这本书的每一封回复都是作者结合自身实际与一线教师的交流，每一条都在面面俱到地指导着我们的教学。每部分都有许多的精华，给我很大的震撼。"

"正在看，还没有看完。但真的是受益无穷。"

……

在今天这个以"引领教室过一种幸福完整的教育生活"读书会为契机下，翻开《致教师》这本书，我在思考，怎样的教育才算是幸福完整呢？怎样才能让教师品尝到教育的完整幸福呢？从书中朱永新老师身上我学到的是爱，是对生命的珍重，对自我的尊重。爱教育就是爱自己，就是爱世界的最佳方式。

（昆明·张卿慧）

朱永新老师在书中告诉我们：一位优秀的教师应该天生会做梦！当我们的学生问我们："老师，我们为什么要努力上进"的时候，我们总要回答他们："为了让你们最美的梦，有一天能够梦想成真！"那么我们想要让自己保持工作的热情，也应该时刻告诉自己：请不要忘记做梦！请不要忘记初心！

（昆明·申芳）

作为一个新教育人，对朱永新老师和他的教育理想、著作和理论再熟悉不过了。因为阅读朱永新老师的《我的教育理想》和《我的阅读观》，我也有了自己的教育理想。要不要做教师，成为怎样的教师，老师该如何工作和生活？朱永新老师在《致教师》这本书里作了详尽的回答。

新教育人都是有教育理想的教师，把教育生活作为一种生活的方式：教师与学生一起经历成长的过程，感受成长中的百味，过一种幸福完整的教育生活。一个有感受幸福能力的老师，才能用幸福的方式感染学生，激发出学生发现幸福和感受幸福的能力。因此，我选择做一名教师，是因为我认为教育生活就是我的生活，是幸福的生活。我因为是一位有理想的教师而自豪，也因有教育的理想而更加热爱这个事业。

有理想的教师，能找到自己身上的生长点。能不停地学习、吸收与生长。阅读、科研、进修和研修，珍惜每一次成长的机会。

有理想的教师，有自己的信念。能在教育的路上欣赏风景。教师的工作是繁琐的、辛苦的，而有信念的教师能积极地迎接各种挑战。

有理想的教师，有前瞻的眼光。我们清楚自己应该投身于什么样的教育，在自己的教室里做什么样的教育。

有理想的教师，有足够的胸怀。面对扑面而来的各项工作，应该如何去应对；面对各色的学生，应该如何去相处；面对社会与家长的误解，我们该如何自处。

有理想的教师，有独特的魅力。他能让这个教室充满情趣和趣味，他能做好班级管理，能和孩子们享受快乐的学习时光。他能获得家长们的肯定和支持，做好家校共育的工作。

正如朱永新老师鼓励我们的。我们正在涨潮的海上，带着使命，带着爱，向没被污染的远方重新出发。教师，爱教育就是爱自己。

（北京·李蓉娟）

今天又一次阅读朱永新教授的《致教师》一书，再次对教师的四重境界，有了更深刻的认识。

在教师的四重境界中，给我感触最深的就是做让自己心安的教师。作为教师，我们真的应该把这碗良心饭吃好。其实我们每天做的事情，都是最简单最细小的事情，那就是陪伴一个班级孩子的成长。孩子的成长是不可复制的，因此每一天，每一分钟都是至关重要的。当孩子们来到学校开始，他们的一切都交给了我们，我们没有理由掉以轻心。

自从当上了一年级的班主任，我对这一点有了更加深刻的认识，每天孩子们的事情五花八门，但是遇到事情他们首先想到的就是班主任老师，有些看上去微不足道的事情也会问老师。一开始，我对这些感到无奈，觉得怎么喝水、去卫生间这样的事也要跟老师说呢？但是后来慢慢地我意识到，孩子把我当作了父母，所以对于未知的学校环境，他们都要寻求我这位"父母"的帮助。这让我感到自己的责任从未有过的大。看似简单地每天提醒孩子课间准备学习用具、去卫生间、喝水等等，就是我最基本的，也是最需要做的事情。而这就是最"良心"的工作。

渐渐地，当我开始意识到我的这份简单工作的伟大，我也更加珍视与孩子和家长的沟通。有人说，现在和家长沟通越来越难了，可我认为，难就难在相互关系上。如果摆着一副高高在上的样子，那么家长就会对自己敬而远之，那么各项工作也就不好开展了。因此从班主任工作一开始，我就着手进行家长工作。首先和家长沟通自己的教育观点，得到家长的认可与支持。然后发挥家委会的作用，开展各项工作。一年级的家长，和一年级孩子一样，对于学校生活都是陌生而好奇的，也愿意加入进来。因此在开学第一周，家长们也和孩子们一样什么都不知道，什么都问。我根据家长们普遍存在的问题进行统一说明，对于个别孩子的情况单独沟通，和家长们共同度过"开学第一周"。就这样在最快的时间内得到了家长的认可。后来，我们班组织了校区的第一支妈妈啦啦队，有超过30位妈妈报名参加。科技体育节，超过50位家长来学校和孩子们共度这一盛大的节日。

就这样在看似平凡的一天天中，我的班主任生活已经过去两个月了。我把这份工作，看作是一份事业，所以我本着良心工作在每一天。这是一份良心活，我相信只要用心，就能做好。

（北京·桂莹）

拜读了朱永新先生的《致教师》后，我很喜欢前言中对教师的形容，更具人性。书中这样写道："归结为神圣，会过于强调教师的奉献与牺牲，容易导致神化和苛求，动摇了扎根于现实的坚实基础。"读完这句话，让我感觉我要读完它。

还记得三年前，我刚刚步入教育岗位时，整天与学生斗智斗勇让我一度感觉一种莫名的挫败感，一度曾使我快失去信心，对我能否胜任这个职业产生了质疑。经过了一个假期的沉思，我自己做了深刻的检讨，从我的教学方式，到言行举止等，我发现很多的问题都是因为自己的原因，心浮气躁，不冷静。我最见长的就是我的课堂掌控，时刻抓住学生的注意力，在最初时，我严抓一年级的课堂常规。我认为，能不能上好一节优秀的课堂，最重要的就是学生的学习习惯，保持一个良好的学习习惯，能够使学生的课堂事半功倍。

经过了两年的努力，很多孩子也坦言，很喜欢我的课，因为课堂上的我比较幽默，亲切，从不跟他们大吼。《致教师》书中提到幸福的三个重要的来源：一是人与外部物质世界的关系，二是人与人的关系，三是与自己的关系。当一个特别调皮不听话的孩子，在你的课堂上认认真真，积极参与课堂活动时，内心的成就感和满足感是无法用言语来表达的。我特别喜欢特殊的孩子，例如自闭症的孩子，我始终认为这些孩子跟其他优秀的孩子都是一样的，他们更应该受到关注，更需要我们静下心来去倾听，去指导。

这两年，我在学校中，还有另一个身份就是教练。我在学校中带了一支田径队，可能在有些人印象中，练体育的孩子都是学习不好，调皮捣蛋的孩子。我承认这些孩子可能在纪律方面，或者学习方面存在一些问题。但是，我们的学生更仁义，更懂事。在我们队里有严格的队规，凡是纪律和学习受到批评的，采取停训整顿，学期末成绩没有达到良好以上的，书面检讨，加停训整顿，经过两年的互相监督和学生的不断努力，有2名学生顺利考入101中学，1名学生考入交大附中。我们的孩子不断地改正自己的自身问题，我想用我们的实际行动证明，我们田径队的队员，不是只会跑跳而没有头脑的人，我们拥有更高的情商和运动智商，我有信心促使困难生、调皮捣蛋的学生进步。

教师这个职业，既平凡又神圣。做一名教师不易，做一名优秀教师更不易，也许前路上仍然有很多困难和磨练，但我相信，我的努力和坚持，会让我收获很多。

(北京·李春旭)

在朱永新老师为广大教师的回信中有这样一封信对我的触动非常大《你的胸怀决定着教室的大小》。"教育是面向未来的事业。作为教师，我们所做的一切，都是在为未来做准备。"我是一名美术教师，很多同事都曾说过，你们的课好上，让孩子画画呗，他们愿意画你也轻松。但是我从来没有这样想过，今天看到这里我找到了共鸣。我的课绝对不是只让孩子画画那么简单，每一节课我都会寻找和课本内容有关，但是又超越课本内容的知识和学生一起分享交流。比如在讲帕特农神庙时，我会讲有关的神话故事；在讲比例的时候我会讲到达·芬奇的故事和古希腊运动会，让学生对人体艺术有一定的理解；在讲抽象画的时候我会讲到蒙德里安的画风是如何形成的等等。在我的美术课里我总是尽量找到一些学生可能感兴趣的关于美术方面的知识来补充到课程当中。很多孩子已经习惯了我的讲课风格，甚至一些调皮的孩子也会趴在桌面上仔细地听，我总认为我不仅要教会孩子画画，更重要的是要培养孩子在艺术的氛围中得到熏陶，提高他们的审美素养。

"如果我们期待未来的社会是一个民主的社会，我们的教室就应该是一个民主的教室。师生关系是民主的，平等的。"就在前一段时间我和五（4）班的焦龙菲关系一直不理想，课堂上是针尖对麦芒，他有问题我就激烈地批评，他也用语言反击，弄得我一段时间非常的苦恼。前几天首师大研究生听课，其中有他们班一节课，我一直苦于这节课怎么上，因为只要有他在，课堂纪律就是最大的问题。没想到的是他在课堂上虽然不是多么乖，但是总算平平稳稳的上下来了，最后还完成了一张作品，我适时地把他叫到讲台上进行了大大的表扬。之后的一节课，他更是反常地超级认真地完成《中国龙》的绘制，虽然在制作过程中不时地冒出一些奇声异响，但是这已经是巨大的进步，在这个过程中，我抚摸着他的头，对他说："之前老师对你的态度有点粗暴，那是我的错，但是你也不能太过分，谁没有脾气呀，对不对？我记得以前你在上美术课的时候多好呀，课下还主动跟老师聊天，现在长大了怎么就做不到了呢。"他抬头看看我说了一句："我也不知道！"听到这句话，我知道了，这孩子还可以沟通，多余的话没有了，不过我心底却热乎乎的，因为我觉得这是我们关系得到改善的开始。我也真心希望我们以后能平等地在课堂上共同学习，我要放下教师的架子，努力和学生在教室里和谐快乐地成长。

(北京·杨光)

拜读了朱老师的《致教师》一书，收获很多，感触也很多。本书中有很多事例都像存在于我们身边，但感觉又离自己很远，因为我觉得自己离书中的很多老师都还有很大的差距。记得感触最深刻的是"如何保持教育热情"这一主题。从自己的教育实践和观察身边的教育同仁，还真是存在这一现象。工作时间长了，教育热情逐渐变淡了，失去了初为人师的那份激情。书中介绍的李吉林老师，年过七旬，但始终青春豪迈，激情四射！多么难得！细细看来，李老师的这份热情源于李老师自己的研究——情景教育。带着这份研究，每一次的教育行为都能充满热情与力量，都能充满挚爱和智慧！

回想自己的教育工作，也该有这样一个研究，能够带着自己不断改变，不断完善！本学期自己担任一年级的课程，如何培养学生会上课，会倾听，会发言就是我的首要研究方向。确定这样的主题，以对学生的激励和认可为抓手，帮助学生尽快适应一年级学生的状态。当然，这都是我的教育设想，现在也在自己努力地摸索着。

（北京·安玉苹）

到了四十不惑的年龄，我时常会问自己：你幸福吗？每每的答案是肯定的：我很幸福。做一个普普通通的人，过平平凡凡的日子，享每一刻的真真切切，这就是我追求的幸福。幸福是每一个心理历程串联起的滴滴感觉，是忧伤后的喜悦，是焦虑后的平静，或许更是喜悦后的悲伤，平静后的狂躁……

作为一个工作人即一位教育工作者，我更加追求工作状态中的幸福。从时间上来看，工作占据一个人一生中最美好的一段光阴，所以作为至今仍选择工作状态的我，追求工作的幸福是必须的。我是位母亲，女儿比我教的最高年级的孩子大不了几岁，所以在我眼里我的学生们都像我的孩子一样，我爱他们每一个。遇到淘气的孩子我会大声一点"训斥"，课下更加会苦口婆心地和他们心灵沟通，孩子就是孩子，调皮捣蛋的孩子就是调皮捣蛋孩子，谁让他们是孩子呢。我依旧会对他们笑，会拍拍他们的肩膀，会安安静静地和他们聊他们喜欢的话题，还会和他们聊家常。在我心里有个梦想：希望每个男孩子都端端正正，彬彬有礼像小男子汉；女孩子都文文静静，落落大方，要每一个孩子达到也许是梦想，但我希望孩子们能够帮我实现。今天讲科技幻想画，当我谈到我的创想时，我希望我可以创造一个机器，当我按下静音的按钮，此时的孩子嘴巴都闭得紧紧的，眼睛都瞪得大大的专注地倾听；当我按下小组合作的按钮，孩子们都参与主题讨论井井有条……嘿嘿，我笑了，笑自己傻气，如果孩子都整齐划一成了一种人，我的教育也会变得乏味，每天的日复一日还有什么意义所在，我爱不同的每一个她和他。她上课时会多一句嘴，他上课时会扮一个鬼脸，他会动作鲁莽碰倒凳子吓大家一跳等等，这也许就是我热爱这工作的原因。

我没有想人生有什么更多的价值，我也没有想工作有什么更大的意义。我只是在每一个平凡的日子里，我只是在做，努力在做，坚持在做。

（北京·边世燕）

在《致教师》拿到手那天，我就很快地浏览完了全书的四个专辑。

第一辑，给我一个做教师的理由；第二辑，借我一双好教师的慧眼；第三辑，愿我书写一部教师的生命传奇；第四辑，让我们过一种幸福完整的教育生活。尽管四个章节都写得很好，对我们一线教师都很有启迪。但是，最能触动我的还是第三辑中的一个片段："你是自己教室的国王"。

当了这么多年的班主任，每年都是随着学校的要求布置教室，随着自己的心性训练学生，何曾想过自己就是教室的国王？总是把自己当做管理者的木偶，指东就打东，指西就打西，不是说人是有思想的动物吗？也该思考一下自己应该带领孩子走向何方。在硬件上我的教室必须有什么？这还是其次，关键是软件上的培养，能不能让我的教室一走进，就散发着一股气，一股和谐之气，一股清静之气，一股文雅之气，是我最想思考的。

我想做我自己教室的国王！

（北京·曾会平）

做教师的目的是什么？如何做好一名教师？我的规划是什么？读了这本书，我给自己提了三个问题。

做教师的目的是什么？不同的阶段有不同的感触。最初选择教师这个职业的时候，我单纯认为我喜欢孩子，这是一份快乐的、稳定的职业。随着专业的学习，我逐渐认识到，教师要以教书育人为职责，并且始终以自身的德行与知识来培养学生的工作。通过上班一年的时间与《致教师》这本书，我深深地感受到教师不仅是一份工作，更是一种信仰与爱的代名词。在教学中，不断地反思、不断地丰富自己，并不仅仅是为了提升业务能力，更多的是真正地用心去让一个孩子更好的成长，所有的初衷更多的是源于对孩子的关心与热爱。

空泛的理论知识并不能够指导教师如何在细节上进行实践。而朱永新老师在书中收集到了许多教师遇到的困惑。例如，如何应对自己不如学生的困境等教师常常会遇到的实际性问题，然后，用书信的方式娓娓道来，帮助我们在具体问题上面进行成长，为教师解惑。

其实，提到规划，我更想说的一个问题是如何通过目标的设定来提高主观能动性的问题。面对同样的教材，面对已有的经验我们是否能够保持最初的热情来设计课堂，耐心地处理与学生的关系等等。其中有一篇文章叫做《做自己的心理医生——如何自我心理调适》。通过文章，我认识到随着时间的增加我们可能遇到心理与生理的种种问题，此时我们要加强意志训练来帮我们渡过"种种难关"。我们要为自己设立种种目标，来有所为。看准了方向，就要坚定不移地走下去。这些目标可以是精神、情绪方面的；也有可能是自我修养方面的；甚至是自我职业成果上面的。总之，通过各方面的规划，充分地调动主观能动性，帮助自己更好地度过职业中的每一阶段。

希望通过本书的陪伴以及以后的学习能够为我的教师之路添加一抹绚丽的色彩。

(北京·陈文月)

最初拿到这本书时我在想，会写些什么呢？能有什么收获？这段时间，我一边阅读这本深入浅出的朱永新老师的著作，一边反思自己的教学心态和教育行为，却不由怅然。很多地方，我都需要不断思索、探求和进步！

每当夜深人静时，我一遍一遍审视自己的内心，我觉得在我内心深处我是喜欢老师这个职业的，就像李镇西老师说的那样我"发自内心热爱着自己选择的职业，并愿意将这份职业变成一项不朽的事业。这里所说不朽的事业绝不是指我要多么显赫，之所以不朽，恰恰在于我愿意把自己的生命自然而然地融进每一天的课堂、注入每一个孩子"。我非常乐意这样做。可我怎么才能达到这样的目标？怎样做才不会被现实完全淹没？怎样做才会保持自己的独立追求？这本书的第一辑给了我很多启迪。

书中的第77页有着这样一个章节——《你的胸怀决定着教室的大小》，作为教师，我们想培养学生，就要有着广博的胸怀，有着阳光的心态。因为教育者的胸襟，是学生的天地，教育者的胸襟有多宽，学生的精神天地就有多大。教师胸怀博大，他的学生才能面朝大海，才能仰望星空。的确，处在青少年期的学生最易受外界的影响和同化，老师的一言一行都势必影响学生。现今社会竞争压力越来越大，教会学生学会坦荡，心胸博大是最好的抵抗压力、调整自己的方法。社会上一些极端事件的发生正是一些心胸狭隘、封闭的人所为。可见，让我们都做一个有胸襟的大气老师影响我们的学生，对整个社会都是有着重要影响的！

(北京·崔超)

《致教师》是新教育实验发起人、著名教育学者朱永新先生的著作,有幸拜读,受益匪浅。

根据个人兴趣我并没有从头至尾的阅读,而是以兴趣以及现在的困惑为出发点,找寻问题的出口。"如何享受你的教育生涯""如何学会思考""如何保持教育热情"等从题目上就深深地吸引了我,让我迫不及待地走了进去。

在阅读中我发现这些问题不仅仅是我一个人的困惑,有很多教师也正经历着,而这些困惑在朱永新先生的笔下渐渐明朗清晰。他从自身出发、从身边的教育伙伴出发、从生活中的实际出发,每一个问题的解决生动而真诚,让我在不知不觉中豁然开朗,对教育也有了新的认识。在"教师的幸福从哪里来"中他这样写道:"如果能够发现并认可每天平凡工作的价值与意义,坚持不懈地在工作中实现自我,那么,每一个普通的时刻,都会焕发不一样的光彩,每一个平凡的日子,我们都能与幸福相伴。"这段结尾的话,给了我很多启示。在童心校园中的杨敏老师、郭丽萍老师,她们就是沉浸在教育幸福中的教师,因为每一次看到她们都面带笑容,每一次她们与学生在一起都洋溢着幸福,这些身边的教师为我们解读着教育的幸福,我想我应该多与她们在一起,让自己与孩子们过一种幸福完整的教育生活。

教育是一切的"果",也是一切的"因"。对一个教师来说,要相信"爱教育,就是爱自己"。一个教师撒下的优良种子,终将会在岁月深处萌芽、开花。

(北京·窦欢)

提起教师,人们往往归结为:奉献和牺牲,老师们其实也为教育奉献和付出了很多,但老师们不是神,老师们生活在真实的土地上而不是虚无缥缈的精神领域,老师们有寻找幸福的权利。朱永新教授在《致教师》这本书的前言中就指出,教师就是教师,教师不是园丁、不是蜡烛、不是春蚕、更不是灵魂的工程师。但是,既然已经选择了教师,我们就有一份职责,更是一种使命。

今天有幸阅读了朱永新教授的《致教师》一书。《致教师》围绕我们普遍关心的重要问题和成长的关键问题,通过朱教授深入全面地思考给我们坦诚解答。朱永新教授曾多次到我校来听课、讲座。读这本书就像在听朱永新教授讲故事，就像在同朱教授面对面相互聊天谈心，从《致教师》一书中获得了许多思想的洗礼和诗意的享受。朱教授说："在教师成长的过程中，思考、写作与阅读具有非常重要的作用。"善于思考并勇于实践的老师能营造出充满灵性的课堂。正如朱教授所说："思考本身就是学习的过程，一个人是高贵还是平庸，在一定程度上是由其思想的高度决定的。如果一个人有宁静的内心生活，他就真正地找到了幸福。静静地做着一份让自己沉醉的教育工作，是我们教师最大的幸福。"

《致教师》一书中有值得我们去追求的理想，它也将时刻警醒着我们去做一个新时代的"理想教师"，培育一群新时代的"理想学生"，教育的未来就会充满阳光。

（北京·杜海波）

看到书名我的内心就充满着莫名的一种好感。"致教师"三个字给刚进入教师角色的我一种很亲切、很自豪的感觉。"原来这是一本专门写给老师的书，那我即将遇到的一些问题就能在这本书中找到答案了"。我的心里这样想着，带着寻找答案的急切心情我打开了这本白中泛着微黄并且散着油墨气息的书。

"先做个让学生瞧得起的老师"，这个标题首先映入了我的眼帘。深入阅读后发现，做老师大致可以有四种境界：一是让学生瞧得起的老师；二是让自己心安的老师；三是让学校骄傲的老师；四是让历史铭记的老师。很明显，这四种境界是有层次的，"让学生瞧得起的老师"虽然是最基础的境界，但是真正做到实属不易。首先，把自己的课上得好一点。用心设计每一节课，用心选择每一个情境；正所谓"学高为师"。其次要对自己的要求高一点。学生是最大的模仿家，老师的言行引导着学生进步的方向。作为老师，拥有一个善良的心至关重要，让班里的每一个孩子都受到关注，关心班里发生的各种事情。同时引导孩子做到"心中有他人"，即做到"身正为范"。总之，只有用心描绘自己的每一天时，我们与孩子们在一起的日子才会收获幸福！

"坚持才有奇迹"，这是告诉我们如何在面临的各种压力面前坚守好自己那一方教育净土。朱先生提醒老师环境的好坏是相对的，不是绝对的。凡事都有利也有弊，只要你善于把握时机，通过坚持不懈地努力，就可以改善环境，创造出有利的条件。恒心的培养可以从小事做起，例如，对于胖人来说，减肥是一件困难的事,试着先把减肥的口号换成"少吃,多动"的容易事,每天每餐都少吃一两口,时刻提醒自己运动一下。当你把每天的这些容易事做好时,减肥这件难事自然也就被攻克了。总之,切不可找"时间紧、任务多"等借口。

"做自己的心理医生"带给我的收获也很大。朱先生讲到的一些方法很实用,按照其建议去做真的可以让自己豁然开朗。提升自己的认知水平特别重要,当自己的心大了,世界就小了;当心小了,世界就大了。与人相处时,心中要有他人,多考虑其他人的感受,经常换位思考,善于控制自己的情绪,创造和谐的群体氛围。

(北京·杜岩岩)

读过《致教师》这本书之后,让我感觉教师应该是胸怀理想、充满激情和诗意的。

作为教师,首先要想有高的成就、水准,必须有高的理想,必须为自己设置一个一生为之奋斗的目标。只有设置这样一个目标,才能把自己的所作所为锁定在这个目标上,才能不断增强自我意识和使命感,才能不断地进行自我挑战,否则会走弯路,会荒废时间及精力。

教育和其他职业有很多相同的地方,也有很多不同的地方。教育的复杂性和丰富性,是其他事业所不具备的,它要求教师富有更高的灵性与悟性。

马卡连柯曾经把他的著作称之为"教育的诗篇",我觉得很有道理。一个理想的教师,他教育的每一天都是新的,每一天的内涵与主题都不同,只有具有强烈的冲动、愿望、使命感、责任感,才能够提出问题,才会自找"麻烦",也才能拥有诗意的教育生活。写诗是要灵感、悟性和冲动的,真正的教育家也应具备这样的品格,永远憧憬明天。冲动停止,教育就会终结。

一个优秀的教师,必须具有远大的理想,不断地给自己提出追求的目标,同时又要有激情。对一个成长中的教师来说,平静的思考是需要的,但更要富有激情。人要会做梦,优秀的教师要永远伴随着自己的梦想。当生活没有梦时,生命的意义也就完结了,教育就没有了意义。

教师应该是充满爱心、受学生尊敬的。

作为教师,教育力量的源泉和教育成功的基础是爱教育。我们有很多教师日复一日年复一年地在教,但是他从没有在教的过程中找到乐趣,心中也从没有涌起一种爱的热潮，这样的教师永远也不可能取得教育上的成功，永远也不可能把握教育的真谛。

我们过去经常说："家有二斗粮，不做孩子王。"和孩子打交道确实是一件非常烦心的事，每天都会碰到这样那样的困境，每天都会碰到这样那样的烦恼。但是我说，大烦恼才能有大乐趣，大问题才能有大成就。你仔细去挖掘教师这个职业，就会发现它实在是美，可以说，世界上没有比教师职业更美的东西。

因此，教师要善于发现教育的乐趣，因为我们每天拥抱的是一个新的太阳，我们每天面对着的都是一些个性迥异的孩子，都是一个个前程不可限量的个体。他们当中可能会有今后的政治领袖，可能会有今后的诺贝尔奖获得者，可能会有各种各样的可能。只要你精心地去照料他们，哺育他们，只要你帮助他们去找回自信，只要你帮助他们去挖掘潜力，他们的能量是无穷的！

教师应该是追求卓越、富有创新精神的。

作为教师，教育家和教书匠，一大的区别，就是教育家有一种追求卓越的精神和创新的精神。我们很多家长，在为孩子挑教师、挑班级的时候，都喜欢挑一个年纪大一点的"富有经验"的教师。其实，一个教师不在于他教了多少年书，而在于他用心教了多少年书。一个优秀的教育家，他应该是一个不断探索、不断创新的人，应该是一个教育上的有心人。一个人为什么能够成功，往往在很大程度上，只是因为他是个有心人。

所以，从今天开始，做一个有心人，认真总结自己的得与失；记录下来那些最精彩的"火花"，震撼心灵。

（北京·龚正）

我最喜欢朱老师提出的问题："教师的幸福从哪里来？"工作是人生中重要的一部分，选对了工作是幸福，踏实地认真工作是幸福。我选对了工作，所以我幸福。我认真工作了，所以我幸福。在工作中，我运用自己的智慧创造自我，实现自我的价值，让每一个孩子从中受益。在每天的平凡的工作中，每一份给孩子们制订的教育计划中，每一个活动中，我都在坚持着。从孩子们身上我收到无数的惊喜、精彩、感动……正像朱教授说的那样："发现并认可每天平凡工作的价值和意义，坚持不懈地在工作中实现自我，无论是用心地研究学生成长的案例，记录自己的生活，还是与同事共同探讨，都感受到成长的快乐。每一个普通的时刻都能焕发出不一样的光彩，每一个平凡的日子，我们都能与幸福相伴。"所以，我珍爱我的工作，我的学生，我的幸福！

（北京·郭新星）

朱永新老师说"教师的专业成长"，将以阅读为基础的"专业引领模式"，以写作为基础的"研究反思模式"与"以同伴互动为基础的教育生态模式"喻之为教师成长之"吉祥三宝"。他说，每个人的一生都是一个生命的叙事，在时光中创造那个更好的自己。时间抓起来是黄金，抓不起就是流水。我很赞同他的观点，我们正在以这"三种模式"践行着，收到了意想不到的效果。

教师需要专业阅读以吸取养料，正如朱永新教授所言："如果没有教师的阅读，就没有教师的真正意义上的成长与发展。"读书会让教师更加理性与善于思考，更加宁静与远离浮躁，更加具有专业素养与教育智慧。阅读滋养底气，思考带来灵气，实践造就名气。苏霍姆林斯基说："无限相信书籍的力量，是我教与信仰的真谛之一。"我坚持"多读书"，读文选、读名著、读大师随笔，引导我拓展视野、宽阔胸襟，为自己成长铺垫文化底蕴、提升思想修养。尤其是阅读经典著作，亲近大师，是提升自我获得成长的良好方式；走近大师使我沐浴在教育智慧的光芒之中，享受心智的快乐，从而多一份教育的眼光，多一份教育思维，多一份教育的感悟和启迪。

新的课改理念告诉我们，教师，必须直接享受教带给他（她）的快乐和幸福。所以，让教师和学生共同成长，以教师的成长来带动学生的成长，这是新教育的一个最重要的价值取向。为此，教师必须加强读书学习，学会如何获得信息以及如何有效利用这些资源，这对教师的专业发展至关重要；教师必须不断更新观念、知识和能力，掌握现代教育技术，并用于自己的教育教学，以适应不断变化的时代对教育提出的要求；教师必须时刻吸纳新知，不断丰富和提高自己，成为学生的"源头活水"。

（北京·何会伶）

读了朱老师的《致教师》，我收获最大的还是怎样才能成为一个受欢迎的教师。

朱老师在书中写到了"尊重"。

尊重，马斯洛需求层次理论告诉我们：尊重是人的一个特别重要的心理需要。苏霍姆林斯基说，自尊心是人的心灵里最敏感的角落。一旦挫伤一个人的自尊心，他会用十倍的疯狂、百倍的力量来和你抗衡。士可杀，不可辱。不卑不亢，宠辱不惊，不仅是对他人的尊重，也是自己做人的境界。朱老师建议一线教师，对高贵的人挺起胸膛，对低微的人亲切关怀，要做到"彬彬有礼又有进有退"。对于尊重，作为教师，首先从尊重学生人格开始。

在学校教育工作中，教师是施教者，学生是受教者，虽然二者的角色不同，但师生的目标一致，彼此应相互尊重。而且教师是教育活动的组织者、领导者，是表率，教师首先应该尊重学生。只有这样，学生才会亲近教师，主动接受教师的教育，真正尊重教师。尊重受教育者，就必须做好以下几个方面：

要对学生有正确的认识。学生尽管是儿童，知识不足，阅历不深，但他们已有一定的生活经验和社会经历。他们对自己所接触的客观事物有自己的认识和看法，有些看法不仅正确，而且会给教师带来一定的启发。

尊重学生的权利。学生是现实社会的成员之一，是处于迅速发展时期的人，是受教育的对象。"尊重教育"，就是强调始终将学生的受教育权放在重要地位，一切的教育活动都是为了尊重学生、促进学生的发展。

尊重学生的人格和个性。学生虽然很小，但在人格上是和成人处于平等地位的，在人格上并无差异。教师必须承认这种平等地位，尊重学生的人格。

尊重受教育者是尊重教育的一个重要方面。只有尊重学生，才能做一个受学生欢迎的老师。

(北京·华婷)

朱老师说："读什么样的书，你就会成为什么样的人。"作为教师，要乐于选择哲学、心理学方面的书，更要专注于自己所教学科的专业书；要乐于重温教育学、心理学的基本知识，更要专注人文和科学。每本书都是一部传奇，教师要善于阅读传奇人物、故事带给我们的震撼。当然，我们必须接触管理，我们在最能学习的时候不能仅仅学习如何做一名老师，我们也要思考如何做一名优秀的管理者，因为我们面对的不是一个人。自己再忙也要读书，收入再少也要买书，住处再挤也要藏书，交情再浅也要送书。总之，阅读也要像牛顿说的那样"站在巨人的肩膀上"，尝试从"优秀到卓越"。

朱老师的一句话让我感悟很深:"我想,幸福是人类的永恒追寻,对教师而言也不例外。为了幸福,我们乐于做教师。作为教师,我们要深刻理解幸福的缘由。"

(北京·黄艳)

"教师就是一份职业,更是一个志业。"我很欣赏朱老师说的这句话。我想说作为一名教师,我面对的是一个个鲜活的生命,而每一个生命都是最独特的。有这样一句话说的特别好:世界上每一片叶子都是不同的,没有两片完全相同的叶子,我就是唯一的那一片。所以我的教育志向就是:让每一个孩子都能在人生的路上做最好的自己。

如何做最好的自己呢?这让我想起曾经阅读过的美国著名教育家和心理学家霍华德·加德纳教授提出的多元智能理论。这个理论告诉我每个学生都有可发展的潜能,只要给予足够的鼓励、机会、环境和教育,几乎每个人的所有智能均能达到相当高的发展。其实老师除了帮助学生提高学习成绩,还应更多地发现、挖掘孩子的各种潜能,并为他们尽可能地搭设各种平台。让孩子们不仅仅成为一个学习的机器或仅仅是一个学习的高手,而是成为一个人格健全、充满活力和阳光心态的人。

(北京·黄燕舞)

利用一周的时间,我粗浅地阅读了朱永新教授《致教师》一书,受益匪浅。

苏霍姆林斯基说:"读书、读书、再读书,教师的教育素养的这个方面正是取决于此。读书是人类灵魂的第一精神需要。要有读书的兴趣,要喜欢博览群书,要能在书本面前坐下来深入地思考。"的确如此,从这本书中,我感受到了从事教师职业的可贵,我深深地认识到,唯有做好本职工作,才是最踏实和安心的。

本书中我印象最为深刻的一个部分就是告诉我们如何去过一种幸福完整的教育生活,书中这样写道:"因为幸福完整,教师不再仅仅是一种职业,而是激发潜能,在不断成长中绽放自我的光芒。"一个老师,如果整天总是板着脸向学生提问,而他的眼睛却从来不看着人,就会让学生觉得课堂真的很无趣。一个老师首先要有爱,只有自己心里有爱,才能散播爱的种子。就像曾经看到吴非老师说的："多与学生沟通，年龄不是最重要的，重要的是教师的心态。让学生喜欢你的课，不是哗众取宠，除了学养，可能还取决于你有没有教学的激情，能否让学生在你的课堂上尽情地表现自己（哪怕犯点错误）。"还应当有孩子的童趣、少年的率性、青春的诗和梦……如果教师辛苦工作，可是却无法让学生热爱课堂，这位教师的工作就没有什么价值。

是啊，从优秀到卓越，这是我们对工作的要求，幸福而完整，这是我们对生活的追求！

（北京·康琳）

我收获最大的还数怎样才能成为一个受欢迎的教师。

我特别认同朱老师说的三个方面的因素，尤其是其中的换位，我觉得说得特别到位，我也特别认同。就是老师能站在学生的角度思考问题。很多冲突都是在没有"换位"思考的情况下发生。如果学生出现问题时我们能与学生换位思考一下，就能换位想一想学生的不易，等于理解了学生。从而能与学生心平气和地解答一些问题，这样一来学生就会觉得老师很理解他们，从而会喜欢你及喜欢你所教的学科，学习兴趣一定会提高。

朱老师说：我曾经在学生当中做过一份访谈——"你喜欢什么样的老师？"现在我换位想一想，作为学生时代的我，现在你要问我喜欢哪位老师，我一定第一时间想到的是当年风趣幽默，民主公平，知识面广，创新意识，多才多艺的老师。更主要的是爱我的喜欢我的老师。说得再直白一些就是懂我的老师，懂我就是理解我的一切，这样的老师是我的最爱！现在用它鞭策自己尽量成为学生喜爱的好老师。

通过读这本书，我最大的感受就是我愿意做学生喜欢的好老师，带着这种愉快的心情带着学生生活、学习一定其乐融融，并在工作中享受工作给自己带来的无限乐趣。

（北京·李琳）

"我曾经说过，直到现在，童年对人类来说仍然是一个'黑匣子'。因此，教师是世界上最具挑战的职业，我们在对自己的教育对象还没有充分了解的情况下，就开始了我们的工作。我们必须格外谨慎，格外小心。"这是《致教师》一书中《重返童心世界》中的一段话。

每个孩子都是有生命的，我们不可能像操作者使用机器一样来随心地掌控他们，他们都有自我意识，都会自我控制，只有当你想让学生做的事情更能满足学生的内在需求时，学生才会按照你说的去做。作为老师要摸清学生的心理活动，找准他们的内在需求，只有这样才可以让学生变得轻松和快乐。

我们无法强迫任何学生用功读书，但是通过小组学习，学生享受到深入知识殿堂所带来的权利、友情、乐趣。孩子们不但爱上了学习，更令教师少了逼迫的无可奈何，转而沐浴爱的阳光，身心舒畅，真正做到了师生双赢。

我们要向那些成功的教师学习，往往这些老师总是带着欣赏的眼光和积极的心态投身于教学活动，比如我们身边的榜样，郭丽萍老师和杨敏老师。如果师生关系中没有真诚的欣赏，任何学生都可能失去自信心。适度的表扬和鼓励，能让学生品尝到成功的喜悦，每个学生身上都有闪光的东西可以挖掘，关键是如何挖掘，怎样挖掘，何时挖掘，我想我还需要向身边的榜样老师一直不断地学习下去。

（北京·李欣）

今天我读了朱永新教授的《致教师》，其中有几章内容让我颇有感触。第一个就是"教师因为魅力所以美丽"。教师应该努力挖掘教师职业的内在美，从而坚信自己所从事的是一个影响人的一生的、值得为之奋斗一生的事业。你爱教师这个职业，教师的职业也会爱你。

例如：我每天怀着一颗激动的心情去给一年级上课，尽管在上课中会遇到很多困难，但是我始终保持着一颗爱孩子的心，我爱他们，他们才能爱上我的音乐课。通过学生，我发现他们每天的点滴进步，让我的课也有更多的灵感。所以真正地用心对待自己的每一次讲课，每一次与学生的沟通，你一定会感受到当老师的乐趣、体验教育的幸福。

第二个是"先做个让学生瞧得起的老师"。我现在每一节课都用心去写教案，用心设计每一个环节，遇到不懂的问题，能够和学生平等热切地共同探索。其次做一个"让自己心安的老师"。做到为人师表，同情弱者，有一种悲天悯人的情怀。第三是要"做一个让学生骄傲的老师"。从职业上提升自己，把工作做到极致，让学校永远记住你，让学校以你为傲。最后要"做一个让历史铭记的人"，让你的生命长久地陪伴和鼓舞更多的人。

最后一章让我感动至深的是"我们还需要理想吗"？书中写到理想是教师

的第一个条件，走上岗位的教师必须要给自己设置一个奋斗目标，但是与理想并肩作战的是坚守，两者缺一不可。

朱永新教授的这本书我特别喜欢，书中的每一个小标题都让我觉得特别新颖，让我不得不想走进每一个小小的故事去感受它们。每一段的文字不管是用格言，还是用诗歌都阐述得恰到好处。让我不禁感叹：教师就是教师，与学生是互相依赖的生命；教师就是教师，每天都在神圣与平凡中穿行；我是教师，这是一份职业，更是一个志业；我是教师，这是一份职责，更是一种使命！

（北京·李木子）

《致教师》这本书中朱永新先生围绕教师提出的教师关心的重要问题和教师成长的关键问题，如"成为教师的理由""怎样具备好教师的慧眼""如何书写教师的生命传奇""怎样过一种幸福而完整的教育生活"四大方面，一一为教师进行"解惑"。这其中也有我一直以来困惑的问题，很幸运在此时可以拜读这本书。

教师，既是一份职业，也是一个志业；那既是一份职责，更是一种使命。让教师能过上幸福完整的教育生活，给教师带来职业的尊严与幸福感，点燃教师的激情，成为教育的追梦人，是朱永新先生这本书的初衷。当读到第一辑：给我一个做教师的理由时，他讲到是为了自己心灵的自由，也是为了创造一个更好的自己，要在教育中诗意地栖居。这让我想到了自己当初报考首都师范大学要成为一名老师的初衷。喜欢孩子是第一因素，喜欢数学是第二因素，其实就是这么简单，希望从事和自己兴趣相关的工作。到现在为止自己工作已经第三年了，我还依旧想继续做一名教师，但是理由不太相同。我发现在教师的岗位上可以实现自己的价值，我也享受着教师传道授业解惑的过程，享受着每天和孩子们相处时的单纯与美好。在这个平凡的岗位上我已投入了无限的热情和正能量。就像书中讲到的，我在慢慢地学着享受自己的教育生涯，希望以后的教育生涯也是快乐的。

（北京·李月阳）

《致教师》这本书给予了我很多启示，作为一名新教师，面对工作，我存在着非常多的困惑，有时会因为这些困惑而心烦意乱，不知所措。读过这本书后，我的一些困惑得到了解决，也在学着去用孩子们的方式去和他们相处。

就像书中写的一样，教师本不是园丁，教师本身应该是一朵花，教师要用自己绽放的青春去芬芳每一个孩子。教师与孩子是一个有机体而不是相互独立的。生命是相互关联的，教师与学生更是如此，互相依赖，互相促进。

这本书给我印象最深的就是朱永新老师说的：每个孩子都是天使。一开始我可能并不这么认为，因为班中个别孩子真的会令我不知所措，会令我抓狂，我不知道该用什么方法去让他变成我心目中的"乖孩子"，但读过书后，虽然孩子依旧那样顽皮，没有太多变化，但我的想法改变了。孩子如果都是一样的乖巧听话，聪明能干，那就真的不是孩子了，就是因为孩子们的不同，才会有不一样的美丽。有些孩子可能就是发育晚一些，暂时表现得反应迟钝，就像朱永新老师所说的：作为教师关键是要给孩子们自由，给他时间，给他空间。你给他一个舞台，他就能还给你一个精彩；你给他一点空间，他就能为你创造无数辉煌。作为教师的我们需要去学会给孩子一点时间，学会平和自己的心态，给孩子一个自信的成长的空间。我的班中有个别孩子在学习上会"慢半拍"，我理解他们只是还没有"开窍"，我要等等他们，我会耐心地给他们讲解，一遍不行第二遍第三遍，我在不断提醒自己：要耐心！

除此之外，我们还要去引导学生去发现自己的优点，孩子需要鼓励，一年级的孩子更是如此。最好的教育是不教之教，是帮助每个人认识他自己，成为他自己，找到真实的自己。我们作为老师不能太过心急，给孩子时间与空间，去帮助他成为他自己，不要去为了得到表扬而失去真我，也不要只有批评，让孩子不敢去寻找真正的自己。

孩子是天使，每一个天使都很美丽，只是欣赏的人的方式与角度不同罢了！而教师需要学习的就是让自己更多角度地去欣赏孩子，去鼓励孩子，去理解孩子，帮助孩子最终向正确的方向成长。

我也在不断学习，希望自己能够帮助孩子找到自己，自信地张开自己美丽的天使翅膀！作为一名新的教师，我需要学习的还有很多很多，我和孩子们一起成长，一起学习。也许会有做得不好的地方，但我相信自己可以和孩子们一同进步。我在为成为一名合格、幸福的教师而不断努力，加油！

（北京·梁硕霞）

什么是好的教育，朱永新老师总结了三点：一是做人的教育就是最好的教育；二是要努力去培养孩子良好的习惯和兴趣；第三，最好的教育是帮助人成为他自己。

没有人的生活会一帆风顺，无论大小，每个人都会遭遇困难。

曼德拉说过："生命的意义不仅是活着，而是我们给别人的生命带来了何种不同。这决定了我们人生的意义。"这句话，对我们教师而言尤其重要。作为教师，我们的一言一行都可能直接给学生的生命带来不同。我们真正要教给孩子的，是一种好的教育，就像朱永新老师告诉我们的，归根结底即是终生的教育。要教会孩子从痛苦中汲取积极的力量，从困境中学习超越的本领，这样强大的心灵就会无所阻碍。

作为一名刚刚毕业不久的新教师，我渴望成长。在刚入职前，我们怀揣热情地来到岗位上，然后现实却让我们觉得，如果我想要成长，坚忍不拔的意志力非常重要！这种意志力，表现在我们生活中的点点滴滴，比方说：每天早起做好一天工作的准备；每天抽一些时间看书、写笔记；每次上完课认真记录教学收获和反思，每天对自己一天的工作进行总结归纳……偶尔，我会因为天气、身体状况或者是工作量大等原因而忽略这些小细节，我觉得，关键还是对自己不够"狠"，喜欢给自己"找借口"。

今后，作为一名一线教师，我会更加注重意志力的培养，只要坚持有恒，我相信，无论到哪里，教育的脚步将永不停息。

（北京·林丽霞）

谈到教师，朋友们都说，教师是个光辉的职业，你可别误人子弟；家人们说做老师脾气要好，你这脾气要改改了，俗话说："春蚕到死丝方尽，蜡炬成灰泪始干。"很多时候，大家对我们职业的评价都是过于神圣化。这些大帽子扣在自己的头上，瞬间让自己觉得压力山大。拜读了朱永新先生的《致教师》后，前言就颠覆了以前对教师的形象比喻，但更具人性。书中这样写道："归结为神圣，会过于强调教师的奉献与牺牲，容易导致神化和苛求，动摇了扎根于现实的坚实基础。"读完这句话，我的心里充满了被人理解的美好，这种感觉让我有了读下去的欲望。

还记得自己刚走上教育岗位时的手忙脚乱和经历的挫折，一度曾质疑自己的选择。这一切我都经历了，坚持了下来。迄今为止，我在教育这个岗位上已奋斗了12年，但如今的我仍然葆有当初教学的热情。朱永新先生在书中谈到了教师的幸福从哪里来？他提到人的幸福大概有三个重要的来源：一是人与外部物质世界的关系；二是人与人的关系；三是与自己的关系。当我所任教的第一批学生，每年的教师节他们都还会记得送上祝福时，我是感动的，幸福的。我想我感受到了作为教师的幸福感了。

教师这个职业，既平凡又神圣。做一名教师不易，做一名优秀教师更不易，也许前路上仍然有很多困难和磨练，但我相信，我的努力和坚持，会让我收获很多。

（北京·刘静）

读了朱教授《致教师》中的"如何对学生一视同仁"后有一些感触。我面对的三年级学生有200多人，这些学生千差万别，每个人都不一样，有被老师欣赏的，有不被欣赏的，面对不被欣赏的学生，老师应该怎么面对？我想说的是：不同的学生有不同的需要，因此需要不同的培养方式，对待学生上要求老师采取不同的方法，但是要注意把握分寸。理论上，教师是要对学生一视同仁的，要善于发现学生的优点，然后喜欢自己所教的每一位学生。要公平地对待每一位学生，因为他具有平等接受教育的权利。

不可否认的是，老师也是人，也有自己的喜恶，比如一些习惯差的学生，无论你如何想着要教好他，他就是跟你唱反调，这个时候，你还能继续喜欢他吗？不可能的事，即使表面上看起来没有对这个学生怎么样，心里早就对他恨之入骨了，巴不得他立刻转学。对付这些学生，你要么就偶尔找他来批评教育，要不就对他不理不睬，特别要注意的是，一旦发现他的优点，或者有所进步时一定要表扬，这样他就不会经常跟你作对了。有些学生跟老师作对，也有可能是老师长期忽略他，使得他自暴自弃，破罐子破摔了。但是为人师表，无论学生做错了什么事情，一定要忍，不能有过激的行为，可以批评学生，但不能有脏话。被学生气到的时候一定要冷静，很多时候，你说错了一句话，可能会改变一个小孩的一生啊。

（北京·刘璇）

是的，教师就是教师，要让自己幸福地享受自己的教育生涯；教师就是教师，要和孩子们一起保持教育的热情；教师就是教师，要钻研要探索要让每一个孩子发芽长大。

《致教师》这本书从"给我一个做教师的理由","借我一双好教师的慧眼","愿我书写一部教师的生命传奇",到"让我们过一种幸福完整的教育生活"。更让我对教师职业的崇高与神圣又有了更深的感悟。我工作已经21年了,至今我都没有厌倦,因为我爱这份职业,我爱孩子们。陪伴孩子们的每一分、每一秒、每一节课、每一天,我都分外珍惜。课堂上我充满激情,充分调动孩子们自主学习的能力,这些不仅仅是要让孩子们享受学习的苦与乐,也是在让自己享受和他们一起进步成长的幸福!幸福就像泉水,它会源源不断地流淌;幸福像滚雪球,它会越滚越大;幸福像蜂蜜,它甜在嘴里,却美在我心里!

(北京·鲁春芳)

和郭丽萍老师搭档教学的两年中,经常听到"新教育"这个词汇,对朱永新老师也有所耳闻。但是,这些模模糊糊的印象只是从郭老师那里听到的、从她所任教的实验班的孩子们身上的行为中隐约感受到的。最近,阅读了朱永新老师的这本《致教师》,让我走近了新教育。朱永新老师提倡,每个人的一生都是一个故事,生命中的每一刻都是现场直播,教师应把关注生命作为重心。幸福是一种奇异的事物,幸福需要分享。朱永新老师认为成为一个受欢迎的老师要有三个方面的因素:一是换位;二是尊重;三是互惠。为每个生命颁奖,是新教育的一个重要理念。"每个孩子的基础不一样,能力不一样,个性不一样,我们不可能用统一的标准评价所有的学生。最好的教育,应该让每个人成为他自己,让每个人的潜能得到最大的发挥,让每个生命绽放独特的光芒。"每个生命都是值得尊重的,值得呵护的。直到此,我才真正明白了为什么每个学期末都要举行生命颁奖典礼,也明白了新教育的真谛。真诚地为新教育人点赞。

(北京·马艳芳)

一次,学校组织学生进行师德问卷,班里有几个孩子写道:老师只喜欢学习成绩好的同学,他们犯了错误也不会被批评。我最不喜欢不公平的老师,我多希望老师能表扬我……写这些话的孩子正是班里的淘气大王、学习困难户。回想自己几年的教育教学工作,的确给学优、品优的孩子更多的褒奖,而对于那些我们眼中的问题学生更多的是批评、指责。

朱永新老师在《致教师》一书中告诉我们"每一个孩子都是天使"。是呀，对于一个家庭来说，每一个孩子都是天使，可到了学校怎么就变了呢？其实变的不是孩子而是我们的教育观。其实每一个人都有被认可的需要，只是多年为师的我们更习惯于纠正孩子的不足，并试图让孩子克服所有缺点，弥补所有不足。一个人有缺点和不足固然需要克服和弥补，但如果让孩子把主要精力都用在克服缺点和弥补不足上，那么孩子就可能因此丧失自己的优势。况且，一个人的缺点和不足往往要比他（她）的优点和长处多得多，怎么能克服、弥补完呢？

朱老师明确指出只有发现了孩子的优势所在，才能开发孩子的潜能，引导孩子发挥其优势特长。我想作为老师的我们只有充分了解孩子的优势所在，才能采取恰当的方式和方法，引导孩子，使孩子的优势最大限度地发挥出来。如果让孩子忙于"避短"而忽视"扬长"，则孩子的优势就难以发挥，孩子的潜能就难以开发。在知识经济时代，教师要充分了解孩子的优势所在，让孩子在受教育的环境中感到心情愉悦，才能发挥他们最大的优势，孩子的学习才会富有积极性、主动性和创造性，孩子才能提高综合素质、取得学习佳绩。

人是靠优点活着的，发现孩子的优点就是发现孩子的希望，要特别珍惜孩子的每一个优点，并努力成为可以燎原的星星之火。我想这才是教育的价值所在吧！

（北京·石颖）

我是一名刚刚踏入工作岗位的新教师，教师这个职业对我来说既是一种挑战，也是一种幸福。《致教师》这本书带给我对教学生涯新的激情，新的思考。开学前，拿着《致教师》开始拜读，但是没有实际的工作体会，对此书的感受只是跟着书中的老师们学习，没有产生共鸣。通过这半个学期的工作，我从书中找到了共鸣，找到了幸福感。

我的幸福来源于与老师们的交流。开学了，我担任一年级的班主任和语文教师，深感压力山大，各种工作无从下手。刚刚开学的一个月，我感觉步履艰难，终于有一天绷不住了。身边的同事见此状况，便在下班后与我聊了一个多小时，帮我分析我班级的现状，需要改进的地方以及我应该在什么地方开始努力。这让我一下子想起了书中的话："要走得快，就一个人走；要走得远，就要一起走。"果然，如其所说，在同事这一个小时的帮助下，有种豁然开朗的感觉，而我注定是要在教育实践中越走越远的人。在这一刻，我第一次体会到了教师间人际交往的幸福。此后，我有不解的问题都会向师傅和身边的老师们求助，大家都热心地帮助我这个教育场新人。一次语文公开课，我请老师们去听课，有的老师帮助我修改教案，有的老师帮我修改教学环节，有的老师教我练习黑板字，有的老师教我朗诵。在这次讲课中，我收获了不少，成长了不少。让我感受到我们的团队就是一个温暖的大家庭，我因大家而感受到幸福。当然，也跟着这本书学习了沟通技能，学会换位思考、尊重、互相帮助，和同事们做最好的朋友。

我的幸福来源于学生的进步。每当看见这些一年级的小豆包有一点点进步时，我的幸福感又大增了。每次与老师们交流之后，我都会带着自己更新的教育方式走进班级，发现孩子们也跟着变样了，这让我的信心大增。也正是这样，我的幸福感来源于我的学生。我也会时不时把从这本书中所学试着运用到教学实践中，例如每一个孩子都是天使，我去关爱每一个学生，发现不同，发现闪光点。也照应了孔子所说的，因材施教。我们班有一个淘气的小男孩，要想让他安静会儿可真难啊。一次偶然的机会，我发现了他非常喜欢画画儿，休息时间就拿出一张纸给他，果然坐住了。苏霍姆林斯基说过，要让孩子在离开学校的时候，带走的不仅仅是分数，更重要的是带着他对未来社会的理想的追求。我希望我的孩子能够在自己喜欢的世界中成长，我们需要给他们自由的空间。

每间完美的教室成立前，都应该先为其命名，我给我们班取了一个好听的名字叫"小太阳"，预示着温暖、友爱。朱老师说，一位老师抓住了每一天的生活，关注了每一个教室里的每一个日子，让每一天都值得孩子记住，他就能够创造教育的传奇，就能够拥有真正的幸福。我想通过班级名称和班规的制定，通过每一天的训练，使孩子们凝聚起来，创造属于我们独一无二的幸福班级。

我的幸福来源于自我成长。《致教师》这本书中，有不少教师给朱永新老师写信，提出了自己的困惑，朱老师耐心解答，给了我很多愿意成长、不断前进的动力。书中，朱永新教师提到寻找自己生命的原型，他说"当一个人为自己寻找到人生的榜样、生命的原型时，他就可以找到自己与榜样的差距，通过生命原型给自己前进的力量，给自己克服困难的勇气，从而激发热情、激情和活力。"这给了我目标,我也开始寻找自己生命的原型。我把对教育有如此热情的朱永新老师当作生命原型;我把非常专业、在校听我讲课的马老师当作生命原型;我把我的学姐、对班级管理十分到位的刘老师当作生命原型,他们都是我的榜样,使我更加努力。新教育的"吉祥三宝",即专业阅读,专业写作、专业发展共同体,让我有了自身发展的方法。书中,"吉祥三宝"不断被朱老师提到,给我的感觉是贯穿整本书的始终,可见其重要性!也有老师提到时间不够用,其实我也有相同困惑,朱老师又给大家讲到如何合理的安排时间。给我的感觉就是,不为自己不坚持找借口,徐特立同志学习法文,以"日学一字,五年为成"为座右铭,我会把这个事例牢牢记在心里,用座右铭来时刻激励自己。21天成就一个好习惯,我不仅用这个方法去观察学生,更用这个方法来训练自己。用座右铭激励和21天养成法培养自己读书和写作的好习惯。希望在以后的工作中能够日有所得,获得更多的幸福感。

以上就是我读这本书的所得,我要和团队并肩,走得更远,书写自己的生命传奇,过幸福完整的教育生活!

(北京·孙蕊)

在读朱永新教授的《致教师》时,一封封鲜活的信让我想到了世界级的画家秀,同样是用小点点来彩画出人生天地宇宙的大美。所以鼓励和自信是非常重要的。我认为每一个孩子都具有创造力,即便是长大了的孩子亦然。他说:"我常常问教室里的孩子们,有谁爱画画?幼稚园和小学一年级的小朋友几乎全部举手。但是到了四五年级,大部分的人都不举手了,或是全都指向班上的某一位小画家。看到孩子们的创造力逐年下降,最后全部消失,实在令人惋惜。孩子们太早被一大堆规则束缚。当我们拿起画笔表现自己的时候,大可勇敢地一头栽向那未知丰富无比的个人创作世界!"

课堂教学应该是一个开放的、具有创造性的过程。这个过程应该成为对成长的人的整个生命过程的关注。对教师智慧没有挑战性的教学是不具有生成性的;没有生命气息的教学也是不具有生成性的。

我认为教师的真正本领,不在于他是否会讲授知识,而在于能否激发学生的学习动机,唤起学生的求知欲望,让他们兴致盎然地参与到学习过程中来。教师最大的享受、最大的乐趣就在于让自己成为学生所需要的,是学生所感到亲切的，是能够带给学生欢乐的人。衡量教育失败的方法其实也很简单：只要看一看学生学习后是更加热爱学习还是厌恶学习。还有更简单的方法——他是否用亮晶晶的眼睛看着你！

（北京·孙飘飘）

从朱永新教授的这本书中，我学到了许多教育教学上的窍门，并对教师事业有了新的高度和看法。

第一个收获，是关于如何让孩子们爱上阅读。阅读不在于技巧，在于量变到质变的升华。但想要量的积累，一定需要兴趣的引导。看了朱教授的回答，我认识到由于小学生年龄小、阅历浅，选择读物时往往带有盲目性、随意性，这样就不能提高阅读的质量。因此，教师要有意识地引导学生阅读有益于他们身心发展的读物。如向低年级同学推荐童话、成语故事、寓言故事等内容简单、有趣、篇幅短小的读物。向中年级学生推荐战斗故事、科幻作品等读物。向高年级学生推荐伟人故事、中外名著、地理历史类读物。这样，不同年级的学生均能读到最适合自己需要、同时又最有利于身心健康发展的课外读物。在阅读教学中运用"一篇带多篇"的教法时，可先以典型的课文为"例子"，指导学生在读懂课文的过程中领悟阅读方法；然后引导学生进行尝试阅读，巩固前面所学方法，培养阅读能力；最后由扶到放，让学生自学一篇或几篇同类文章，运用和发展阅读方法，提高阅读能力。立足于课内，延伸到课外、校外，通过多种渠道、方法，使学生能够在大量阅读中受益。

第二个收获，是关于班级建设。朱教授说班级建设中给班级起一个贴切的名字不仅具有符号意义，而且它为整个班级注入了生命！这是使之成为完美教室的第一步。于是本学期我就在思索酝酿该给班级取一个好听的名字，力争为班级添光彩。在网上查了些资料，什么志远班，宏志班，行知班，致远班等。这些名字都很简洁也有一定的美好寓意，但若是能发动学生来贡献金点子倒不失为一个好事情。于是，就在班级群中告诉同学们为班级取名字。结果孩子们的奇思妙想，让我惊叹，大开眼界。最后我们班定为"出彩一三班"，喻意着我们班的每个孩子都独特、都最棒、都有闪光点！以此励志，并在班级布置，学校活动中都突显班级主题特色。我希望孩子们在这第二个大家庭中，积极健康地成长。

第三个收获，当教师应该有自己的理想，不仅为了把书本知识教给孩子，而应努力使孩子成为一名合格的适应现代社会的人。能够帮助孩子在心理和生理上都达到社会要求。并在教师事业中对自我进行熏陶和激励，使这一职业帮助自己成长。学会享受职业的幸福才能找到自己的精神家园，从而也找到自己职业的精神动力。与过去的形势相比，教师面临更大的生存压力，新世纪、新课程、新媒体更是对教师提出了更高更严的要求。教师职业要达到一定的境界，首先需要自我提升，大凡当教师有三种境界："传授知识技能"型、"启迪方法能力"型和"点化生命智慧"型。可见平庸的教师（经师）在说教，精明的教师（术师）在授法，智慧的教师（人师）在示范、启迪和点化。教师只有自我坚持学习、积极实践、反复调整，用学习者的心态，研究者的眼光看待职业，才能从司空见惯中看出新意义，才能在平凡中感受不平凡，从而洞察教育真谛。这不仅是教师趣味所在，也是教师走向更高境界——实现教育之美，成就教育幸福的必由之路。

（北京·田欣）

　　我是一名刚刚工作不久的新老师，原来对教师职业充满无限憧憬的我，有时会因为孩子的淘气和顽皮而有点开始厌倦现在的生活。在平时的闲聊中，在网上的议论中，经常可以听到一些抱怨。读完朱永新老师的《致教师》后，我明白了许多，我们不能只看到做教师的风险与艰难，看不见做教师的优势。不能只顾忙着备课，讲课，不能急着抱怨，而忘记了最重要的是培养对学生的感情，激发对教育的感觉。我们需要仔细地去挖掘教师这个职业的内在魅力，就会发现它的美。教师是一个能够把人的创造力、想象力等全部能量与智慧发挥到极限、永远没有止境的职业。世界上最复杂的，是人。教师职业面对的是最深邃的世界——人的心灵。作为教师，我们每天拥抱一轮新的太阳，同时，我们更是每天面对着个性迥异的孩子，拥有无限潜力的生命。所以，我觉得我们要经常挖掘教师职业的内在美，从而坚信自己所从事的是一个影响人的一生的、值得奋斗一生的事业。这样，我们才会爱它，才会全身心地投入进去。

（北京·王紫萌）

　　学习了《致教师》，我觉得当老师真的可以很幸福，教师的幸福来源于学生的成长，来源于专业的成长，更来源于良好的心态。幸福总是相对的，幸福也是一个"易碎品"。不同的期待、不同的标准会有完全不同的幸福感受。说到底，幸福就是一种平和的心态。心态失衡，看什么都不顺眼，做什么都不开心，也不会觉得幸福。教师要以平和的心态，面对教学的压力。教师要以平和的心态，面对外界的诱惑。随着社会的快速发展，经济的快速发展，现今的社会已经成为经济型的社会，人们的生活处处离不开钱。虽然，教师们每天在从事着繁重琐碎的工作，不但要付出自己的体力和脑力，还要更多地付出自己的情感。付出了很多，但得到的却不是很多。如果教师没有一个平和的心态，那将会心理不平衡，而无心于教育教学工作。平淡也是一种幸福，拥有了平和的心态，幸福就会长驻你的心田。

（北京·隋春艳）

读了朱永新教授的《致教师》，通过朱教授深入全面的思考，给询问者以及这本书的读者坦诚解答。没有抽象深奥的名词术语，没有枯燥乏味的空洞说教理论，读这本书就像是在听故事。

从事小学英语教学工作已过十年，一年一年，一届一届，当初刚开始工作的那份热情，已经被磨去很多。工作压力的增大，繁重的教学任务，让教师感受不到英语教学的快乐。如何除去这种倦怠感呢？在细读了朱教授的"在教育中诗意栖居"后，我找到了答案。首先要热爱生活，热爱英语，热爱学生。在自己的心中时常积蓄着热情，还要将学生心中沉淀的热情激发出来，激发他们对英语学习的热爱。其次要有幽默感。英语教师拥有一份幽默感，在英语教学中恰当运用，能激发学生的情感，引发他们学习英语的喜悦和欢乐，从而激发学生的学习兴趣和学习主动性，提高课堂教学效率。第三要有智慧。把握好英语课堂教学抒发激情的最佳时机，使英语课堂教学波澜迭起，收获多多，让英语课堂教学永远保持一种清新的感觉。在组织教学中，要根据学生的心理欲望，释放出内心的激情，主动积极地参与课堂教学，轻松愉快地学习。

当然，除了热情和激情之外，我们还要有宽容、严谨和沉稳的工作作风。一个好教师应该是：宽容中有严谨，严谨中有幽默，幽默中有沉稳，沉稳中有激情。

（北京·武祎）

不知不觉走上教师的工作岗位已经有十余个年头了，这些年虽然也在读书，但是讲实话读教育的书很少，我读的教育书籍大部分都是学校硬性规定的，其他的教育类书籍都是大致翻翻，很少细读。拿到这本书一口气读完，让我重燃了做教师的激情。

总以为只有自己才有迷茫于做一名教师的时候，但是看到一个又一个带着迷茫来需求指引的同行，在朱老师这里获得智慧启蒙真的是人生一大幸事。我们可以不如学生，我们可以成长为名师，我们也可以做一个现实的理想主义者……抛砖引玉让我们深思，读后感觉到做教师真好，因为我们的胸怀决定了孩子的视野，我们可以带领孩子一起探寻我们想要的未来，同时也有一种沉重的责任感，未来的孩子们该如何成为掌握自己命运与幸福的人？

朱老师用他无私的情怀书写出一个个让教师开启智慧的钥匙，让我们要学会读书，懂得学生，形成个人风格，重返童心，每天拥抱一轮朝阳，用童心来激发童趣，让教师的工作变得生动有意义。

每个人都有自己的生活，如何让教师也拥有幸福，如何让我们的环境变成我们的乐园，如何让我们自己开心健康……试想如果一个老师每天不开心，他的孩子怎会开心？一个老师的环境很糟糕，他的学生能有多整洁？

于是在我的教学环境中我加入绿色，让信息机房变得充满生命的气息。学校为了安全将机房部署为重点保护基地，所以满窗铁栅栏总让我有一种牢笼的感觉。为了消除这种被束缚的感觉，我给信息技术教室增添了几盆挂兰，我培植的绿萝从电脑桌爬上了窗户的栅栏，那种感觉仿佛特意给花做的花架。我喜欢这里，每天都会来这里给花浇水，带孩子们来上课就是一种享受，孩子们置身其中，不再感受牢笼，而是一种积极向上的氛围。

这本书让我重新燃起教育的激情，爱上学校，爱上孩子，也爱上了我自己。

（北京·徐春燕）

在师生共同成长的道路上，如何和老师们、和孩子们一起创造幸福，朱老师在书中提到的几个问题，我们会不会也自觉地问问自己：我的使命是什么？我的天职是什么？我既然来到这个教室，能带给孩子什么？我怎样为孩子创造出最大的发展空间？我怎样让班级中的每一个孩子得到最大的发展？在《教室就是幸福源泉》一文中，朱老师总结幸福的获取有三种途径：第一种是来自物质生活的满足。人与物的关系是生命的常态，人首先活在物质中，衣食无忧，财富积累得越多，人当然会感到越幸福。但财富最终是不一定能给人带来幸福的，很多有钱人过得并不幸福；第二种是来自人际关系的满足。一个社会的人，受到尊重、受到信任，成为一个受欢迎的人，当然幸福。一个老师受到学生和家长的尊重、喜欢，这个老师肯定很幸福；第三种最大的幸福来自于内心，是人和自己的关系。自己的发展目标是什么？目标实现没有？自己对自己是否满意？如果自己对自己都不满意，何来幸福？自己对自己有自知之明，对自己满意，这才叫幸福。朱老师总结，作为教师的幸福有两大来源：一是来自孩子，孩子们的成绩就是你成功与否的标签；二是来自专业成长带来的事业成就与生命尊严。

作为一线教师，我们常为生计所迫，做一些不得已的事，但我们当中的有些人，就能在生存中品出好滋味，这就是生活。生活到底是什么滋味，是由我们自己的选择决定的。生存有限，生活无限。朱老师说："人活着的意义，或许就在于活出独特的自己。作为教师，要让每一个生命在教室里绽放各自独一无二的美丽。"

（北京·晏雨晴）

拜读了朱永新老师的《致教师》这本书，我收获很大，也陷入了深深的思索。走过了 26 年的教育生涯，我也向自己问了一个这样的问题？我为什么要做教师呢？这是最简单的问题，也是最根本的问题。不同的人有不同的答案。这些答案会在不知不觉中深刻影响甚至左右着我们的行为。我的答案呢？

我们的人生就是一个充满责任的旅程。人只有承担起自己的责任，才能在实现自我的过程中体现社会价值，才能展现人生的意义。身为小学班主任老师，我非常清楚地意识到：从家长把孩子交给我们的第一天起，我们的肩上就背负了光荣的责任，我们只有勇敢地承担，忠实地履行这个使命，才意味着责任的实现。工作中，我时时把这种责任意识放在心中，牢记学校的育人理念，它让我们的工作变得更加富有价值。

我很赞同一句话，"教育是留白的艺术，教育是一方面，约占 30%，更重要的是精心陪伴！"正因如此，我如履薄冰，战战兢兢。也许没有掌声，但有舒心的微笑和永难忘怀的记忆，还有学生那深沉的热爱和真诚的理解。也许我的工作还有很多不尽如人意的地方，但我可以无愧地说："对孩子们，我投入了全部的爱,我在全心全意地付出。"每当我面对43双纯净、真诚的眼睛时,我深深地意识到:在学校这片心灵的沃土上,责任与信任同在,幸福与泪水共舞。我愿用我辛勤的汗水和责任陪伴孩子们一起用心前行!

(北京·苑芳)

《致教师》这本书,给我这个刚入职的小学教师带来了启发。

教师的心中应该有阳光,如果教师的心中没有阳光,学生的心灵上就有可能添上一份阴暗。学生处于青少年时期,有很强的向师性,他们会向老师学习,包括教师身上的不足也一并吸取,给学生树立一个健康的心理,很重要。这是一种生活的氛围,当我们身边人总是处于一种忧郁的状态,我们自己的心情也会受影响,更何况是学生,他们还不具备完全判别好坏的能力,更应该给他们一个优良的环境。用真情打动学生,感染学生,孕育人性中最美好的情感。我还是学生的时候,特别喜欢听老师讲他们的真实故事,那不仅是经验的交流,更是情感的交流,无形中都牵动着我们的心。作为一名老师,同时也是一个普通人,我们有思想,有情感,我们面对的是一个个活生生的人,比起语言的教育,更好的方法也许就是真实地袒露教师的真情实感,引导学生,感染学生。

教师应该走进学生,理解学生,不要用大声的批评去纠正学生,我们的声音越高,离学生的距离就越远。静下来,感受每一位学生,用一种"温柔、婉转"的方式让学生明白自己做错了应该改正,这样,学生就不会离教师越来越远,就会慢慢地向我们靠近,彼此理解。

教育是理想者的事业,教育要培养理想。试着在心里装下学生的心,每时每刻地关注和努力,关注小事,从我做起,从一言一行做起。"教育无小事","生活即教育",一位优秀的教师站在学生面前,无需讲话,教师本身就是一本教科书,他教给学生的不仅是知识,还有思想、气质和未来。读了这本书,我深深理解到,自己需要修炼的是比专业知识更重要的东西。我需要不断地学习,通过像这样拜读名作或者讲座,完善自己,做一名优秀的小学教师。

(北京·张瑶)

有一个同事一天戏谑道:"上辈子做了什么缺德事,这辈子当了小学老师。"我也在思考我为什么会成为一名教师？曾经刚刚踏上这个岗位时热情高涨，慢慢地发现这个事业不是想象的那样，在神圣的背后是心酸辛苦，因为这是一份良心活。觉得神圣这个词压得人透不过气来。之所以归结为神圣，是因为奉献与牺牲，容易导致神化和苛求。可以说曾经身心疲惫不堪，但是后来读了《致教师》后发现，这个职业的真正的神圣是什么？里面提到的曼德拉说过的一句话："生命的意义不仅是活着，而是我们给别人的生命带来了何种不同。这决定了我们人生的意义。"因为教师的一言一行都是可能直接给学生的生命带来不同，所以当我意识到这点时，我的思想有了变化。曾经神圣光环下迫使我做的律己行为，甚至让我感到疲惫的行为，感到失去了自我的行为，现在我不认为那是迫使，它完全变成了自主的行为。因为我的每一个行为都是在改变孩子的一生，都是人生价值的体现。试问，又有哪个职业能如此的神圣呢？人们说真正的信仰是最为恒久炽热的希望，他能在厄运中帮你鼓起勇气，激荡起乐观。所以我找到了我问题的症结所在——曾经的我缺少了一份信仰。我想，现在我已经找到了它，它将在未来的教师路上给予我温暖光亮，并引着我走向职业和生命中明亮的那方。

（北京·赵东芳）

"出发是关键中的关键，只要出发了，不管碰到多少问题，离理想的终点都会越来越近，就像我们喜欢的那只犟龟，只要上路，总会遇到庆典。"每当读到新教育的这段话我就会不由得有一些回忆，有一些反思。

作为一名教师，要想履行好工作的责任，首先必须具备教师专业素质，坚持不懈地学习与反思。现在的我，当意见、建议来临时，不再不悦，不再拒绝，而是以更高的标准来要求自己，努力告诫自己：换个角度，静心仔细想想，如何能做得再好一些。这样才可以真切体会到什么是幸福的教育生活，什么是真挚的友情。

在科学实践的时间轴上，我也在品味着孩子成功的快乐。自来到首师附小，我把这里当成了新的土壤，从未参加过创新思维的孩子们，被我一个个动员起来，无论是每周三的一个半小时，还是周末里与家长孩子们想主意、做道具，无不让我体会着作为教师的幸福。当我们站在领奖台上时，我的人生也因此更加精彩。

借我一双好教师的慧眼，我可以让课堂精彩。

用丰富多彩的亲历活动，充实教学活动是科学课程的新篇章。

三年级科学第一单元是植物单元，从认识植物，到了解植物的各部分名称，再到生长发育，是一个完整的活动。科学课程要让学生接触生动活泼的生命世界。去田野树林、山川湖泊、看花草树木、虫鱼鸟兽、感受生命的丰富多彩，引人入胜。他们会发现每一片树叶都不同，每一朵花儿都绚丽，从而激发热爱生命的情感和探索生命世界的意趣。

因此我尝试在每节课的最后留下五分钟，自己为孩子们设计一份观察记录表，在这五分钟里，我带着他们来到教室外，校园里，由他们自己选择喜欢的一株植物，进行观察。虽然第一次他们因为兴奋好像一无所获，虽然课堂上因为少了五分钟而有些紧张，虽然在记录表上出现了各式各样的孩子自己的表达方式，即使有这样那样的虽然但是，不过，当我们看着我的小树在我一天天的守望下和孩子们快乐成长时，那一张张满满的记录表，承载了太多太多的成长故事。短短的五分钟不仅是时间的积累，更是一个成长的积累，在这个积累中，孩子所获得的也许不在这五分钟内凸显，但是我相信这五分钟的经历，必定会给他们带来超越五分钟的精彩，也为我的教育生活增添精彩。

（北京·赵晓伟）

朱永新老师在《致教师》里，把关注生命作为重心，给我无穷的力量，无尽的启发。

"为什么别人不喜欢你，因为你做得不够让别人喜欢。"这是一个老师在班会课上经常给孩子们讲的一句励志话。人人都渴望被别人认同，被别人理解。而老师最希望得到领导、同事的认可和学生的爱戴。可在相对比较单纯的校园生活里，交际圈往往很狭窄。一方面我们接受新事物、新观念，另一方面我们畏首畏尾，不敢大刀阔斧地进行新的探索。刚刚走上讲台的老师，雄心勃勃，都想干一番事业。但是又怕一些"创举"得不到学校领导的支持。朱老师说"你是你自己教室的国王"，"你强大了，整个世界都会向你低头"。他在书中分析了甘肃庆阳市原实验小学李建忠校长如何把一所不起眼的农村初中办成一所名校的故事。他坚定地说，一个人就可以影响一个区域，更何况一个校长、一所学校。新教育人有句名言：行动就有收获，坚持才有奇迹。一个老师如果真正用心扎根教室，把新的课程、新的理念和项目扎扎实实地开展起来，学生的校园生活因此而精彩起来，相信有作为的校长一定会为他点赞。

有人说，人的成功80%靠情商，"认知他人情绪和处理相互关系"是训练情商最关键的要素。对于一个刚入职的新教师来说，处理人际关系的好坏直接关系到个人的幸福指数。在《我的教育理想》一书中，朱老师讲过，理想的教师，应该是一个善于合作，尊重同事，尊重领导，善于调动帮助他成长的各方面因素的教师。

做一名受人欢迎的人，并不代表投机取巧，故意奉承。竞争与合作的关系是现代社会的显著特征。朱老师告诫我们，一个不善于合作的教师，走不了太远。相反，一个会做工作的教师，会调动千军万马来实现自己的教育抱负。生活当中，有很多老师缺乏合作精神，与别的教师斤斤计较，这样的教师一辈子只是在工作而已。在我们的广大校园，一个成功的教师必然会是一个跟同事、校长和社会合作的人。现代社会讲究"双赢"。一个真正高明的教师，应该是一个非常尊重他的同事，非常尊重他的领导，非常善于调动各方面因素的教师。人们评价一个人，往往先判断他的"人缘"，人缘广的教师必然是一个受欢迎的教师。怎样才能成为一个受欢迎的教师，朱老师认为有三个方面的因素：

一是换位。"己所不欲，勿施于人"。这一点特别难，能站在别人的角度思考问题确实是一个哲学问题，但我们必须面对。很多冲突都在没有"换位"思考的情况下发生。善于换位，就等于理解与同情别人。

二是尊重。马斯洛需求层次理论告诉我们：尊重是人的一个特别重要的心理需要。苏霍姆林斯基说，自尊心是人的心灵里最敏感的角落。一旦挫伤一个人的自尊心，他会以十倍的疯狂、百倍的力量来和你抗衡。士可杀，不可辱。不卑不亢，宠辱不惊，不仅是对他人的尊重，也是自己做人的境界。朱老师建议一线教师，对高贵的人挺起胸膛，对低微的人亲切关怀，要做到"彬彬有礼又有进有退"。对于尊重，作为教师，首先从尊重学生人格开始。

三是互惠。人和人之间的交往、关系的平衡，很重要的一点取决于心理评价。假如我们平时总沉浸于"吃亏还是占便宜"中，我们就会陷入"交往失衡"的万丈深渊里。一个优秀的交往者，一个理想的教师，应该能够讲一点儿奉献精神。对于人际关系来说，讲点奉献是维系关系最有效的途径。从长远看，"最终你仍然能得到回报。"

朱老师语重心长地说："如果一个老师做到换位、尊重、互惠，他一定会赢得教师群体的尊重，赢得校长的尊重，赢得学生的尊重，赢得父母的尊重。"我想：这个人一定是"人缘儿"，他的人生必然附带着从容和幸福。

人的成就往往取决于他对某件事情的痴迷程度，兴趣其实就是每个人来到这个世界的理由，是人成为他自己的重要条件。我们不光要学会教书，更要学会教书以外的东西。我曾经在学生当中做过一份访谈，"你喜欢什么样的老师？"受欢迎指数排在前几位的是：风趣幽默，民主公平，知识面广，创新意识，多才多艺等。若干年后，学生记住的不是我们课上解决了多少难题，而是课堂以外的东西。朱老师在他的《教师的第九个小时》发出一个信息：无论是把教师作为一种职业、事业还是专业，我们都应该拥有属于自己的教书之余的生活。我们不能单——辈子投入到做一件事，那样不光是单调，而且会伤害生命。所以，我们必须合理安排时间。

朱老师说，时间安排好，实际上就是在延长自己的生命。他建议我们：在喧闹纷扰、充满诱惑的时代，静下心来读书思考；在事务缠身、焦头烂额的时候，要做到忙而不乱，心向安宁。对于我们而言，跟学生们在一起成长，把有限的时间用在专心于学生、教室、专业发展。这样，我们会享受不一样的时间，进而享受不一样的人生。些许时候，我发觉自己经常被电脑、手机俘虏，这点百害而无一利。如果有闲暇时间，学会整理自己对教育的思考，做自己想做的事，才能有所进步。

（北京·周悦）

《致教师》一书中提到了生活情趣让教育更有趣味，这让我深有体会，是啊，无论是把教师作为一种职业、事业还是志业，我们都应该拥有属于自己的教书之余的生活。一个社会的人，受到尊重、得到信任，成为一个受欢迎的人，当然幸福。一个老师受到学生和家长的尊重和喜欢，这个老师肯定很幸福。

（邢台·张小梅）

读了这本书，我增添了力量，对自己的定位有了不同的理解：我，不是园丁，自己就是一朵花；我，不是蜡烛，是在照亮别人的时候也让自己熠熠生辉的小小星球；我，不是春蚕，在为别人付出的同时也积累了自己的经验；我，不是工程师，是在唤醒灵魂而非机器修理；我，就是教师，是陪孩子一起成长的活生生的平凡生命。

（邢台·周永花）

　　作为一个刚刚入职三年的年轻教师，对教师职业的理解或许还不是多么的透彻，但这种获得感与幸福感却已经将自己装的满满的。当自己的学生亲自拿着他们叠的或许不那么漂亮甚至歪歪扭扭的花走到你的面前，小心翼翼地交到你手里的时候，那种开心简直无法用语言形容，他们的纯真，他们的小小感恩之心，足以让你为之动容，甚至湿了眼眶也不为过。

　　还有什么能够比学生的信任与喜欢更让人感到快乐？书中提到"要做一个让学生看得起的老师"。何谓看得起？就是打心底里认可，包括你的知识、见识、胸怀，包括你的行为与处事方式，他们虽无法作出精准的文字评价，但内心自有一杆秤。

　　在书中，朱老师谈道：教师节的时候，看一看已经毕了业的学生会有多少记得给以前的老师送束鲜花、打个电话甚至来看望一下老师，这样的学生越多，这样的老师越好。在校生送多少鲜花，也比不上毕业多年的学生的鲜花一朵。如果学生离开你就不再想起你，那你就应该及时反省。

　　老师做得好与不好，当然不能只靠学生送的鲜花多少来进行评价，但是学生的喜欢与认可又何尝不是一个评价老师尽职与否的标准？

　　让自己心安，让学生喜欢，让学校信任，这样的老师正是自己努力的方向，有《致教师》这本书的引领，相信自己会在这条路上走得更远更踏实。

（邢台·杨立强）

　　"学高为师，身正为范"，作为一名教师，要有广泛的知识，要贯通中外，要贯通古今。获得知识，读书是最好的渠道。做到以书为友，在读书中，把自己修炼成如一座图书馆的人。让自己有一个宁静的心态、从容的心情、理智的头脑、开放的胸怀。

（邢台·李秋巧）

　　"春蚕到死丝方尽，蜡炬成灰泪始干。""燃烧自己，照亮别人。"这些都是我们熟知的赞美教师的佳句。我们教师是否也这样看待自己呢？我作为一个教师，我从不这样看待教师。因为我觉得教师就是一个平凡的职业，教师也要生活，也想要工资高些，待遇好些，这些都与常人无异，所以无需把自己想得多么伟大，多么高尚。

其实，在《致教师》一书中，朱永新先生以他的文字不断擦亮"教师"二字。在他眼里，教师不是春蚕，不是蜡烛，更不是人类灵魂的工程师。教师就是教师，每天都在平凡与神圣中穿行，他的生命价值在于让生命幸福完整。

我非常赞同朱先生的观点。他的话中肯、实际，细细品味，值得深思。我是一个现实主义者，我认为既然选择了这个职业，就要把这个职业做好，其次要在这个职业中获得成就感和幸福感。否则，这个职业对我们来说除了生存，别无意义。

（邢台·刘燕）

"身正为范"是对教师言行的要求。老师的言行是学生活生生的教科书，教师的一言一行都会对学生产生潜移默化的影响。为人师表才能引导学生向正确的方向前行。所以，为师者应有一颗善良的心，有一种悲天悯人的情怀，对弱者有天然的同情。

（邢台·郭春玲）

从事教师职业已有十几年了，十几年的教育生涯让我见识了现代孩子的调皮、贪玩、任性和家长的无理取闹，这也成为教师职业倦怠的催化剂。在现实这个大染缸中，最初为教育事业奉献的信念也被染得失去本色，教师职业的幸福感被伤得体无完肤。

当自己陷入职业倦怠期不知该何去何从时，朱永新老师倡导的新教育给我的教育教学带来了生机。尤其是假期认真拜读了《致教师》，书中经典的实例，精美的语句令我折服，它如一缕春风吹入心田，唤醒了我心中教师职业幸福的嫩芽；如一场甘霖普降大地，滋润了我内心即将枯萎的职业幸福感；又如雪中送炭，解决了我教师职业倦怠的燃眉之急。

（邢台·任海芬）

"世界没有丑陋的花儿。"作为园丁的我们，应该相信自己辛勤培育的每朵花都是美丽的。这就是认同的力量。

同行们，不要吝啬你对学生的认同！尤其是学困生的认同。或许，你的认同可以催生出一个人才；或许，你的认同可以创造一个奇迹！让我们用爱与责任去认同每一棵幼苗吧！直到他们长成一棵棵大树，凝聚成一片片森林。

(邢台·张振苏)

教师是一类什么样的人？高大？光辉？……不！对于教师，她/他应该只是教师。

——引子

初为教师时，也曾因"人类灵魂的工程师""辛勤的园丁"等高尚的称谓而感到骄傲；在教师的道路上，处理过学生打架事件，带学生去医院看病，去查宿舍看学生睡觉，曾经疑惑过教师是否还得具有当法官、当医生、当保姆的些许本领；做教师久了，连自己都迷惑了，教师到底是怎么样的一种职业？

(邢台·王立伟)

常言道："活到老学到老。"作为一名教师更应当如此。工作多年来，最大的感受就是：当一个好老师难，当一个好班主任更难，班级管理包括方方面面的工作，可以说是千头万绪。所任教的班级里总会有那么几个让人头疼的，我们对这些孩子要给予更多的责任和爱心，做教师就要做好的教师，更要做孩子心中最好的教师。因此，我要时刻紧跟时代的脚步，不断的学习给自己充电。

朱永新教授在《致教师》第三辑中通过《好的教育是一种合力》《孩子身上有父母的影子》《让父母成为你的助手》等文章向我们深入浅出地阐述了如何使家庭教育与学校教育形成合力，读后我受益匪浅。

(邢台·冯云凤)

教育家朱永新曾说："教育没有情感，没有爱，就如同池塘没有水一样，没有水，就不能称其为池塘，没有情感没有爱，也就没有教育。"

我想如果能够对所有学生一视同仁，学会换位思考，理解学生的情绪，发现每个人身上的闪光点,就能走进学生的心灵,取得学生的信任和尊敬,我们付出的爱必将得到更好的回报。

(邢台·李悦)

我最喜欢书中的这一句话:"教育最重要的事情就是要相信孩子与学生,相信他们每一个人都能够书写自己的精彩。""教师就是要发现学生,发现他们的潜能与个性,让他们真正地成为自己。""如果不能对学生一视同仁,那么教师最需要关注的,恰恰是那些缺乏关注、不惹人怜爱的孩子。"

(邢台·刘立莎)

教师的幸福在哪里?没有幸福感的老师就不会爱教育,就不会把自己献身到教育中,自己的工作没有得到存在感,如何能开心,能有幸福?朱永新老师在书中提出了幸福的途径:在于创造中、服务中、研究中、与别人的分享中,而教育就具备了这些共同的特征。教育是让人们幸福的事业,而为什么很多老师们感到不幸福呢?想一想,自己有时也会觉得工作繁琐,进而对教育提出疑惑,觉得教育真的是一件繁重、琐碎的工作。每天的烦躁难道不是预示自己的失败吗?自己不知所谓的唉声叹气,代表着自己工作的不轻松、不愉快,心灵的困乏。怎样才能调节自己,让自己放轻松、快乐起来呢?《致教师》一书中给出了答案——一切繁杂,我们都让它归于平静;一切匆忙,我们都让它归于安宁。真正的工作意味着创造自我、实现自我,并因此而幸福。得到幸福的途径是什么?和孩子一起进行新教育的晨诵、午读、暮省,让烦躁的心灵归于安宁,与孩子们共同缔造完美教室,在书写生命叙事中,创造自我价值,从孩子们的点滴进步中,实现教师的自我价值,从而在教育中、在工作中得到幸福。

(邢台·徐娟)

如果你想做一个幸福的教师,就应该在每一天的工作中,与孩子及同事分享你的爱,让你的爱悄悄地润泽孩子的心田;分享你的微笑,让孩子感受到教师的爱,鼓起孩子向上的勇气。是啊,享受教育的幸福,首先要创造幸福,作为教师的我们要能够从每一天日常琐碎的、平凡的生活中得到满足,能够从自己的成长中得到满足,能够从与孩子的交流中得到满足。教育应该让教师能够非常快乐地过好每一天，每天兴奋地走进教室，满足地走出教室，就让我们携手做一名追求教育、享受幸福的教师吧！

（邢台·张炜）

拜读了朱永新先生的《致教师》后，前言就颠覆了以前对教师的形象比喻，但更具人性。书中这样写道："归结为神圣，会过于强调教师的奉献与牺牲，容易导致神化和苛求，动摇了扎根于现实的坚实基础。"读完这句话，我的心里充满了被人理解的美好，这种感觉让我有了读下去的欲望。

教师这个职业，既平凡又神圣。做一名教师不易，做一名幼儿教师更不易，也许前进的路上仍然有很多困难和磨练，但我相信，我的努力和坚持，会让我收获很多。

（邢台·尹丽霞）

我感觉，自己现在的境界处于"让自己心安的老师"阶段。长期以来，自己一直兢兢业业，把所有的爱心奉献给了学生和教育事业。我觉得学生从我手里没有被荒废，哪怕以后他对你如何，只要自己对得起自己的良心就可以心安了。

一段时间以来，感觉自己能做到以上两点就心满意足了。但看完《致教师》后，自己感到汗颜，因为还有更高的境界自己还没有达到。认识到自己的懈怠情绪，真的感到自己的目光太短浅了。干了这么多年，自己是一位让学校骄傲的老师吗？仔细想来自己真的没有做到。可能我们达不到最高境界，但要争取做一个让学校骄傲的老师。我想只要用心去做，在工作中提高自己，就能做到这一点。

我庆幸，接触了新教育，让自己的懈怠感产生即灭。我想，何不放下一切，努力让自己过上"一种幸福完整的教育生活"。

为了自己，为了教育，我不敢懈怠，我不能懈怠。

（邢台·张书造）

2016年在县教育局的推动下，我有幸阅读了朱永新老师的《致教师》。我认为这是在我的教学生涯中最好的遇见。对于老师们的种种问题，朱老师非常有亲和力地给出了详尽的解答，同时给出老师积极建议。这些建议也给了我很大的动力，使我浑身充满了力量。

（邢台·苏丽巧）

　　朱永新老师说："什么是最好的教育，最好的教育是真正能够帮助孩子成为最好的自己。"因为每个孩子都是不一样的，每个孩子的潜能、每个孩子的优势，甚至于每个孩子的缺点都是不一样的。而且，优点和缺点本身是相辅相成的。我虽然没有改变世界的能力，但是我会努力改变自己；我虽然还不够优秀，但是我会努力让自己变得优秀；我想给我的学生一定范围内的人生启迪，带给孩子们前进的动力；我想让我的学生在最美的年华遇到最好的自己。有人说：在人生的所有幸福中，有一种幸福被人们所津津乐道并为人所羡慕，但这种幸福并不是大多数人能拥有，只有少部分人很幸运。因为大多数人为了生计而奔波，不得不干他们所不喜欢的职业，这其实是很不幸的，而真正的幸福就是所从事的工作和自己的爱好正好契合。我发现我拥有了这样的幸福！

（邢台·吴红梅）

　　学生没有贫富贵贱之分，他们需要老师平等地对待。尤其是缺乏自信和关爱的孩子，老师的鼓励，能让他感受不一样的温暖。"你的教鞭下有瓦特，你的冷眼里有牛顿，你的讥笑中有爱迪生。"教育中要寻找合适的契机，带着智慧用唯美的方式让孩子成为最好的自己，正如朱老师所说："作为教师，关键是要给孩子自由，给他时间，给他空间。你给他一个舞台，他就还给你一个精彩；你给他一点空间，他就能为你创造无数辉煌。""最好的教育是不教之教，是帮助每一个人认识他自己，成为他自己。"

　　亲爱的老师，请记住：只有你不放弃，孩子才不会自弃。只要你还相信，孩子就会自信。教师最需要关注的，就是那些缺乏关注、不惹人怜爱的孩子。

　　《致教师》这本书，就如同一锅热气腾腾的心灵鸡汤，滋养着我，它带我穿越陌生艰辛、穿越平淡机械、穿越繁杂琐碎，在羊范完小这块广袤肥沃的土地上，俯身播种，静心耕耘，我有理由相信，我们的花儿将会在新教育的阳光沐浴下，迎来季季红，朵朵均不同的美好明天。

（邢台·曲雪霞）

童年的秘密远远没有被发现，童年的问题远远没有被挖掘。我们只有走进学生的家庭，亲自了解、感受他的家庭氛围，才能够读懂问题孩子行为背后的语言。我们只有和父母充分沟通，达成一致，建立新父母学校，才能够实现真正意义上的家校共建。

（邢台·徐丽娟）

冷遇见暖，有了雨。春遇见冬，有了岁月。人遇见人，有了生命。生遇见存，有了未来。那么数学遇到了新教育，又会有怎样的美好呢？我想：一树一树的花开，便是他们的遇见。

（邢台·苗昭阳）

有一次，孩子们和我开玩笑说："老师，你闭上眼睛。"我满心狐疑却依然照做。睁开眼，面前是几只用纸折成的花朵。看着孩子们脸上的笑容，我内心感慨万千。何德何能，我可以走过许多人最纯真的岁月，这何尝不是一种幸福？

热爱生活吧！热爱课堂吧！热爱学生吧！追寻属于自己的梦想，努力做一个充满激情和诗意的教师。用自己的犹如岩浆般滚烫的心，让每一个孩子心底里沉淀的情感发酵、释放。为了教育理想，让我们做一名幸福的教师吧。这不是教师的自我鼓励和慰藉，而是教育本质要求。因为离开了教师的幸福，就没有学生的幸福！没有学生的幸福，也就没有社会的幸福。

（邢台·崔玉龙）

要与学生一起成长，我们就有了成长的渴望。

要与学生一起成长，我们就要终身学习，向书本学习，向学生学习，向生活学习。

要与学生一起成长，我们就要努力的成为有特点有个性的专业型教师。

与学生一起成长，我们就找到了职业的尊严和乐趣。

（邢台·张雪玲）

教育应该是一种生活。职业在某种意义上讲只是一种谋生的手段。但对于教师，教育应该是我们生活的一部分。因为我们的工作对象是一个个活泼可爱的孩子，一个个鲜活的生命的个体的成长，得益于作为教师的我们对他们的影响和教育。那么我们的生活，将影响他们的生活甚至一生。在实际工作中，我作为一名教师，或许低估了自己的这种力量。

(邢台·郭丽娟)

实际上，成功挑战艰难的事情与轻轻松松完成一项任务所收获的快乐和成就是不同的，我们成长的速度又往往与我们挑战任务的难度有关。正所谓，大烦恼才有大快乐，大问题才有大成就。如果你仔细去挖掘教师这个职业的内在魅力，就会发现它实在美丽。教师是一个能把人的创造力、想象力等能量与智慧发挥到极致的、永无止境的职业。

(邢台·徐利国)

翻阅朱永新老师的《致教师》一书许久，收获满满，感受颇丰，一种幸福完整的教育生活，时刻萦绕着我，我庆幸看了此书，更庆幸自己对教师这一职业的选择。

有一句话说得好：如果没有理想，任何一种职业都是无趣的，更何况是教育。教育不能没有理想，有理想的教育注定精彩纷呈。

确实如此，从教十几年来，教育生涯中的酸甜苦辣我都一一品过，但千万般滋味都会在当我面对孩子们那一双双求知的眼睛时，统统化成绕指柔。此时此刻，我很清醒，我的幸福来自学生，我的精神寄托也来自学生。

(邢台·路秀丽)

读了朱永新老师的《致教师》，我豁然开朗，"教师的价值要通过学生的成绩体现出来，而不能直接从教育生活中、从自己的职业生涯中获取幸福感"这种观点是不对的。

说到幸福感，其实它就在每一天日常的、琐碎的、平凡的生活中，就在自己的成长中，就在于与孩子的交流中……教师应该每天能够通过和学生之间心灵的交流、通过自己的专业成长得到幸福。这是非常重要的，如果教师的幸福只是来源于学生的一张试卷、一个好的分数，来源于遥远的未来，来源于学生成才之后，教师就不可能成为一个享受教育幸福的人，也不可能成为一个受学生欢迎的人。只要我用心去写每一个教案，用心去上每一节课，努力提高自身素养，关心每一个孩子，"功力必不唐捐"！

说到这里，一个教师的自豪感又回来了，耳边忽然响起了那首歌："小时候，我以为你很美丽，领着一群小鸟飞来飞去；小时候，我以为你很神气，说上一句话也惊天动地……"

很荣幸，"长大后，我就成了你，才知道那支粉笔，画出的是彩虹，洒下的是泪滴……"

让我们每天与学生互相依赖，每天都在神圣与平凡中穿行，以现在求证未来，让生命幸福完整！

（邢台·张胜敏）

翻开《致教师》，映入眼帘的前言《我是教师》深深地吸引住了我。细细地品读，它既有诗的韵味，又有文章的精美，最关键的是它出乎意料地写到"教师不是园丁，不是蜡烛，不是春蚕，不是人类灵魂的工程师"。

在读这本书之前，我想不光是我，大部分人的意识里，老师就是园丁，就是蜡烛，就是春蚕，就是人类灵魂的工程师，而这些伟大的"标签"贴在老师们的内心深处，形成一股无形的压力。

朱永新老师的《我是教师》揭掉了老师身上的这些标签，并道出了不容辩驳的原因。为什么呢？因为"教师本身应该是一朵花儿，教育是师生互相作用的过程；教师不能以化为灰烬做代价，以此去照亮学生；教师的固步自封才会作茧自缚，心灵的成长来自每个季节，没有谁的灵魂是机器，能用某种工艺任意修理完成。教师就是教师"。

读到这里，终于明白，我们就是教师，是孩子依靠的生命个体，不那么神圣，不那么神奇，也不那么伟大。一名真正的好教师，首先自己应该是阳光、健康、幸福的，应该拥有一颗平常、健康之心。做到用自己散发魅力的思想、文化、爱心滋润孩子的心灵世界。教师，是一份职责，更是一种使命，此时我开始思考老师应该过怎样的生活？怎样让我的教育时光充满快乐？《我是教师》告诉了我：以现在求证未来，让生命幸福完整。

（邢台·李燕）

"一个优秀的教师，应该是一个不断探索、不断创新的人，应该是一个教育上的有心人。"这是《致教师》一书中让我印象深刻的一句话。2016 年 9

月对于我来说是一个全新的开始，从师范毕业三年后，我正式步入了教师这一行业。就职于白岸完小的我成为了一名美术教师，教二到六年级的美术。起初这一切与我来说是新鲜的，新鲜的环境，新鲜的人，单纯的孩子们，但渐渐我意识到孩子们对我的新鲜感过去之后，美术课也变得枯燥无比：讲课，画画，点评。我常常想如何让我的美术课活泼又让孩子们有所收获。当我费尽脑汁时，看到了院子里的花花草草和摇曳的柳树，于是，我让孩子们课下去收集树叶，小花，所有你能找到的植物，我们来一次拼画。孩子们的创造力是无穷的，在美术课上孩子们拼了各种小动物、房子、花园、天空，还有穿着各色鲜花的妈妈。10月份的时候学校组织孩子们去秋游，于是，我们用捡来的鹅卵石作油彩画，孩子们用自己的想法和构思去创作自己的作品，每每遇到颜色搭配问题时，我会听取他们的意见。我常常告诉他们："你们都是大画家，勇敢的把你的想法画在纸上。"于是，我看到了会飞的马，龟兔赛跑中穿着轮滑鞋的乌龟……

（邢台·李亚东）

朱永新老师是幸福的教育工作者，因为他将自己与教育融为了一体，视教育为天命，视教师的身份为骄傲。他说，教育是他生活中最重要的内容，教育也是他生命中最重要的事情。真正的幸福只有当你真实地认识到人生的价值时，才能体会到。朱老师做到了，所以他是幸福的。

那么，我们老师们的幸福到底在哪里呢？

我想，唯有热爱自己的职业，和孩子们一起分享学习的乐趣，和孩子们一起享受生命的成长，你才会发现，工作中，我们累并快乐着。

（邢台·王继超）

生命不应该是一个简单的轮回和重复，每一个生命都应以其独特的方式去演绎自己的人生。

教育是为了更好的生活，生活也是一门很好的教育。如果你的生活五彩缤纷，你的教育也会是千变万化、充满色彩的。没有单一的生活，也不会有乏味的教育，教育离不开生活，生活也离不开教育，教育与生活是相辅相成的。

（邢台·李苏娟）

泥泞催生了跋涉者，它给忍辱负重者以光明和力量，给苦难者以和平和勇气，使人在艰难的跋涉中懂得土地的可爱、博大和不可丧失……

最近爱上《致教师》，爱上聆听朱永新教授与一线教师问答式的对话，也爱上从各个鲜活的人物事迹中审视自己，净化自己，给自己一个坚持的理由，也给自己一个努力的方向。

（邢台·张瑞晓）

读完《致教师》这本书，我更加坚信朱老师所言："因为幸福完整，教育不再仅仅是一种行为，而是融入生活，成为人生的重要组成部分。因为幸福完整，教师不再仅仅是一种职业，而是激发潜能，在不断成长中绽放自我的光芒。"让我们在新教育中探索最美好的教育，让我们在新教育中进行最美好的教育，以爱心唤醒童心！

（邢台·杨建华）

读朱永新老师的作品《致教师》，我收获颇丰，这本书中对教师职业的热情和对教师现实问题的解决之道的深刻叙述都让我受益良多，句句落在我的心坎之上。古语说，"十年树木，百年树人。"教育这门功课实属不易，然而朱永新老师给广大教师们的一封封回信却让我很是感慨，它就像一盏闪闪动人的思想明灯，为身处迷途之中的（包括我在内的）一线教师们指明正确的航向。

（邢台·赵海书）

朱永新先生说，《新教育之梦》是"传道"，是为了播种"新教育"的种子，让一线教师接受和认同，拥有理想。而《致教师》就是"解惑"，是为了帮助那些有新教育梦想的实践者，解答他们在前行路上遇到的困惑的。少了困惑，自然幸福就多，我觉得一个小小关注，改变了一个孩子，帮助教师寻到职业的幸福，自然也会寻到自己梦中的点滴幸福。

有人说，梦想注定是永不停息的疯狂，会不会有那么一天，当心中又出现了另一个想法，现实饿了，吃掉了梦想。而今朱教授的《致教师》又让我坚定了信念，我们依旧可以珍藏自己的小小梦想，让它更加踏实，更接地气，像是祭奠过往,像是憧憬未来,更像是把握现在,在教书育人的路上大步前行。

(邢台·王成彬)

　　教育这项工作是复杂而繁重的,但是如果你真正喜欢它,那它就是美丽的,即使再辛苦再忙碌,也是值得的,也是幸福的。正如朱永新老师所说:"如果能够发现并认可每天平凡工作的价值与意义,坚持不懈地在工作中实现自我,那么我们就能感受到成长的快乐。每一个普通的时刻,都会焕发不一样的光彩,每一个平凡的日子,我们都能与幸福相伴。"

(邢台·曹瑞敏)

　　读朱永新老师的《致教师》,很喜欢这样一段话:"作为教师,只有当教师在工作中找到了职业尊严的时候;只有当教师感受到自己真的在拔节生长的时候;只有当教师在阅读中感受到书中思想和自己的心灵产生共鸣发生交流的时候;只有当教师发现自己和孩子们的生命在小小的教室里开花结果的时候,他才会感到幸福。"

　　谈到教师的幸福,我常常想幸福从何而来?每天从睁开眼到躺上床睡觉,双腿几乎都在不停地奔走,这样是幸福吗?每天处理着学生的大小事务,一个个的电话接到手软,这样是幸福吗?每天的时间安排紧凑,过着打仗一样的生活,这样是幸福吗?说实话,一点都不幸福。可是,就是在这样的忙碌之中,我的幸福却在悄悄萌芽。

　　我是作为一名音乐老师分配到山区的一所完全小学的,教音乐的时候,我在音乐教室坐着,一拨一拨地换学生,虽然累,但是心里却是幸福的。看到孩子们的喜欢,我是幸福的。孩子们在我后面追着问"老师,音乐课上不上?",听到我肯定的回答时,听到那声"耶!",我是幸福的。在我们农村,大部分的人认为音乐这个课其实不用上嘛,有什么可上的啊,还不如让他们多学几个字呢。经常会有老师说,教音乐多好啊,又不用考试,没有压力。我觉得,嗯,其实也不错。哎,偏偏从去年开始,我们县的音乐科目就开始考试了。还好,我们音乐成绩是全县的第二名。那天中午,我躺在家里,看到这个分数,我激动得热泪盈眶。我回想着一年来的音乐教学,回想着为了音乐考试的准备,回想着那些为此付出的孩子们,我的内心是幸福的。

　　哦,原来幸福是这么简单,它来自于我们的每一次成长,它来自于我们受到的每一次赞扬，它来自于师生心灵之间的碰撞……我们的幸福之花正在悄悄绽放！

有人说：世上本无路，走的人多了，路就有了。是啊，只要我努力地走，路总会出现。正如我们新教育人的指南：行动，就有收获；坚持，才有奇迹。在追寻幸福的路上，我期待与最美的自己相遇！

（邢台·冯燕）

每个学生都是个性鲜明、独立可爱的个体，每个学生都会给你意想不到的惊喜。善待每一个学生，尊重每一个个体，幸福感就会向我们源源不断地涌来。每个老师在付出汗水的同时，感受着孩子们给予的幸福。我在这里用一句话来作结：“我的《致教师》探索没有结束，只是刚刚开始，我正在路上想要遇见未来的自己。”

（邢台·路志琳）

我们为什么成为一名教师？这是最简单的问题，也是最根本的问题。我作为一名刚入职一年的新教师，实际上也有这种疑惑。

直到有一天遇见了朱永新教授的《致教师》这本书，第一辑的题目就是——《给我一个做教师的理由》。在第一辑中，我感受最深的是《为自己赢得心灵的自由》和《每个孩子都是天使》这两篇文章。

于是，我开始踏上"给我一个做教师的理由"的探索"书旅"。书中提到的人生教科书——曼德拉却说，"没有人的生活会一帆风顺，无论大小，每个人都会遭遇困境。束缚每个人的枷锁，不是周遭环境，而是自己的心魔。摆脱这样的枷锁，就能享有真正的自由。"而我在遇到问题的时候，往往就会本能地认为我做不到，然后找各种理由原谅自己的懦弱。其实在这个世界上每个人或多或少都有自己的伤痛，都有着不为人知的不得已，也有着不少"无能为力"，然而真正的强者并不是已经战胜多少次困难，真正强大的是那颗勇敢的心，那个面对重重困难却绝不屈服的信念。我开始懂得，我的不幸福首先来自我那不强大的内心，我的不曾完全的努力。想要从职业中找到幸福感，需要深刻了解职业的魅力所在，理解职业，发现教师职业的内在魅力，这些也是做好教师的第一要务。虽然我们的工作有很多不确定性、充满挑战性，也给我们增添了很多困难，但是却因此接触了很多"纯洁心灵",欣赏了许多祖国"最美的花",我们的工作不但是提升自己也是在滋养别人,这些想来也是有趣的。我们应该真正用心对待自己的每一次讲课,每一次与学生的沟通,感受着当中的乐趣,体验做教育的幸福,去发现教师生活中的美丽。

(邢台·张瑞静)

在《致教师》这本书中,朱永新老师通过一个个生动的案例,对教师在教育教学中面临的困惑给予了剖析与指导,让我们能够及时反思,从中发现自己的不足,并且积累处理教育问题的经验,《致教师》是非常值得一线教师阅读的"教育法宝"。

(邢台·赵乙人)

几年的教师生涯走来,回望来时的路,这也许是每一个初入教师工作岗位的人都会经历的一段心路历程吧。因为年轻,所以会心高气傲、心气浮躁、急于求成,所以当我们的工作出现一些问题或是遇到一些阻力的时候,我们便感觉有一种挫败感,时间越久,我们的职业幸福感越差。所以,当我看到朱老师给新教师的回信时,我觉得眼前一亮,心中的层层迷雾顿时散去,顿感当时的职业激情又回来了。不可否认,我们的工作会受到外界或多或少的影响,但褪去繁华,让心回归宁静,重新审视我们的心灵,重新审视我们的工作,我看到了它的美丽所在,它的美丽源自于它的魅力。

作家冯骥才曾说:"空气穿过针孔时,比穿过山谷更有快感。"作家用这样充满想象的文字提醒我们,成功挑战艰难的事情所收获的快乐与轻轻松松完成一项任务,成就感和愉悦感孰大孰小,不言而喻。我们教师面对的是最深邃的世界——人的心灵。当我们看到这些个性迥异的孩子们在我们的精心照料下与哺育下,挖掘自身的无穷潜力,发挥他们不可限量的能量时,我们难道不会有无限的成就感和幸福感吗?我们的工作固然充满了挑战性,但也充满了无限魅力。

(邢台·刘丽云)

作为一名教师应勇于改变。书的序言里有这样一句话:"教育是世界上最特别最奇妙最千变万化的事情。"世界万物唯一不变的就是改变。当今世界的瞬息万变，对我们教育工作者提出了严峻的挑战，在方方面面都对我们的工作产生着影响，其中有很多是不良影响。我们负重前行，后面却有很多掣肘。如果每个孩子生来不用老师教就都能遵守纪律，热爱学习，品行优良，那么还要我们老师做什么？"万物改变迅捷，人性进化缓慢，教育因此万变不离其宗。"古今中外，人同此心，心同此理。人的身心发展的特点，人的学习成长过程都有着普遍规律可循。因此我们应该多读书，多学习，去芜存菁，将其中理论精华原理运用于教育教学实践。

正如朱永新老师在书中所说："教育可以改变世界，但这个改变，不是从改变社会、改变别人开始，而是从改变自己开始。当我们真正改变了自己，让自己不断变得美好，就必然影响、改变着别人，事实上也就已经在改变社会了。我们永远不应该把希望寄托在别人身上、寄托到外部环境上。我们应该从自身努力，有破茧成蝶的勇气，不断地从那些优秀的书籍中汲取营养，不断地从日常教育教学工作中总结经验教训。"

让我们直面危机，不忘初心，勇于改变，不断成长！

（邢台·宋丰刚）

一直以来我都认为，教师这一职业是最适合我的，因为每天与天真活泼、内心纯净的孩子们在一起是简单又快乐的。但是，真正投入到工作中，成为一名幼儿教师后，发现这一职业远没有想象中那么轻松，甚至一度迷失了方向。恰逢这时，我读到了朱永新老师的《致教师》这本书，它不但给了我一个做教师的理由，更让我有了一个期许：过一种幸福完整的教育生活。

（邢台·董芳）

近期拜读了朱永新教授的《致教师》一书，感悟颇深，其中《孩子身上有父母的影子》一文，"有什么样的父母，就有什么样的孩子"很有道理，家庭教育实在太重要了。孩子身上有父母的影子，是毫无疑问的。

诚然，孩子是世界上最伟大的模仿师，父母的兴趣往往会成为孩子的兴趣，父母的坏习惯往往会成为孩子的习惯。如果您的孩子从小就有一种良好的行为习惯，那么，孩子毕生就可以享用它的利息。

（邢台·白建刚）

生活中如果没有书籍就好像鸟儿没有翅膀。经过近一个季度的研读《致教师》后，我越来越深切地体会到，读这本书就好像是穿越到另一个时空与一位有趣的人对话，好像与朱老师进行心灵的交流，从大师那儿学到了不少教育教学的技巧，使我的教学任务更加轻松、更得心应手。

尤其是读了朱永新老师的有关《先做个让学生瞧得起的老师》一文后，我认为要想做个让学生瞧得起的老师必须做到敬业爱岗、勤奋练功、真心爱生和与时俱进。

（海门·王健红）

工作十几年，最大的感受就是：当一个好老师难，当一个好班主任更难，班级管理包括方方面面的工作，可以说是千头万绪。特别是现在这个多元化的社会，家庭教育方式以及社会环境，都影响着学生的个性发展，所以我们班主任不仅要面对一个个不同个性的学生，也要面对他们背后的家庭环境以及家庭教育方式。朱永新教授在《致教师》第三辑中通过《好的教育是一种合力》《孩子身上有父母的影子》《让父母成为你的助手》三篇文章向我们深入浅出地阐述了如何使家庭教育与学校教育形成合力，读后让我受益匪浅。

（海门·陈卫国）

教师如何享受职业生涯带给我们的幸福感觉？左拉说："每一个人最大的幸福可能在全体人所实现的最大幸福之中。"穆尼尔纳素夫说："真正的幸福只有当你真实地认识到人生的价值时，才能体会到。"拉美特利说："有研究兴味的人是幸福的！能够通过研究使自己的精神摆脱妄念并使自己摆脱虚荣心的人更加幸福。"历史名人对幸福的解读很多，总归：幸福应该是在创造中的，幸福应该是在服务中的，幸福应该是在研究中的，幸福应该是在与别人的分享中的。同理：教师的幸福来源于创造、服务、研究和与人分享。而这也是《致教师》让我体会到的。

（海门·何花）

读了朱永新先生的《致教师》后，前言就颠覆了以前对教师的形象比喻，更具人性。在他眼里，教师不是春蚕，不是蜡烛，不是一个隐喻与一个标本，更不是灵魂工程师，教师就是教师，每天都在平凡与神圣中穿行，他生命的价值在于"以现在求证未来,让生命幸福完整"。"幸福"在哪里呢?朱先生说,它在创造中,在服务中,在研究中,在分享中。因为创造、服务、研究与分享的教育"幸福",每一个普通的时刻,都会焕发不一样的光彩,每一个平凡的日子,我们都能与幸福相伴。

(海门·姜敏敏)

《致教师》,让我认识到:阅读,不仅是教师实现精神突围的最佳途径,让心灵从枯竭走向充实而愉悦,更是教师实现专业成长的内在理论,为教学源源不断地输送生命力。教海无涯,学无止境,阅读也无止境。让阅读成为一种生活习惯,成为滋润我们心灵、为幸福人生提供"养分"的一方沃土。

(海门·朱翔宇)

《致教师》书中这样写道:"归结为神圣,会过于强调教师的奉献与牺牲,容易导致神化和苛求,动摇了扎根于现实的坚实基础。"是啊,教师这个职业,既平凡又神圣。做一名教师不易,做一名优秀教师更不易。柏拉图说:"人最难的是认识自己。"或许,认识到教师这个职业的真正特点,我们才能更好地看待前路上的困难和磨炼。

(海门·石慧娟)

教育归根结底是人和人之间发生的影响,教师的一言一行都可能直接给学生的生命带来不同。教师的生命价值、人生意义在于,我们不仅仅把教师当作谋生的职业,还用自己的生命去影响着别人的生命。在从教生活中,我们需要寻找一个了不起的好老师符号,赋予自己一个自由心灵的躯体,勇敢、大胆地带着智慧去面对困难和挑战。简言之,教师的幸福感首先来自于信仰。

(海门·袁铁鹰)

我因为遇上了《致教师》,开始踏上"给我一个做教师的理由"的探索"书旅",于是我看到了一路上不一样的风景。它的内容和结构特点,有点像刘墉的《写给儿子的信》,又有点像《苏菲的世界》。我相信很多人会与我有相同的体会,每天读同行们的心声,仿佛看到了不同阶段的自己,而每天被"传道授业解惑"的感觉就像是被一只神奇的手指引着,让你仿佛遇见了一个未来更美好的自己!

(海门·黄相如)

拜读朱永新教授的《致教师》,感慨良多。特别是其中《让语文回归生活》这一篇,让我产生强烈的共鸣。

学习语文就是学习生活,语文教学是为了提高生命的质量,拓展人生的宽度。语文教学的生活化,闪耀着陶行知教育思想的光辉,是实施素质教育的迫切要求,是语文教师由"必然王国"步入"自由王国"的必由之路。生活处处皆语文,处处留心皆学问。课堂教学就是课堂生活,就是活的学习、活的教育。从而使学生从狭小的语文课堂上升到生活大语文,在学语文的同时学做人。"千教万教教人求真,千学万学学做真人。"谨记陶行知教诲,努力实现人格的自我完善,才能无限接近教育的本质。

(海门·崔健)

朱老师说:"我想,幸福是人类的永恒追寻,对教师而言也不例外。为了幸福,我们乐于做教师。作为教师,我们要深刻理解幸福的缘由。"而今天,作为幼儿教师的我,想做一名让家长瞧得起、孩子喜欢,让孩子因我的存在而感到幸福的老师。

(海门·李静燕)

在新的教育背景下,师生之间的关系正在发生微妙变化,师道尊严正时不时受到一定的冲击和挑战。教师如果不能及时转变工作方法,一味地端着老师的架子,要求学生对老师毕恭毕敬、言听计从,结果往往会造成师生之间缺少心与心的交流,久而久之就会产生无形的隔阂。教育是一切的"果",也是一切的"因"。对一个教师来说,痛恨积弊的方式是行动,是将让自己置身于"涨潮的海上",相信"爱教育,就是爱自己",相信"每朵乌云背后都有阳光"。唯有建设,唯有行动,才能"带着使命,带着爱","向没有污染的地方,重新出发"。

(海门·周晓峰)

打开《致教师》,随处都是美妙的文字,回应着每一个平凡而细碎的教育命题。你以为这只是"观念与说法"的修辞美化吗？显然不，它们都是"幸福与完整"之教育生活所赋予的生命之神光。一个教师撒下的优良种子，终将会在岁月深处萌芽。或许，这就是今天对于明天，现实对于未来的坚忍而美好的"求证"。

（海门·窦晓军）

还记得自己刚走上教育岗位时的手忙脚乱和经历的挫折，一度使我快失去信心。但我仍然保有当初教学的热情，很多孩子也坦言，很喜欢我的课，因为课堂上的我幽默、亲切。朱永新先生在书中谈到了教师的幸福从哪里来。他提到人的幸福大概有三个重要的来源：一是人与外部物质世界的关系；二是人与人的关系；三是与自己的关系。我的幸福感大多是来自教育，来源于特殊的学生。当一个特别调皮不听话的孩子，在你的课堂上认认真真，积极参与课堂活动时，内心的成就感和满足感是无法用言语来表达的。

（海门·邵京）

我虽不是名师，但我努力追寻着名师的脚步，至少目前我是一个在求索中不断成长的教师，在与学生一起成长、成熟。多一些美丽，少一些遗憾，过一种幸福完整的教育人生，必将是我教育人生的永远情怀！

（海门·施东艳）

从教之路，多辛酸坎坷，新的问题层出不穷，有过失望想过放弃，在举步维艰时，总有一个声音告诉我，让我去相信孩子们天使的蜕变，静待彼岸花开。也许有的天使暂时迷了路，总会有那么一天，能收获到非这个职业莫属的圣洁与美好。真诚地爱他们吧，走近他们，了解他们的兴趣，理解他们的困惑，发现成长的烦恼，感动会一路相随。

（海门·徐艳华）

在学习过程中，挫折与压力、矛盾与冲突常常会侵袭，这时，具有引导意义的生命关怀就显得尤为重要。教师要及时点拨学生，指导学生树立正确的挫折观，增强承受挫折、化解矛盾的能力，培养自我反思的习惯。还要引导学生积极勇敢地去面对困难与挫折，从曲折中看到成功的希望，自信、乐观而自强不息，让学生投入激情战胜危机，积极去开拓生命的价值空间，发现生命的魅力无所不在。

正如朱老师在书中提到的，教育是为了帮助每一个人，教育的最高境界是帮助孩子成为最完整的人。我们应该缔造信息技术教育的完美教室，成就孩子的完美人生。

（海门·赵俊华）

《致教师》这本书告诉我们：与学生一起成长，终身学习，努力成为有特点、有个性的教师。不必超越学生，但必须努力做一名让学生崇敬的人。唯有成长，才有幸福。"一个人学会了阅读，任何人都阻挡不了你前进的脚步。"教师要实现成长，必须进行专业阅读。

（海门·朱晨娟）

俗话说："尺有所短，寸有所长"。班里的每个学生都是一道亮丽的风景，你给他一个舞台，他就能还你一个精彩；你给他一点空间，他就能为你创造无数辉煌。作为教师，就是要善于发现学生的特别之处，一旦孩子发现了自己，找到了自我，他就会爆发出我们难以想象的能量。"虽不能至，心向往之"。这些新教育的理念，我会一直学习下去。

（海门·廖玉君）

做个幸福的教育者，一定是勤于学习，不断充实自我。朱永新教授说：读什么样的书，你就会成为什么样的人。作为教师，要乐于选择哲学、心理学方面的书，更要专注于自己所教学科的专业书；要乐于重温教育学、心理学的基本知识，更要专注人文和科学。

每本书都是一部传奇，教师要善于阅读传奇人物、故事带给我们的震撼。当然，我们也必须接触管理，我们在最能学习的时候不能仅仅学习如何做一名老师，更要思考如何做一名优秀的管理者，因为我们面对的不是一个人。

（海门·杨瑾燕）

《致教师》，其实就是"致我们自己"，致我们自己的良心，致我们自己的职业。既然选择了这个职业，注定风雨兼程，希望更多的老师调整心态，具有博爱之心，智慧教学；希望全社会对我们的工作更多理解，更多支持；希望更多的有识之士少求功利，一心向学，我们的教育、我们的国家的未来一定更加美好！

（海门·姜红霞）

  我认为幸福与财富无关，每一个人对幸福的理解和追求是不一样的，幸福是一种感受，一个人幸不幸福，关键是你的态度。作为教师收入微薄，要想从金钱上得到幸福几乎是不可能的；作为教师无权无势，要想从权势上得到幸福也是不可能的。但我很幸福，我的幸福来自于我做教师这个职业，教师这个职业给了我一份稳定的收入，基本生活得到了保障；教师这个职业给了我一种积极的心态，一个良好的生活习惯，还给了我一颗不老的心，每天跟孩子们打交道真是开心。每天走进课堂，望着一双双渴求知识的眼睛，我就感觉有使不完的劲，我是一名生物教师，每当学生问及生物、生理方面的问题，能给他们满意的答复，我感到幸福。我连续上过九年高三毕业班的生物课，每一届学生对我的认可，每一次学生家长对我的感谢，都是我幸福的来源。

  教师是辛苦的，教师也是比较单纯的，要求不高，所以教师容易满足，容易体会到幸福，教师的幸福就是甘于奉献，甘于平凡，甘于平淡，我无悔此生，为教育事业奉献了一生。

（海门·黄裕兰）

  阅读朱永新教授的《致教师》，字字珠玑，但又感觉似云端的舞蹈，是美好的朝向。云端和地气之间的距离是什么？是实践，是坚持，更要在思考中调整行进。

  法国著名思想家帕斯卡尔的至理名言："一个人不过是自然界一枝最脆弱的芦苇，但这是一枝会思考的芦苇，人因思想而伟大。"作为教师，首先应该是一个热爱思考、善于思考的人。没有人生来就是教师，为什么大学毕业后，有的逐渐成为教学的骨干，有的总是那么平平淡淡？有的老师不管接手什么班级，他的名字就代表他班级的成绩品质。这些差距哪里来，我觉得关键因素在于平时思考的程度。

（海门·陈春娟）

人活着的意义，或许就在于活出独特的自己。让每个生命在教室里绽放出各自独一无二的美丽，是新教育"缔造完美教室"行动的最高使命。在一间教室里，如果老师和学生的生命得到丰富的滋养和最美的呈现，那就是教室中的幸福之泉悄然喷涌的时刻。

（只想安静）

非常值得看的一本书。很多老师在推荐。作者是著名教育家，却没有拗口的专业用语，而是围绕具体的问题，深入浅出地解剖教育中能够做到的点点滴滴，给人教学上很大的启发，也给人在为人处世上的很多智慧。非常喜欢。

（芒果小樱）

对于在教育界工作的人来说是一本可以借鉴的书，朱永新老师相信孩子、尊重孩子，他的教育理论鼓舞着千百万教师。他用无数教育实例告知所有的从教者，应多加关注学生心理，改善教学，一切务必讲究一个"真"字，让最真实的自己走到学生中去，用最真心的话语与学生交流。

（无昵称用户）

自发自愿成为一名教师的人，都是一个充满爱心的人。但是在实际教育过程中，如何把握好这爱的度，爱的量，爱的方式是教师需要思考的问题。只有学生幸福了，我们才算实现了自己的幸福。

（无昵称用户）

读完这本书，给我最深的感触是一个教师一定要疯狂阅读，不断地增长自己的知识量；一个教师拥有的知识应该比他所教授的那一门学科的事实多出10倍、20倍、30倍，这样才可以被他的学生所信服，并让自己的学识散发出平和但是绝对强大的权威力；一个教师应该不仅仅要懂得自己的专业知识，并且要知道一些自然科学的基本知识，这样子才可以最大可能地教导学生。尤其在我们中国，老师往往是比如数学专业就局限在专业圈子里，像生物、科学等的知识是很缺乏的，导致现在包括农村在内的孩子对一些日常所见的蔬菜水果的名称无法准确辨认，更无须说那些野生植物了。因此我现在也在提醒自己多阅读，多看书，尽快建立自己的个人藏书室，拥有各种各样的书籍。让我初中的弟弟尽可能地多阅读，而我自己也会尽可能地多阅读。规定自己每个月至少阅读三本书，尽可能地包括"文学名著、青少年儿童心理学、科普或者专业技能的书籍"，以弥补自己在少年与青少年早期因为环境的限制而无法阅读浪费的美好时光，尽可能地追赶上其他人的脚步。

（舒尔拖拉机）

品味《致教师》，就如与智者交流，解决困惑，指引前行，洗礼心灵。它将是我工作、学习中的导航灯。朱永新老师在许多回复中都提到，教师要提高自己的教育素养，就是要读书，读书，再读书。要把读书当作第一精神需要，当作饥饿者的食物。要有读书的兴趣，要喜欢博览群书，要能在书本面前坐下来，深入地思考。确实，我们教师教给学生的那点基础知识，只是沧海一粟。教师要想提高自己的教育水平，在教学时游刃有余，这就需要持之以恒地读书，不断地补充自己的知识储备，使自己的知识海洋变得越来越宽广。

（东方的话痨）

教师要爱护学生，尊重学生，慎重做好对学生的评价。《致教师》中写到：请你任何时候都不要忘记，你面对的是学生极易受到伤害的、极其脆弱的心灵，学校里的学习不是毫无热情地把知识从一个头脑里装进另一个头脑里，而是师生之间每时每刻都在进行的心灵的接触。作为教师，我们要让学生体验到尊严感：我在校是个好学生，在家是个好孩子。只有教师关心学生的尊严感，才能使学生通过学习而受到教育。总之，读着书中的每封回复，我对教师这一职业有了全新的认识，在今后的工作中我还需要不断地学习来充实自己，也因此我会更踏实地走好这条路，因为工作是幸福的。

（颜机智）

品读《致教师》时，我深深地感到：面对知识更新周期日益缩短的时代，必须彻底改变过去那种"把老师知识的储藏和传授给学生的知识比为'一桶水'与'一杯水'的陈旧观念，"而要努力使自己的大脑知识储量成为一条生生不息的河流，筛滤旧有，活化新知，积淀素养。有句话说得好："一个教师，不在于他读了多少本书和教了多少年书，而在于他用心读了多少书和教了多少书。"用心教、创新教与重复教的效果有天渊之别。

（安国寺的长老）

这本书的每一封回复都是作者结合自身实际与一线教师的交流，每一条都在面面俱到地指导着我们的教学。每部分都有许多的精华，给我很大的震撼。教师要求学生具有"终身学习"的观念，自己首先要以身作则。所谓：其身正，不令而从；其身不正，虽令不从。所以教师必须要养成继续学习的好习惯，给学生树立学习的榜样。这本书里所传达的真知灼见，值得我们细细品味。

（花凋为谁祭）

书是知识的源泉，聪明的殿堂！它会给人气力，读书可以改变人生。读完了《致教师》，我不时地反思自己，提醒自己要把这些宝贵的经验转化成自己的工作方法，应用在自己的教学实践中。俗话说："活到老，学到老。"作为一名新时期的教师，应当主动地去学习。因为只有不断丰富自己的知识，才能学会创造性地使用教材，才能赢得自身的发展，才能提高自己的素质，这是作为一个"真正的教师"所不可缺的"精神底子"。

（分分合合5）

假期，我读了朱永新老师的《致教师》，我深受启发。作为一个教育工作者要多读书，读好书，有时精心准备设计的教案，但在课堂上却显得捉襟见肘，让人感到语言贫乏、缺乏感染力；有时为了写一篇论文绞尽脑汁，七拼八凑，却完全没有自己的思想，是什么原因呢？读了这本书，我明白了我想这就是平时不读书，临时"抱佛脚"的结果。还要多思、勤思、善思，坚持写教育日记，每日看似平凡、单调、重复的工作中往往就蕴藏着某些重要的教育现象或教育规律，如果我们能够善于积累和反思，那就可以成为工作创新之源泉。

（耐心人）

从事教育工作近三十年，经历丰富，经验却贫乏，像本书中谈到的事情，自己也曾遇到过很多，却从未有朱老师那么深刻的认识与思考，更没有教育家那种对于教育的执着精神和对学生的关注情怀。

（Elva 江）

曾经断断续续地读过朱永新老师关于教育的一些文章，那时都是囫囵吞枣、走马观花似的浏览。如今，当我第一次静静读完这本书，内心不尽感慨万千，受益匪浅。教书很容易，教好书却很不容易。要把教书当作事业做，教好书育好人，就必须像作者那样有智慧，善思考，做教育的有心人。

（奉献一片绿）

在《致教师》一书中，朱永新给教师的回复中希望每一位教师都能来写教育日记。教育日记并不是什么官方文献，而是一种个人的随笔记录，在日常工作中就可以记。这些记录是思考和创造的源泉，是一笔巨大的财富。其实，我以前也曾经陆续写过一些教育日记，当时觉得我的本子上记录的东西很零碎，有些只是几句话而已，似乎没有什么用处，也就停止了。但是现在想来，假如一个教师能将这种记录的习惯养成并加以坚持，那是非常有好处的。也许我们不能成为名教师，但是至少等到我们老了，还可以翻翻以前的日记，回味教育生涯中的点滴趣事。我想，这样的时刻也是幸福快乐无比的。朱永新老师的《致教师》一书中，闪光的教育思想、深邃的教育理论深深影响、启迪着我，让我如获至宝。我要努力学习提高自身素质，做一名合格的小学教师。翻着我曾经的教育日记，都是用普通的算术本记录的，按日期编的号，一共有18本。这是13年前我刚工作时写下的点点滴滴，有喜有忧，有迷茫有奋进，偶尔还有斑斑泪痕呢。

（小孩的帽子）

读了《致教师》，我受到了深深触动。的确，这些建议使作为教师的我们有了更明确的方向，给了我们极大的帮助，它就像一盏指路明灯一样。它的闪光的思想、诗意的语言，对教育工作者来说，就像一场及时雨，滋润着一颗颗干渴的灵魂。其实它里面的很多经验都值得我去一一聆听和反思！这些都将成为我一生享用不尽的财富！

（无昵称用户）

朱老师的这本书让我看到了迷茫中的自己，也让自己更加心平气和地去看待自己的工作，也让自己再次对教师这个职业肃然起敬。原来专家老师也有和我们一样的疑惑，让我们觉得，在教学的路上我们并不孤单。娓娓道来的叙述，吸引我一口气读完。读起来一是感人至深，二是颇有启发。对于一线教师来说，是不可多得的教育宝典；对教育工作者来说，是温暖心灵的良方；对家长来说，是了解教育的一个窗口。总之，很推荐！

（我司扬子）

作为一名教师，由于肩负着众多的责任，所以很容易顾此失彼，看重一些我们本无须看重的东西，忽略一些我们本不该忽略的东西。因此，每一天，我们都需要提醒自己做自己该做的事情。这本书就像是一个备忘录，它为我的教学的每一天送上提醒、建议和行动计划。一个成功的教师往往都是一个在讲台上颇受欢迎的教师，在课下很受追捧的教师。这本书对一些正盲目于处理对立的师生关系的老师来讲，颇有帮助。这本书以来信、回复的形式，分析并告诉你需要用什么方法去解决问题。这本书解惑不少，要好好读读，一定会有收获的。

（黎轩小久）

作者发现了教育的真谛，对教师这个职业的发展起到巨大的推动作用。每个教师都应该努力学习其精髓，每个校长都应该向自己学校的教师们推荐这本书。教学六年，好多好多问题都得不到最好的解决，仔细看了书的章节，对自己的那些疑惑确实有所帮助，让我学会了冷静地面对学生的问题，懂得了思考学生犯错的原因。这真的是一本值得教育工作者学习的好书！

（清风听月）

在读过朱老师的《致教师》后，我认识到我国由于受到应试教育影响，在对待"差生"方面存在不少问题，如偏爱少数优等生，歧视"差生"，一直成为一些教师的教育"惯性"。落实转变"差生"的教育实践，这对于教育"要面向全体学生"，全面推进学生素质教育的教育战略是不利的。这让我认识到，在基础教育中，面向全体学生不只是面向"中间"的多数，更不是只面向少数优等生，我们只有特别关注和切实帮助"差生"，才能真正使我们的教育"面向全体学生"，才能全面推进素质教育。《致教师》这本书，要细细研读之后才能了解它的价值所在，才能把书中的道理应用到实践中去，来实现它的价值。

(社区运营管委会)

只要我们打开所有的感官，每天给自己一小段闲暇，那平素里再平凡的点点滴滴，只要你静下心来细细地品味，都有无限风光蕴含其中。是啊，妨碍教师享受生活的，不是别人，而正是教师自己。我们生活在一个效率社会，复杂的人际关系，快速的工作节奏，激烈的竞争，无形的压力，使我们忘记了自己。调整自己的心态，享受生活，适当地放松自己，对每一个教师来说都是十分重要的。这本书给予我很多启发，收获颇丰。

(一马临城)

正在看，还没有看完。但真的是受益无穷。书的内容丰富，针对不同的主题，娓娓道来许多道理。看得出作者对教育的热情，对心理学的精通。书的每一篇文章都震撼着我，作者如道家常般的每一句话是那么实在又那么在理，列举的每个事例是那么熟悉，就好像是自己曾经碰到过的、许许多多的问题。只要我们不断学习、不断实践、不断总结，我想，一定能恰如其分地选对方法，用好方法。

(无昵称用户)

本书在讲述的时候非常自然，不会让人觉得枯燥乏味，让人有看下去的冲动，能领悟到很多东西。这本书让我收获很多，它给我的教育工作提供了很多帮助，让我的心灵滋养，心胸开阔，让我更加明白教师的一言一行时刻影响着学生，有积极的也有消极的。因此，需要在以后的教学工作中，更加积极地读书学习，充实自己，要时刻注意自己的言行对学生的影响，给学生树立榜样，用最平凡和最有效的方式来关爱学生，使自己成为能影响他人、改变他人的老师，并在教育事业上取得成功。

(无昵称用户)

《致教师》书中的回复简单易学、易于实践。书中的言语比喻幽默、风趣。书中给教师的回复每一条针对一个问题，有生动的实际事例，也有精辟的理论分析。

（JbJack）

　　读完这书留给我的感觉是：无论你是一位刚刚加入教师队伍的新手，还是一位久经沙场的老将，你都已经选择了世界上最伟大的一种职业：教师。那么就需要你耐心细致、身心投入、勇于奉献；拥有无私的爱心、非凡的个人魅力、自信且超群的能力。选择了教师这份工作，就意味着从此你将影响到每一个学生的成长。记住，教师的职责是帮助别人塑造未来，教师的影响将是永久且深远的。教师的肩上承担着多么高尚、多么令人肃然起敬的责任！

（陈沛林117）

　　朱老师的《致教师》这本书通俗易懂，平时学到的一些教育教学的原则或者规律，在这里面都有实例，对我们这些缺乏直接经验的人来说帮助很大。比如，"要善于换位思考"这一习惯，虽然我做得还不到位，远远未达到"善于"的灵活与技巧，但我"常换位思考"：在教学中站在家长和学生的角度去换位思考；在工作中站在同事的立场上思考；在生活中站在爱人、孩子的位置上思考。遇到问题时常问自己："如果我是他，我会怎么做？"这本书很实用，不过时，每一篇都使教师受益，学生受益，时时看时时有收获。

（夏沐）

　　作为一名步入工作岗位不久的年轻教师，面对工作，面对教学中的种种问题往往感到心有余而力不足。教学经验的缺乏，解决教学工作问题能力的匮乏，都迫切地要求我不断地学习。正当这时，我遇到了《致教师》这本书，让我有了如获至宝、如遇知音之感。书中既不是单纯地提供案例讲解，也不是纯粹的理论剖析，而是把所有的问题进行有机分类，然后从实际教学中遇到的问题入手，透过问题的现象，引导我们发现问题的本质。在面对问题的时候，也许我们更需要的是一种思维的方法，一种解决问题的策略，对我今后的教育工作影响颇深。

（无昵称用户）

非常喜欢朱永新的书籍，具有深刻的启迪性。老师是大多数人成长路上的精灵，好老师能点石成金，为一颗颗纯正的心灵撑起一把护航的伞。但凡事都讲究方式方法，并且抱着良好的本心，却好心办坏事儿的人也不在少数。所以希望老师能够多读书多总结，在孩子们面前的一言一行都要慎重啊！这是一本很好的书，很有启发性，一个真正的教育家。

(寂静之火)

书很不错，可以反思一下自己受到的中小学教育，也适合那些走到半路反思自己过往的人看。在低年级学生眼里，教师是完美的化身，是榜样，教师的一言一行都受到学生的关注。如果一个教师上课迟到早退，或不认真备课，随便应付，或对学生不管不问，那么这样的教师怎么能让学生有好的学习榜样？作为教师来讲，怎么教是一个很重要的问题，好的教学方法能够吸引学生的注意力，培养学生的学习兴趣和积极性，使学生得到启发，思维能力得到锻炼，从而能够使学生自主地学习。讲的内容都很有启发，要慢慢来看。

(Poussah)

这是一本耐人寻味又感人至深的书。从阅读到实践，是我们成长的途径，阅读朱老师的著作不但可以更新自己的教育理念，还能从朱老师列举的事例中受到启发，捕捉到灵感，学会智慧地处理自己班里出现的各种突发事件。让我们坚持阅读，和朱老师一起在故事中成长，学做有思想的老师，播撒有智慧的爱，为教育做出精彩的注释。朱老师将自己的教育思想、教育机智、教育技巧、教育情感全都融为一体，语言朴实而自然，读他的书似乎是在与一位智者畅谈，又似乎是在与自己的内心交流，真实而心动，让人不得不赞叹、折服！

(下一站你在哪)

从教这些年来，我一直困惑怎样摸清学生的心思，怎样的教育方法才是对他们未来有用的。我想读些理论方面的书会对我有帮助，说实在的，理论性的书确实没有小说那么好读，可能因为理论的书太多内容显得空洞和乏味，所以一直也没看几本。这次又看起这本《致教师》，却有了与上次不同的看法。《致教师》这本书像一面镜子，真诚地表述着对教育事业的热爱、忠诚与执着。读着此书，我感觉就好像有一位智者站在我的面前，他循循善诱，给我排解教学中的烦恼，给我指点迷津，既有生动的实际事例，也有精辟的理论分析，让人阅读过后，感触颇深。

（我们堆雪人）

聆听朱老师的建议，为自己的教师之路扫清更多障碍。从中学到的最重要的一点就是要生动地、直接地感知周围世界中的形象、画面、现象和事物，并进行逻辑分析，找出因果关系。

（俺家有元宝）

阅读之后，对我的教学工作很有帮助，教学思路也有一定的启发。作为教师，课要上得有趣，能让学生带着一种高涨的、激动的情绪从事学习和思考，对面前展示的真理感到惊奇甚至震惊；让学生在学习中意识和感觉到自己的智慧力量，体验到创造的快乐，并为人的智慧和意志的伟大而感到骄傲。除了平常的学校活动、观察和兴趣范围以外，学生还应当有丰富的、多方面的智力生活，让学生德智体美劳全面发展。以上是我对《致教师》的一些认识。

（圣诞老人也是人）

几乎所有一线教师都在感叹，现在的书越来越难教了，我想这也的确是实情。教学中一些孩子的行为和表现确实常常令人困惑：为什么对我们精心备出来的课无动于衷？为什么不能专心致志地学习40分钟？为什么老师的苦口婆心转眼就忘得一干二净？为什么连起码的认真规范书写都做不到？细细翻看了《致教师》，读来感受书中的确涉及了教育学与心理学的许多道理，使我又看到了教育的曙光。

（无昵称用户）

品味《致教师》一书，就如与智者交流，解决困惑，指引前行，洗礼心灵。教师在学校里教的是科学基础学科，他应当能够分辨清楚这门科学上的最复杂的问题，能够分辨清楚那些处于科学思想的前沿的问题。如果你教的是物理，那么你就应当对基本粒子有所了解，懂得一点场论，能够哪怕是粗略地设想出将来的能源发展的前景。教生物的教师则需要懂得遗传学发展的历史和现状，熟悉生命起源的各种理论，知道细胞内部发生的生化过程。关于学校教学大纲的知识对于教师来说，应当只是他的知识视野中的起码常识。只有当教师的知识视野比学校教学大纲宽广得无可比拟的时候，教师才能成为教育过程的真正的能手、艺术家和诗人。

（dan dan734）

朱永新老师在书中给我们回复了很多一线教师遇到的困惑，而这些回复都是我们教育工作者在平时所接触的一个个话题。这些建议的背后所展示的或是一个个鲜活的教育案例，或是一个个感人至深的教育故事，这些建议也是我们教师在实际教育教学工作中要进一步实践和思考的。

（无昵称用户）

我相信每个教师都渴望自己才学渊博，上课旁征博引，学生身临其境，要想达到这样的境界与平时自己的广泛涉猎是息息相关的。专业书籍的阅读、领会以及再发挥与教育实践相结合，对于解决工作中的困难会有裨益；非专业书籍的阅读同样重要，它会从另一个角度来拓宽我们的思路，更加广阔地增加我们的智慧。我会牢记书中所说"教科书在你眼里看来就浅显得像识字课本一样。只有在这样的条件下，你才可以说：为了上好一节课，你是一辈子都在备课的。"读书是一辈子的事情，贵在持之以恒，贵在养成习惯。读过《致教师》后，我知道了教师在教育教学中应该更多地展示，而不是灌输；是引领，而不是强制；是平等的传递，而不是居高临下的施舍。

（鲜花都是阳光）

读书人最欣喜的事，莫过于遇到一本好书。而在我眼里，这本书就是这样一本好书。与以前所看到的教育学专著有所不同，《致教师》没有刻板的说教，没有一二三四的书本问答，它最大的特点就是"人性化"——从教师的角度来说，来发现问题，最后解决问题。这是很难得的，至少，从作为一名等待的教师来说，我从中感受到了亲切，并解决了一些头脑里存了许久的问题。如果你想考编，这本书里没有你想要的答案，并不适合你。但是，如果你是一名新入职的教师，或者像我一样是一位等待上岗的老师，或者是一位心口存了些疑问的教师，我推荐你读一读它，真的不错。

（来自南极的企鹅）

终于安静地读完朱老师的《致教师》，其中不乏有嚼之无味的，但更多的是让我有所启发、耳目一新的。我认为真正的影响就是在偶然的不经意间的阅读过程中自动产生的，尤其是我们当教师的在听惯了各种各样讲台上、主席台上滔滔不绝的说教之后，在难得的清闲之中，对不经意间的一点心灵的萌动，会觉得是那么珍贵。

（秀出头发的飘逸）

《致教师》一开始就提出了值得教师深思的问题：所谓差生是怎么产生的？这不禁让我联想到了我自己所教授的班级，在这些班里就有那么两三个小朋友被称作是所谓的"差生"。在上课的时候，他们几乎不听。到底是什么原因使他们成为现在这样呢？是这些学生太笨，还是要从教师自身寻找原因？我认为作为一名教师，应该公平对待每一位学生，不管他的学习成绩是否优秀。特别是对那些成绩比较落后的学生，我们应该给他们多一些关怀，多一些帮助。我深信，只有能够激发学生去进行自我教育的教育，才是真正的教育。

（面壁者4th）

《致教师》这本书给了我最真诚的答案：每天不间断地读书，跟书籍结下终生的友谊。潺潺小溪，每日不断，注入思想的大河。读书不是为了应付明天的课，而是出自内心的需要和对知识的渴求。如果你想有更多的空闲时间，不至于把备课变成单调乏味的死抠教科书，那你就要读书。读书能使人变得睿智，当读书真正成为一种习惯，成为生活中不可或缺的良师益友时，那么我想若干年以后，"教科书在你眼里看来就浅易得像识字课本一样了"。

（陌城以北）

走进《致教师》，惊喜地发现，它犹如一杯好茶浓香四溢，回味无穷。朱永新给教师回答的每一封信，既有生动的实际事例，又有精辟的理论分析，所提的教育建议涵盖了教育的方方面面，真是让人豁然开朗，受益无穷。

（浅风酌酒）

我在看了《致教师》这本书后,根据自己实际的教育问题,依靠朱老师的分析,进行由理论到实践的尝试,效果很好,对我的教育促进很大。同时也感到我们不光要看这本书,有些好的方法可以在平时的教学中去实践,好的建议可以去做。如:建议教师写教学日记。我从教10年,我从来都不写教学日记,也感觉到损失了多少珍贵的财富呀,我决心从本学期开始撰写我的教育日记。

(耳环的世界)

　　最近大家都在读朱永新的《致教师》一书,都深有感触。于是平时不怎么爱看书的我也捧起这本书认真地阅读起来。虽然还没全看完,但我此时真的觉得这本书真好,书上所举的问题的确是老师们的问题,写得很实际也很实用。感到本书中提到的问题多是教师在平时的教学过程中遇到的一些问题,它通过一个又一个生动的实际事例及平和的分析加以解惑,让人心旷神怡。每读一篇都会有新的收获和体验,好像与教师面对面地交流一样,读完后,有豁然开朗的感觉。他那种相信孩子,尊重孩子、用心灵去塑造心灵的思想是教育中最美的瑰宝。

(辛戈1357)

　　一个优秀的教师,应该天生不安分、会做梦。对于一个优秀的教师来说,教育的每一天都是新的,每一天的内涵和主题都不一样。教师只有具有强烈的冲动、愿望、使命感、责任感,才能提出问题,才会自找"麻烦",也才能拥有诗意的教育生活。诗人是要有灵感、悟性和冲动的。真正的教育家也应该具备诗人的品格,永远憧憬明天。冲动停止,教育就会终结。当生活没有梦时,生命的意义也就完结了,教育就没有了意义。

(你右自爆)

　　作为教师,只有当教师在工作中找到了职业尊严的时候,只有当教师感受到自己真的在拔节成长的时候,只有当教师在阅读中感受到书中的思想和自己的心灵产生共鸣发生建构的时候,只有当教师发现自己和孩子们的生命在小小的教室里开花结果的时候,他才会感到幸福。

(昊长空)

跋

致教师永新的心

童喜喜

做一线教师的学生

那是 2014 年 10 月 27 日,一个让我印象尤为深刻的日子。

从那天起,来自全国各地的 20 余位一线教师,到北京访学一周。那是我为这群新教育的核心种子教师举办的免费深度培训。

就在那次活动中,有一项特殊的内容。

新教育发起人、著名教育学者朱永新老师委托我发放了一页"问题清单"。在一张纸上,打印着数十个与教师相关的问题。我请老师们讨论、增删,书面提出自己的意见。

收集大家反馈的意见后,我整理提交给朱老师。这一周的一天傍晚,朱老师邀请所有老师吃饭,他又把这些意见带到了餐桌上。

和其他老师不同,参加新教育时间稍久的一线老师见朱老师都如见亲朋,在朱老师面前毫不拘谨,反而赤诚。大家边吃边议,有说有笑。

我们在一个快餐店聚会,用四张长条桌拼成了两张大桌。朱老师只能坐在其中一桌。吃着吃着,他挪到我们这一桌来,开口第一句话就是:"你们看了清单,再没有其他问题吗?"

这页"问题清单",也就是《致教师》书稿的提纲。那是第四次修订。

其实,在此之前的 7 月 6 日,朱老师早已整理出了初稿《致教师的ⅩⅩ封信》。我对书稿框架提出意见后,他进行了提纲的第二稿修订。然后他让我从网络上征求一线老师们的意见,又改了第三稿提纲。

在那晚的讨论后，朱老师进行了第五次修订，确定了《致教师》一书的提纲。然后，朱老师再次投入到书稿的整理和写作中，于2015年除夕完成了初定稿，又反复打磨5个月后正式定稿。

《致教师》一书，最后选定了46个问题，在这46个问题背后，来自于对200多个问题的反复的讨论和甄选。

多年之前，媒体称赞朱老师为"离教师最近的官员，近到能听见一线教师的呼吸声"。其实，在我认识的新教育一线教师的心中，朱老师从来不是官员。他是大家的老师，甚至，是大家的学生。

朱老师的谦逊不仅发自内心，而且与日俱增。原因他自己说过："新教育实验对我而言是从一个学者过渡到一个行动者，并不是件容易的事情，不仅是理念上的转变、情感上的转变，更重要的是方式方法上的改变，我一直在用心地琢磨、思考。"

没有对教师这样的用心，不会有《致教师》的打磨。

生命因成长永新

但是，2014年10月27日，之所以印象特别深刻，其实出于私人原因。

在那前后的一个学年中，我正忙于开展"新孩子乡村阅读公益行"，要只身前往100所乡村学校，为每所学校免费做2场讲座。为此一天去两所学校演讲5小时，或是用十几小时赶往一所学校，都成了家常便饭。因为出发前急于编辑完手头的10部《新教育文库》书稿，夜以继日，不觉腰伤复发，整个行程中都在自作自受。

因为不放心这场北京培训，10月27日的前一天，我从温州赶回北京，准备全程参加活动。没想到当天早晨，我只有趴着才能忍受住腰痛，只好打电话给活动负责人，嘱咐一番，请了假。

恰好朱老师紧接着打来电话，问我培训准备如何。在我的介绍中，他听出我没有去现场，问："你不是专门为参加这个活动回来的吗？"我只好把状况说了说。

"你应该参加活动。一线老师都来了，你不露面，他们学不安心的。身体不舒服，克服一下就行了。你要知道，国家领导人也会生病，但行程确定下来，连国家领导人都从医院里拔了针就去见外宾的。"朱老师说。

电话里，朱老师的声调一如既往的和气，透着一股推心置腹的真诚。

挂了电话，我愣了许久。又想笑，又想哭，五味杂陈，百感交集。

随后我发了一条微博，作为回应："一想再想。既受鞭策，又觉得国家领导人似乎不用1年连讲100场公益讲座，就还是没有以国家领导人的标准要求自己。"

第二天，我贴上几块膏药，参加了接下来的所有活动。

别说这场北京培训是用我个人稿费举办，别说我在新教育只是义工没有一分钱收入，只说我当时的健康状况，敢这样鞭策我的任何人，绝对都会惨遭我的鞭挞。

除了朱老师。

我能理解：与其说朱老师是在对他人提出要求，不如说他在陈述自我。那些正常人根本无法理解的观点，才是他心中的正常。

关键还在于：他怎么说，他会怎么做。

比如早在2011年8月的一天，我和几位一线老师应朱老师之邀参加聚会，远远见到朱老师以怪异的姿势挺着腰，一晃一晃走过来。原来他腰伤发作得厉害，行动不便。就这样，朱老师第二天一大早就要正常出差。而且，他的腰伤，丝毫没有影响他每天清晨5:30左右开始的"微博写作功课"。

还比如新教育首届年度人物奖获得者张硕果老师曾经告诉我，2008年春，她参加了在贵州举办的新教育活动。"会场就在一所村小的露天操场上，大家都坐在长条板凳上。听着听着，领导陆续有事告退了，最后第一排只剩朱老师一个人。他头发有些花白，坐得很挺拔，始终认真听着，还不时地记一些东西。活动结束天已经快黑了，大部分人都散了，他又去参加了晚上的公益组织论坛。"硕果对我说，"这些年来，我遇到困难时总是想起朱老师那天的背影，总觉得不把新教育做好，真是对不住孩子们，真是对不住朱老师。"

经师易得，人师难求。朱老师喜欢自称"行动的理想主义者"。用心学习，以行践言，不断成长，让自己的生命处于永新的状态，他就这样行动着。

没有对生命这样的用心，不会有《致教师》的诞生。

教师成长的脚手架

作为新教育出版统筹义工，《致教师》是我接手最早、耗时最长、曲折最多的一本，成绩也最骄人：平装本一年热销 20 多万册、精装本 8000 册一个月就销售一空的成绩。

我在意的不是《致教师》受到欢迎，而是它受到了怎样的欢迎。

听说有许多局长、校长纷纷购买这本书发给老师们阅读，这不足以为奇。

最让我欣慰的是，在 2016 年春节前后的两个月中，也就是本书上市后的寒假里，这本书是长江文艺出版社全社图书同期在当当网上的销量第一名。

业内人士知道，长江文艺出版社是一家资深综合文艺社，以出版《狼图腾》这一类的畅销书闻名，图书种类繁多，销售数量也是惊人的。

在当当网上，又是在寒假期间，《致教师》得到这样的认可，充分反映出了一线老师自觉的选择。何况除了那段时间之外，《致教师》一直都在类似体现普通读者购买数量的排行榜上。

这让人自豪。

《致教师》的写作，建立在新教育实验十六年的创新行动之中，建立在朱老师提出的教师成长理论体系之上。新教育开宗明义：以教师成长为起点。无数一线教师主动选择新教育，是为此做出的最简单有力的说明。

四川宜宾的郭明晓老师，她在各项荣誉都拿到手、即将退休时遇到新教育，退休后退而不休，成为专职萤火虫义工。网名"飓风"的她最怕麻烦，曾经见到年轻教师恨不得绕道走，走进新教育的她，如今不仅倾力培育新教育种子教师，还感叹："土地需要种子。与其说是我自己对生命怒放的畅想呈现，不如说是对他者生命的意义期许。土地有种子，土地就会在奉献养分中实现存在的价值，方能永葆赤子之心！"

河北石家庄的一线教师蓝玫，成为当地第一个辞去公职的教师，全力以赴投入到新教育的研究和推广中。她说："新教育重塑了我，让我认识到家庭教育是撬动当下教育的最好杠杆。我喜欢孩子，喜欢讲台。离开教室，我哭过很多次。但是，我得用自己的所学，服务更多人。"

陕西西安正在一线教书的木槿树说："我曾在一篇文章里说，妈妈给了我第一次生命，而新教育让我重生。有人笑我矫情，他们不会懂得生命的全情投入和真正的活着的感受。从 2011 年加入新教育，到今年才 5 年，我却觉得走了好久好久。已经过了激情澎湃热血沸腾的日子，我所做的，只是去做、去做、去做。"

……

我亲身见证着一位又一位一线老师，用不同的方式表达对新教育的情感。参加新教育时间越长，越可见一个共同特征：不是对某一个人某一件事的盲目追随，而是每个人心灵深处产生了自我的觉醒。

所以，有许多《致教师》的读者归纳过这本书的许多优点，比如从文采上，行文简洁，读时流畅易懂，富于哲理，读后引人深思；从内容上，切合一线，原则和方法并重，不仅高屋建瓴，而且兼具可操作性，等等。但有一个特点，许多读者会从书中深受其益，却可能视若无睹，那就是：《致教师》是一本具有高度完整性的教师成长专著。

第一辑"给我一个做教师的理由"、第二辑"借我一双好教师的慧眼"、第三辑"愿我书写一部教师的生命传奇"，正是从职业认同、专业发展、幸福完整三个纬度，对应着朱老师提出的教师成长理论体系，打下教育生活的支柱。第四辑"让我们过一种幸福完整的教育生活"是六篇新年致辞，看似与主题无关，实则闲笔不闲。正因为是每年一篇的新年心语，所以它们不是用笔写就，而是用脚印踩出。作者年复一年地自我反思总结，直抒胸臆，读者若是用心，必然被感染，被打动，甚至被震撼。

从文学跨界至教育，我投入的第一个项目，就是应朱老师之邀，于2011年11月共同开启的"新教育种子教师计划"。这些年来，我和近千位一线教师摸爬滚打，共同成长，感受最深的是：每一位正常的教师，都心怀一个成为好教师的梦想。

前提是：如何叩开对方的心门，让对方产生信任？

然后是：如何提供恰当的方法，让对方迅速提升找到成就感？

接着是：如何帮助对方妥善处理关系，前行路上减少磨损？

最后是：如何点燃对方的心火，让生命从自我深处觉醒？

这四步，循序渐进，缺一不可。《致教师》用深入浅出的方式，完整诠释这四步。由此，全书46封书信和6篇年度致辞，组成一个有机的整体。这一整体，远大于局部之和。

是这样思想的钢筋铁骨，才能构建出足够坚实的成长脚手架。

新教育不是标新立异之新，而是为中国教育探路，探索教育规律，以行动创新。

《致教师》不是经书，无须顶礼膜拜，而是平凡的脚手架，供人攀爬。

当下中国，"经书"过多，脚手架太少。原因也很简单：搭建脚手架，比炮制"经书"艰难得多。

脚手架，要求作者的思想体系上必须有完整而坚实的构架，同时又得放下自己的架子，努力接近读者，以成就他人为己任。

朱老师已完成初稿后，仍然反复打磨提纲，事后许久，我才体会到他的用心：帮助他人成为更好的自己，而不是成为朱永新的追随者。了悟这份用心的读者，只需以《致教师》为脚手架去不断筑造，必然能够成功构建自我的教育大厦。

没有对教育这样的用心，不会有《致教师》的辉煌。

或许，新教育从客观上成就了朱永新老师。但是，朱老师以新教育为依托，从主观上唤醒、呵护、成就着无数一线教师。

新教育之新，在于它创造了无数成绩，也把一切成绩视为额外的奖赏。它没有成为一将功成万骨枯的名利场，而是成为理论和实践、研究和推广、学者和教师共同熬制的石头汤。

这，正是新教育的魅力之所在，也成了《致教师》的吸引力之所在。

有幸亲历此书诞生的前前后后，一次次感受到作者心怀对教师之善意，对一线之热爱，力图用文字捧出自己的心。正是这样，其创作打磨的过程本身，也书写出精神生命的新篇章——因为用心，所以永新。

(作者系儿童文学作家、新教育萤火虫义工)

编辑手记

出版是个圆圈：环环相扣，互为因果
——《致教师》编辑手记

出版是一个分类非常细致的产业，针对不同的读者群，提供不同的图书信息。专门针对教师群体的图书，相对大众图书来说是一个比较窄小的门类，图书也多半被人理解为教材教辅。但以教师群体作为精准对象的图书《致教师》在上市一年后，因其卓越的社会影响力和销售数据，被新闻出版总署评为2016年度"大众喜爱的50本书"，截至目前，图书累计加印了20次，销量过25万册，成为教师教育门类的黑马。作者朱老师是民进中央的副主席，新教育实验发起人，朱老师在教育界有着强大的号召力。

选题都是环环相扣的：只有这样，你才能成为类型化的编辑

做编辑很多时候，是非常幸运的一件事，因为你能有机会和那么多优秀的作者和灵魂接触。

朱永新的名字起初进入我的视野，源于为自己做的图书"杨红樱破解童心系列"寻找写序言的合适人选。在著名儿童文学作家徐鲁老师的推荐下，我们找到了朱永新老师，在研究朱老师和他的作品期间，让我对其有了绝佳的印象。虽然当时序言没有邀约成功，但在再三寻找当中，我们找到了首席教育专家卢勤老师来为杨红樱图书作序。也因此有了我们后期和卢勤老师新书《让每个孩子都精彩》的合作。

约稿序言之后没多久，2012年6月，得知朱老师来武汉，于是我们请朱老师来社里交流。在此之前，再认真拜读了朱永新老师十多本专著后，我给出了自己的策划方案——希望作者能在以往阐述新教育理念和实践之外，能有一本角度更小，读者对象定位为教师的图书，起初策划的名字为《一个普通的灵魂能走多远·教师篇》。在和作者深入交流后，朱老师同意了我们的方案。签选题容易，但成书难，特别是对于异常繁忙的朱老师来说。在锲而不舍，平均两个星期催一个稿的频率下，2015年5月，历时三年后，《致教师》稿件才得以成型。

在编辑的工作当中，认真仔细的准备、详细的策划方案和面对面的沟通，是作者了解编辑和出版社，以及顺利沟通作品的绝好机会，它远远比电话或邮件沟通更能促进相互之前的合作。而或许事情成功的关键，并不在于你多么聪明，也不在于你某一方面多么出类拔萃，更多的时候，是靠坚持或持之以恒才能达到。

因为《致教师》良好的销量，我的编辑工作仿佛重新被打开了一扇窗。被称为"中国最牛校长"的李希贵、"最美玫瑰"窦桂梅、"化错教育"的华应龙，教育改革者张卓玉、张志勇、李镇西、魏书生等等一大批优质的教育作者进入了眼帘。同时我们也开始那些专门出版针对教师的优秀书系，如：大夏书系和万千书系等。

编辑是一个什么样的职业？很早之前，我请教过前辈。他们告诉我：编辑工作是环环相扣的。起初我并不理解他们是怎么环环相扣的？因为最开始几年的编辑生涯，我总在做从零开始的图书——看到一本图书，仔细研究，策划选题，成书，最后结束。再看到另外一种类型的图书，再从零开始……周而复始。当我永远都在从零开始时，编辑的节奏和成书对我来说显得异常困难，我永远都在为找作者、找选题发愁，出版的效率极低。而当沉浸于"大教育书系"之中时，我才猛然发现，当朝着类型化编辑之路迈进时，找一个作者不难，搞定一个作者也变得不难。

因为对《致教师》图书内容严格把控和营销的运作，如何把教育图书与文艺出版社相结合、如何发挥文艺社的优势、如何重新挖掘教育图书的营销渠道，我有了全新的认识。而这对教育作者的约稿起了至关重要的作用，让我有了和作者们深谈的资本。

像《致教师》一样，真正难的是成稿，为了协助相关作者写作，我开始以1—2周一次的频率和作者沟通，收集一线教师的困惑和提问，给这些作者们参考，引起他们对相关问题的思考。如很多作者所言：好稿子都是被催出来的。

当开始持续关注教育类图书时，更多教育类的选题和作者开始出现，这是之前做编辑所没有遇到的情况。

因为杨红樱系列图书的序言，朱永新和卢勤老师先后进入眼帘。而先后，我们和这两位重量级的作者达成了合作。而因为和杨红樱老师的深入沟通，我们知道对她影响最深的是苏霍姆林斯基，因此我们引进了长江文艺出版社"大教育书系"的旗舰型产品苏霍姆林斯基的《给教师的建议》《睿智的父母之爱》。因为朱永新老师的《致教师》，让我们看到了教育里面的一系列优秀作者。

这时我才真正了解"编辑工作是环环相扣"这句话的意义，这是做类型化编辑的另外一种解释。只有这样，才能形成图书的产品线，而不至于每年都在慌乱寻找选题中度过。

选题营销：图书营销的实际效果和辐射效果

图书营销，有作者的配合都能起到事半功倍的效果。让作者心甘情愿配合，则需要让其感受到出版社的诚意。在图书出版 3 个月前，根据图书的特点，挑选适合微信传播的图书选摘内容、微博传播的短句、报纸和期刊适合刊登的书评就已经在和作者反复沟通中，一一开始准备。或许因为出版社快速的反馈速度和前期的营销沟通，作者也对图书充满了期待。

在作者的一一把关下，网店信息链接和维护，百度百科，豆瓣话题，在图书上市之初已经全部完成。而教育的相关微信号：教育部官方微信"微言教育"、100 多万粉丝的"中国教育报"、40 多万粉丝的好老师、30 万粉丝的"教师博览"，"教师帮"、"中国教育新闻网"、"中国教师报"等，在图书上市三个月内，都一一选摘了新书的内容。这对新书的销量带来了直接的作用。2015 年 9 月图书上市，2015 年 12 月时，图书已经销量过 10 万册。

线下的图书营销主要以专访和书评为主。上市初期，基于教师节的缘故，我们在《中国教育报》做了作者整版的专版，并在《光明日报》推出作者与 2015 年评选出的"最美教师"们一起谈《致教师》的座谈信息。其他一线教师和教育专家约 18 位，如：著名教育专家李镇西、江苏教育学会副会长叶水涛、著名校长王开东和张悦、四川阆中教育局长汤勇等老师们的书评，图书上市半年内，陆续发表在《新京报》《光明日报》《中国教育报》《中国教师报》《中国新闻出版报》等报纸期刊上。以实体媒体，带动了图书的第二轮影响和销售。

除此之外，图书还进行了三场线下的活动。2015年9月5号作者与2015年评选的"最美教师"就《致教师》一书进行了座谈；2015年9月25日太原全书书市"做一个幸福的教师"的新书讲座。2017年1月12日在北京举办《致教师》研讨会。这三次活动，完全摒弃了以往活动流于形式的特点，真正做到了由线下影响线上，达到带动图书销量的作用。

太原书市的讲座，图书进行了精准的读者定位，我们没有放任讲座自行选择太原书市上非常庞杂的读书群体，而是主动联系太原市教育局和名师工作室，传递我们讲座的信息，并成功邀请太原教育电视台，依据现场的讲座和与名师工作室老师们的互动，录制一场高水准的电视节目，后期在电视和网络播出。而任何付出都获得了汇报，图书刚刚上市的9月份，图书就加印了3次。

除了图书销量带来的直接拉动外，它的辐射效果也是非常惊人的。活动的组织，营销方案的沟通与实施，让作者看到了我们的跟进能力，作者的积极性被调动起来，开始自发和全身心地推荐新书《致教师》。

优质的内容，全方位的营销，作者的配合，让图书除图书销量外，还取得了额外的成绩：《致教师》荣登2015年9月《新京报》书榜，入选中国教育新闻网2015年向教师推荐的100本图书TOP20，《中国教育报》2015年度教育图书TOP10，新闻出版总署2016年度"大众喜爱的50种图书"。

图书营销带来的另外辐射效果是，很多教育的作者，基本上都关注了上述相关教育的微信和媒体，当我们的营销一步步铺开时，也在他们心中，埋下了一颗可以发芽的种子。让后期的约稿变得容易了很多。

选题的感悟：作者和编辑，相互影响，互为因果

都说编辑是为人做嫁衣的职业，但这句话只说对了一半。优秀的作者，绝对能全方位促进编辑成长。朱永新老师和《致教师》，是让人能全身心投入的作者和图书。

这个作者晚上12点在回复我的邮件，早上5点半又在回复邮件，能在14个封面方案中，迅速选取8个做微博征集，又能在三天内做第二次4选1的封面征集。并在一天24小时内，通过25封邮件，完全敲定封面方案和文字细

节。这是我遇到的最高效的作者，没有之一。

他谦逊平和，允许人犯错，认真又比绝大多数人努力。每天坚持写作，通过约20多年的坚持，已经积累了近千万字的哲思。我觉得能遇到这样的作者，是非常幸运的事情。并非他们比人聪明，或许是因为他们比多数人都努力能坚守，也没那么多抱怨。朱永新老师的教育理想，通过近30多年坚守和努力，正在慢慢变成现实——现今加入"新教育实验"的学校已经达3000家，他通过自身的身体力行，正在影响中国一大批的学生和教师，正在影响中国的教育。他让我相信，这个世界真的不止鸡毛蒜皮的苟且，确有诗和远方。

他们的状态感染了我，以至于让我在后面图书营销的过程中，饱含热情，一直处于良性循环状态，让我能想到的营销方式，我都愿意去尝试。任何工作都有繁杂无趣的部分，但你发现那么多比你优秀、有能力的人，还比你更努力时，我也愿像他们一样再努力和坚守看看。我想，这便是编辑能从优质作者那里能吸取的力量，也是编辑工作的乐趣之一。

以此，和自己共勉。